별에서 온* 썸男 썸女의

혈액형
심리
테스트

별에서 온 썸男 썸女의 혈액형 심리 테스트

초판발행일 | 2016년 6월 1일
지은이 | AdlerInstitute of Psychology
편　저 | 김 소 원
펴낸이 | 김 민 철
펴낸곳 | 도서출판 문원북
디자인 | 디자인일 design_il@naver.com

출판등록 | 1992년 12월 5일 제4-197호
전화 | (02) 2634-9846
팩스 | (02) 2635-9846
이메일 | wellpine@hanmail.net
ISBN | 978-89-7461-239-9

별에서 온* 썸男 썸女의

혈액형
심리
테스트

지은이 : Adler Institute of Psychology
편저 : 김 소 원

문운어북
BOOK

Contents

당신의 사랑과 결혼, 연애 비밀이 숨어있다.

혈액형

자신의 혈액형이
갖고 있는 기본 성격을
알아보기

여러분이 잘 알다시피 혈액형으로 보는 혈액형 점이란 A, B, O, AB로
대별하여 그 사람의 성격에서부터 행동이나 연애 패턴을 진단하는
것이다. 그 근거는 각 혈액형이 태어난 뿌리에 있다고 여겨진다.

A형은 농경민족의 피를 받았으므로 집단생활을 잘 하며 안정을 추구한다.
B형은 유목민족이 뿌리이므로 한 곳에 머무르지 않고 자유롭게 살아간다.
O형은 수렵민족과 연관이 있으므로 투쟁적이고 공격적인 성격이다. 그리고
AB형은 그들 혈액형이 한 장소에 모여서 태어났기 때문에 도회적이고
대면적인 성격을 갖는다.

이처럼 사람의 체질이 갖고 오는 기질의 차이가 혈액형의 유래가 되는
것이다. 우선 이 4가지 타입의 기본적인 성격을 알아보고, 뒤에 나오는
진단에서 보다 자세하게 자기 자신에 대해서 알아보기 바란다.

자신의 혈액형이 갖고 있는
기본 성격을 알아보기

A형의 기본 성격

신중하고 성실하며 인내심이 강하다.
착실하게 노력하여 성공한다.

대인관계를 중시하며 주변 사람과 보조를 맞추며 살아가는 것이 A형이다. 주위와 협조를 잘하며 누구에게나 친절하다. 주변으로부터 고민을 들으면 친절하게 상담에 응해 주며 약속은 꼭 지키는 등, 다소의 기복은 있지만 전형적인 표현으로 말하자면 좋은 사람이라는 평가를 듣는다. 꼼꼼하고 신경질적이며 깔끔한 것을 좋아하는 것이 A형이라는 평가를 들을 때마다 자신도 A형이지만 꼼꼼하지는 못하다고 생각하는 사람이 있을지 모른다. 그러나 그것은 어디까지나 남들이 보고 있지 않을 때의 이야기이다. 회사처럼 갤러리가 여럿인 장소에서는 당연히 의무적인 올바른 행동이나 규정된 일을 착실하게 잘 처리해 나간다.

사회에 대한 적응력이 높기 때문에 사무실에서는 우등생이다. 시간과 장소에 맞춰서 도우미 역할이나 보조역을 자청하므로 상사나 고객 등 윗사람으로부터는 많은 사랑을 독차지하는 경향도 강하다. 그것은 정주성 민족을 뿌리로 갖는 A형이기 때문이다. 마을에 살고 있는 사람들은 규칙을 만들고 그 시대의 권력자에게 복종하면서 살아 왔다. 그것이 안정된 생활을 보장하고 평화를 가져다주기 때문이었다. 그 결과 무의식 속에 집단의 의지에 순종하고 권위에 따르는 경향이 갖춰진 것이다.

A형은 연애에 있어서는 낭만주의자이다. 남성을 바라보는 눈이 다소 무른 편이라서 바람둥이나 무능력한 남자를 '백마 탄 기사'로 착각해버리는 경우도 있다. 그 반면에 자기 자신의 한계점을 넘어가면 갑자기 냉랭해진다. 인연을 끊고 안전한 대상으로 옮겨버리는, 딱부러지는 듯한 성격도 있다. 최종적으로는 결혼상대를 견실한 타입으로 고르고, 하루 종일 가사에 매진하는 전업주부 역할을 야무지게 잘 해나가기도 하는 것은 A형이 계산에 밝기 때문이다. 금전감각은 엄격하며, 매일 절약에 신경을 쓰며, 재활용이나 이자 불리기나 재산증식에도 여념이 없다. 그러나 의외로 경솔하리만치 유행을 좋아하는 면도 있다. 마가 낀 것처럼 인터넷이나 잡지에서 소문난 물건을 마구 구입하다가 후회하기도 한다. 정확하다는 성격임에도 수학이나 계산에 약한 점은 개선하고 싶은 편일 것이다.

B형의 기본 성격

정직하게 움직이는 타입으로 겉과 속이 다르지 않은 자기주도적 성격, 그것은 천성적으로 타고난 재능이다.

자기주도적 성향을 지키면서 겉과 속이 다르지 않다는 점이 B형의 특징이다. 늘 자신의 욕구나 감정에 솔직하며 얌전하게 참아내지는 못하는 성격이다. 누구에게나, 그리고 어떤 곳에서도 스스럼없이 속마음을 털어놓으면서 희로애락도 그대로 얼굴에 나타나는 타입이다. 어디까지나 자기다움을 소중히 생각하며 겉과 속이 다르지 않게 자연스럽게 살아가고 있다. 또한 개성이 강하면서도 반골정신도 왕성하다. 주위에서 하얗다고 말하면 검다고 주장하며 물러서지 않고 심술을 보이는 일면도 있다.

B형은 황야를 떠도는 유목민이 뿌리가 된다. 함께 뭉치는 것을 별로 잘 하지 못하며 천성적으로 직감과 기분이 닿는 곳으로 자유스럽게 인생을 방랑하는 성격을 갖고 태어났다. 때문에 상식적인 일이나 세상사에 영합한다거나 혹은 사람의 얼굴이나 주변의 분위기를 읽어내는 등의 재주는 B형에게 있어서는 어울리지 않는다. 협조성이나 규율이 요구되는 조직이나 협동성이 중시되는 직장에서 적응하기 힘들어하는 현상이 때로는 발생된다. 한편으로는 독특한 개성이나 통쾌한 입담이 히트를 쳐서 위로부터 특별히 눈도장을 받거나 열렬한 지지층을 얻어 단번에 출세하기도 한다. 어쨌든 답답한 직장에 묶이기보다는 자신의 능력이나 장점을 발휘할 수 있는 프리랜서나 자영업을 목표로 하는 것이 성공률이 높을 것이다.

연애에 있어서는 완전히 직감적인 형이다. 조건이나 절차 등은 안중에도 없고 머리에 딱 꽂히면 단번에 사랑에 빠져버린다. 그것이 상식적인 관계이건 이름도 모르는 상대이건, 뒤로 되돌리기 어려운 관계로 발전한다. 솔직하게 감정을 부대껴가면서 자유분방한 쾌락을 추구한다. 찰나의 충동에 의지해 아무렇게나 사랑을 즐기는 천연적인 악녀라고 말할 수 있다. 남을 헐뜯기 위해 헛소문을 퍼뜨리는 B형도 적지는 않지만 본인에게는 이것이든 저것이든 한 순간 한순간이 진지하기만 할 뿐이다.

금전적인 관념은 아주 단순한 사고방식을 지녔다. 물건에 대한 집착력이 약하다 보니 계획성이 부족하고, 있으면 있는 대로 다 써버린다. 특히 취미나 좋아하는 일에는 돈을 아끼지 않으므로 저축은커녕 월급날 바로 전에는 돈 때문에 쩔쩔매기도 한다.

O형의 기본 성격

공적이건 사적이건 타인을 압도하며
자긍심과 활력이 있는 것이 특징

기질적이나 육체적으로도 생기가 있으며 파워풀한 것이 O형이다. 자긍심이 강하고 소소한 것에 집착하지 않는다. 실패나 위기에도 굽히지 않는 기개가 있고 무슨 일이든지 전향적으로 도전하는 근성이 풍부한 챌린저이다. 그런 긍적적 힘이 넘치는 O형은 늘 밝고 건강한 타입이다. 자기의 의사와 행동에 모순이 없으므로 개성이나 능력, 희망을 전향적으로 발휘할 수 있는 편이다.

O형은 지구상에서 가장 해당자가 많은 혈액형이다. 혈액형의 기원이 된 것이 이 O형 때문이라고 여겨지는 탓인지 원시적이고도 강력한 힘을 갖고 있다. O형의 생존본능, 생명력, 생식능력은 4 타입 중에서도 가장 독보적이다. 그 강인한 육체에다 활력까지 넘치므로 행동력이 강하고 투쟁심과 지배욕도 강한 O형의 성질을 만들어 내고 있는 것이다. 늘 긍정적으로 살아가며 난관 따위는 괘념치 않으면서 자신이 원하는 방향으로 매사를 추진해 나가므로 주위로부터의 신뢰도 두텁다고 할 수 있다. 회사에서는 일처리가 정확하고 빠르므로 젊은 나이에 임원으로 승진하는 경우도 많다. 단 자기중심적인 면이 있는 것은 부정할 수 없다. 특히 자기와 이해관계에 있는 일에는 까다로울 정도로 억척스러운 면을 보이는데 그러한 점이 주위의 불평을 사는 경우도 있다.

연애는 직선적이다. 좋아지게 되면 즉시 자기의 생각을 전하지 않으면 안 될 정도이므로 바로 접근해 나가기 시작한다. 모든 것을 다 주듯이, 온갖 달콤한 사탕발림과 같은 방법으로 공략에 들어가고, 보기 좋게 연애 모드로 몰고 나간다. 이기는 것을 좋아하는 현실적인 얼굴의 뒷면에는 놀라울 정도로 얌전하고 낭만적인 부분도 있다. 한 가지 문제점을 나열하자면, 사귀게 되면 남보다 훨씬 독점욕이 강해지므로 질투나 구속하려고하는 마음이 지나치게 강해지는 결과, 상대방으로부터 차여버릴 수 있다는 점이다. 이 점을 주의하도록 하여야 한다.

돈은 제법 벌겠지만 버는 반면에 돈 쓰는 것도 화끈하게 쓰므로 월급에서 일정부분을 떼어내서 정기적금이나 장기예금 등에 묻어두어 헤픈 씀씀이를 미리 차단해 버리는 지혜도 필요하다.

AB형의 기본 성격

변화에 적응하는 재능과 다면성을 지닌 최첨단형 인간

남의 이야기를 잘 들어주므로 타인의 생각이나 의견을 잘 이끌어 내서 그것에 정확히 반응을 맞추며 인간관계를 구축해 나가는 것이 AB형이다. 여러 곳에서 얻은 지식이나 정보를 자신의 발상이나 아이디어의 밑천으로 하는 것이 특기이기도 하다. 높은 학습능력과 유연성을 겸비한 것이 특징이며 또한 평화를 사랑하고 드라이하면서도 자유롭다. 때문에 4가지 혈액형 중에서 가장 미래지향성이 강한 타입이라고 할 수 있다.

AB형은 그 이름에서 알 수 있듯이 A형과 B형의 복합체로서, 가장 새로운 혈액형이라고 여겨진다. 여러 민족이 모여서 도시를 형성하는 과정에서 태어났으므로 환경이나 변화에의 적응력이 뛰어나고 성격이나 기질도 A형과 B형 양쪽의 요소를 갖고 있다. 비지니스에서 표현하는 얼굴과 사적인 장소에서의 인상이 완전히 다른 별개의 사람인 것처럼 느껴지는 것이 자주 나타남도 바로 그 이유이다. 기본적으로는 분쟁을 이성적으로 피해가지만 술자리나 편한 장소에서는 인격이 변모하여 통렬한 비판을 해대어 주위가 아연실색하기도 한다. 논쟁으로 발전하면 지능적으로 몰고 가서 심한 발언을 하는 경향도 있다. 그 다음에는 상대를 물고 늘어져 고립시키는 일도 있다. 그것은 높은 의사소통 능력과 선천적으로 갖고 있는 선견지명으로 쌓아놓은 지금까지의 신뢰를 무너뜨리는 소지가 될 수도 있으므로 주의하는 편이 좋다. 연애에서 중시하는 것은 그곳에 미학이 있는지 아닌지 만을 따진다. AB형만이 갖고 있는 감각과 발군의 균형감각으로 언제나 주변에서 화제가 될 만한 관계로 몰입된다. 즉, 예술가나 실업가 등 항상 재능이 넘치는 상대와 화려한 연애를 선호하는 것이다. 그러나 싫증이 나면 곧바로 헤어지자고 선언한다. 상황이 아니다 싶으면 재빨리 바꿔버리는 신속함도 아울러 겸비하고 있는 것이다. 상대가 미련을 보여도 결코 뒤돌아보지 않고 태도를 바꿔버리기 때문에 애증을 낳게 되고 그래서 스토커가 양산되는 경우도 있다.

돈은 차곡차곡 잘 저축해 놓았다고 생각되는 순간 한 번에 다 써버리기도 하는 등 상당히 극단적이다. 인터넷 쇼핑에서는 지름신에 얽매여 버릴 가능성도 있으므로 주의가 필요하다.

현재의 당신

겉 혈액형 × 속 혈액형으로
당신의
현재 상황을 알 수 있다.

사람은 삶을 살아감에 있어서 우선 다양한 사람들과 만나게 되고 서로 상처받거나 하면서 배우고 사교능력을 익혀나간다. 주위의 사람들로부터 영향을 받는 일도 많을 것이다. 그 성장과정에서 자신이 보다더 잘 살아 갈 수 있도록 본능을 극복하는 외면적 자신을 만들어 가야 한다. 그것이 「속 혈액형」 으로서 나타난다.

선천적으로 갖고 태어난 혈액형 (겉 혈액형)에 의한 본능적, 그리고 감정적인 성격을 베이스로 하여 속 혈액형이 나타내는 이성을 읽어감으로써 당신의 종합적인 「현재의 모습」 을 알 수 있다.

예를 들면 뭔가 좋지 않을 일을 당하거나 자기혐오적인 일이 있으면 본래의 당신을 부정해 버릴 것 같은 반대적 성격이 강하게 나타난다. 한편으로는 자신이 넘칠 때는 겉 혈액형의 혈질이 현저하게 나타나는 경우도 있다. 현재의 내가 처해있는 상황이나 신상에 발생한 일에 의해서 혈액형을 변해가는 것이다.

때문에 지금의 환경이나 인간관계 그리고 연애상황을 근거로 하여 어째서 이 속 혈액형의 특성이 현저하게 나타나 있는가를 생각해보자. 보다 깊이 있게 자기 자신을 이해하는 길로 연결되는 셈이다.

겉 혈액형 × 속 혈액형으로
당신의 현재 상황을 알 수 있다.

RH AB

겉A형인 당신에게 적합한 속 혈액형 판정 리스트

양친의 혈액형이
〔A×A〕〔A×AB〕〔AB×AB〕라면 1부터
〔B×A〕〔B×AB〕혹은 혈액형이 명확하지 않으면 2부터
〔O×A〕〔O×AB〕이면 3에서 각각 스타트하면 된다.

START
↓

5 지금 블로그에 글을 쓴다면?
여행이나 맛 기행 에세이를 쓴다.
→ 6으로
사랑이나 업무 고민 → 12로

10 스커트나 바지의 길이는 마음에 들 때까지 몇 번이나 고친다.
YES → 15로
NO → 11로

15 카페나 극장에 혼자 가도 전혀 어색하지 않다.
YES → 9로
NO → 19로

1 어린 시절에는 할아버지 할머니의 편애 속에서 성장 했다.
YES → 6으로
NO → 5로

6 화가 나면 아무 말도 안한다.
YES → 11로
NO → 10으로

11 어느 쪽이 더 나쁘다고 생각하는가?
애인이 있는데도 바람을 피운다.
→ 16으로
애인이 있는 사람을 유혹한다. → 15로

16 격투기나 스포츠 중계를 보면 나도 모르게 몰입되어 응원에 정신이 없다.
YES → 14로
NO → 9로

2 유행에 즉시 따르는 편이다.
YES → 5로
NO → 8로

7 장남과 사귄 적이 없다.
YES → 17로
NO → 13으로

12 연회나 파티에 가는 것은 어쩐지 내키지 않는다.
YES → 11로
NO → 17로

17 다시 태어난다면?
역시 A형일 것이다!
→ 18로
A형이 아니면 좋겠다.
→ 6으로

3 거짓말을 하면 바로 얼굴에 나타난다.
YES → 7로
NO → 8로

8 남에게 말할 수 없는 비밀을 들라고 하면 몰래 한 성형수술이다.
YES → 12로
NO → 7로

13 개인연금에 가입했다. 혹은 가입을 검토중 이다.
YES → 18로
NO → 17로

18 약간이라도 몸이 이상 하면 혹시 심각한 병이 아닐까? 하고 불안해 진다.
YES → 4로
NO → 14로

4 속 혈액형은
>>>> **A**

9 속 혈액형은
>>>> **B**

14 속 혈액형은
>>>> **O**

19 속 혈액형은
>>>> **AB**

겉형인 당신에게 적합한 속 혈액형 판정 리스트

양친의 혈액형이 양쪽 혹은 한쪽이 B형이면 1부터
혈액형이 명확하지 않으면 2부터
어느 쪽이던 B형이 아니면 3에서 각자 스타트한다.

START
↓

5 최근 3개월 사이에 열쇠나 휴대폰을 잃어버린 적이 있다.
YES → 10으로
NO → 16으로

10 신선함이 중요한 제품을 살 때는 원산지와 유통기간을 반드시 체크한다.
YES → 16으로
NO → 15로

15 맛있는 것을 위해서는 줄을 설 수 있다.
YES → 9로
NO → 14로

1 한 달에 세 번 이상은 회사나 학교에 지각한다.
YES → 5로
NO → 6으로

6 결혼식을 올린다면?
돈을 들여서라도 기억에 남을 정도로→ 5로
친지만 불러서 간단하게 → 11로

11 귀가하던 차내에서 취한 사람끼리 싸우기 시작했다면 당신의 행동은?
다른 차를 이용한다. → 12로 / 추이를 지켜본다. → 16으로

16 휴대폰을 예쁘게 꾸미고 싶다.
YES → 15로
NO → 17로

2 어느 쪽 직종이 보다 더 자기에게 맞는다고 보는가?
영업, 기획 → 7로
사무, 경리 → 6으로

7 외출하고 나서 문단속이나 가스 잠그기가 잘 되었나 매우 걱정되는 경우가 자주 있다.
YES → 8로
NO → 11로

12 부모와의 사이는 좋은 편이라고 생각한다.
YES → 18로
NO → 17로

17 드라마나 친구의 고민에 눈물을 흘린 적이 있다.
YES → 9로
NO → 19로

3 네일숍에가면?
스스로 한다 → 7로
프로에게 맡긴다. → 8로

8 데이트할 때 이용할 레스토랑의 결정은?
분위기나 장소를 고려한다. → 13으로
맛 → 12로

13 저가 화장품을 사용하고 있다.
YES → 18로
NO → 12로

18 사람들에게 별명을 잘 붙인다.
YES → 19로
NO → 4로

4 속 혈액형은
》》》》 **A**

9 속 혈액형은
》》》》 **B**

14 속 혈액형은
》》》》 **O**

19 속 혈액형은
》》》》 **AB**

겉⚪형인 당신에게 적합한 속 혈액형 판정 리스트

양친의 혈액형이
양친의 혈액형이 (A×B) 혹은 혈액형이 명확하지 않으면 1부터
(B×B)(B×O)(O×O)이면 2부터
(A×A)(A×O)라면 3부터 각각 스타트하면 된다.

START

5
겉치장은 브랜드
제품만 고집한다.

YES → 6으로
NO → 7로

10
기대하던 이벤트를
위해서라면 철야로
줄서서 기다리는
것쯤이야 힘들지 않다.
YES → 11로
NO → 15로

15
평소 나와 적대관계의
사람과 희망을 나누어
가지라고 한다면?
양보한다. → 19로
단호하게 경쟁한다.
→ 14로

1
인상 그대로의
성격을 갖고 있다는
말을 자주 듣는다.

YES → 5로
NO → 6으로

6
열심히 한 취미나 일이
라도 일단 잘못되면
일거에 흥미를
잃어버린다.
YES → 10으로
NO → 11로

11
사내 연애, 동료와의
교제 등은 누구에게도
발각되지 않을 자신이
있다.
YES → 15로
NO → 17로

16
손해나는 역할인지
알고 있어도 난처한
사람의 부탁을 받으면
들어 준다.
YES → 4로
NO → 9로

2
남에게 지시를 받는
것은 솔직히 좀 그렇다.

YES → 8로
NO → 5로

7
근무처에 신참이
들어오면 곧바로
말을 거는 편이다.

YES → 12로
NO → 11로

12
지금의 나의 상황에
상당히 만족하고 있다.

YES → 17로
NO → 16으로

17
업적, 시합, 콘테스트
등 어느 분야에서
1등을 한 경험이 있다.

YES → 14로
NO → 9로

3
남의 소문에 관심이
많다.

YES → 13으로
NO → 8로

8
무리한 사람을 쫓기
보다는 나를 사랑해주는
사람과 맺어지는 편이
행복하다고 본다.
YES → 13으로
NO → 7로

13
파티에 갈 때는 무엇을
입을까하고 사전에
친구와 상담을 한다.

YES → 18로
NO → 12로

18
영화를 보려고 했는데
마음이 변해서 쇼핑을
하는 등의 예정을 느닷
없이 잘 변경하는
편이다.
YES → 12로
NO → 16으로

4 속 혈액형은)))))) **A**

9 속 혈액형은)))))) **B**

14 속 혈액형은)))))) **O**

19 속 혈액형은)))))) **AB**

겉AB형인 당신에게 적합한 속 혈액형 판정 리스트

양친의 혈액형이 어느 쪽이건 AB형이 아니면 1부터
혈액형이 명확하지 않으면 2부터,
어느 한 쪽 혹은 양쪽이 AB형이면 3부터 각각 스타트하면 된다.

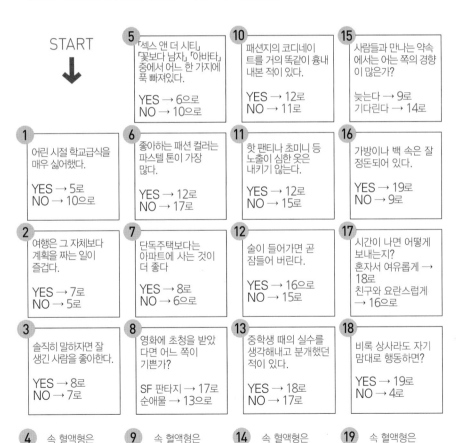

START
↓

5 「섹스 앤 더 시티」 「꽃보다 남자」 「아바타」 중에서 어느 한 가지에 푹 빠져있다.
YES → 6으로
NO → 10으로

10 패션지의 코디네이트를 거의 똑같이 흉내 내본 적이 있다.
YES → 12로
NO → 11로

15 사람들과 만나는 약속에서는 어느 쪽의 경향이 많은가?
늦는다 → 9로
기다린다 → 14로

1 어린 시절 학교급식을 매우 싫어했다.
YES → 5로
NO → 10으로

6 좋아하는 패션 컬러는 파스텔 톤이 가장 많다.
YES → 12로
NO → 17로

11 핫 팬티나 초미니 등 노출이 심한 옷은 내키지 않는다.
YES → 12로
NO → 15로

16 가방이나 백 속은 잘 정돈되어 있다.
YES → 19로
NO → 9로

2 여행은 그 자체보다 계획을 짜는 일이 즐겁다.
YES → 7로
NO → 5로

7 단독주택보다는 아파트에 사는 것이 더 좋다
YES → 8로
NO → 6으로

12 술이 들어가면 곧 잠들어 버린다.
YES → 16으로
NO → 15로

17 시간이 나면 어떻게 보내는지?
혼자서 여유롭게 → 18로
친구와 요란스럽게 → 16으로

3 솔직히 말하자면 잘 생긴 사람을 좋아한다.
YES → 8로
NO → 7로

8 영화에 초청을 받았다면 어느 쪽이 기쁜가?
SF 판타지 → 17로
순애물 → 13으로

13 중학생 때의 실수를 생각해내고 분개했던 적이 있다.
YES → 18로
NO → 17로

18 비록 상사라도 자기 맘대로 행동하면?
YES → 19로
NO → 4로

4 속 혈액형은
》》》》 **A**

9 속 혈액형은
》》》》 **B**

14 속 혈액형은
》》》》 **O**

19 속 혈액형은
》》》》 **AB**

속 혈액형으로 알 수 있는 당신의 현재 01

금욕적일 정도로 완벽을 추구하는 편으로 때로는
어깨 힘을 빼고 휴식을 취하는 것도 필요하다.

현재의 당신

지금의 당신은 본래의 A형 기질이 한층 더 증폭된 상태에 놓여 있는 듯하다. 그 원인이 무엇인지는 두 가지 가능성을 생각해 볼 수 있다. 첫 번째로는 최근에 업무를 보다가 실수를 거듭했거나 계획이나 목표의 실현이 실패로 끝났거나 아니면 실연을 당했거나 하는 등 충격적인 일이 계속되어 그 원인으로 뭔가 해보려는 생각이나 의욕이 상실되어 인생마저 비관해버리고 있는 상황이기 때문이다. 두 번째로는 실력이나 노력을 인정받거나 여러 이성으로부터의 접근이 있었거나하면 현재를 설레게 하는 존재로서 주목을 받으므로 정신적인 중압감이 높아져 있기 때문이다.

이 두 가지 요인은 상반되는 것처럼 보이지만 그 밑바닥에 흐르고 있는 것은 동일하다. 즉, 현재의 당신이 생각하는 자기 평가가 너무 낮다는 것이다. 그 때문에 잘못되면 역시 「난 안돼!」라고 소침해지고 반대로 기대를 받으면 「나에겐 무리!」라고 중압감을 느끼게 된다. 작은 실패나 패배의 이미지에 빠지지 않고 자기의 용량이나 한계를 극복하기에 앞서 밝은 미래가 기다리고 있음을 확신하기 바란다.

또한 위기 관리능력이 높은 반면에 금전감각이나 자기관리 의식이 엄격해지기 쉬운 경향이 강해지고 있다. 돈이 아깝다고 이벤트나 파티 등에 참가하지 않는 것은 다시 생각해 봐야 한다. 사교무대에 참가하는 것은 인맥이나 기회를 확대해 나감에 있어서 중요한 문제이다. 시간과 돈을 너무 아끼다가 개운의 기회를 놓치지 않도록 해야 한다.

신체도 매우 예민해져 있다. 나름대로는 문제없다고 큰 소리를 칠수록 스트레스가 한계점에 이르고 있다고 생각하는 것이 좋을 듯하다. 다이어트 중이 아님에도 불구하고 여위어가거나 좀처럼 잠을 푹 잘 수없는 경우라면 무리하지 않도록 주의하자. 장시간의 휴식을 취하고 상담을 받아 보는 등 세심한 배려가 필요하다.

생활양식도 단순해지기 십상이다. 원래 "심플 이즈 베스트"라는 인생관을 갖고 있는 당신인데 피로나 스트레스 때문에 즐거운 일에 몰두하고 싶은 마음이 사라져가고 있지는 않는지? 패션 소품이나 인테리어에 약간의 변화를 주는 것만으로 생활에 활력소가 살아난다. 또한 낯가림도 늘어가고 있다. 뒤에서는 「너무 성실해서 재미가 없다」고 말하는지도 모른다. 마음을 허락하고 사귈 수 있는 친구를 소중히 하면 행운이 온다.

실패하지 않기 위해서는

〔일에서 실수했다면....〕
현재의 당신은 휴일출근이나 조기출근 등으로 남들보다 부지런히 일한다. 어떠한 상황에서도 최선으로 노력하는 자세는 훌륭하지만 만성적인 피로 상태에다가 사고력도 저하되는 느낌이다. 실수를 하지 않기 위해서는 동료에게 의지하거나 하는 방법을 강구하는 등 자신을 너무 재촉하지 말아야 한다.

〔친구와 다퉜다면....〕
표면적으로는 아무 일도 없던 것처럼 행동하며 곧 사과하므로 장기화될 걱정은 없다. 하지만 내면적으로는 분노에 차 있을 수도 있다. 본심을 밝히는 것에 서툰 당신이지만 일단 속내를 터놓고 말해보면 진정한 유대관계가 만들어진다.

〔경제적 위기에는....〕
함부로 낭비하지 않는 성격이지만 자기 투자에는 돈을 아끼지 않는다. 식비를 아끼고자 하루에 한 끼만 먹는 경우조차 있다. 그런 생활로 몸이 상해서 병원에 다니게 되면 아무 의미가 없다. 수준 향상을 위한 돈은 써도 실패하지 않는다.

〔피로가 누적되었다면.....〕
당신의 경우는 자각증상이 없는 채로 피로한 기색에 빠지기 쉽다. 남의 눈에는 명확하게 쇠약해져 보이는데 당사자는 전혀 개의치 않는 경우가 자주 있을 법하다. 무기력해지기 전에 주위의 조언에 귀를 기울이면 사전에 방지할 수 있다.

 풍부한 발상력이 개성으로 나타나지만
충동적으로 말과 행동이 심해질 수도 있다

현재의 당신

지금 당신은 A형이 갖고 있는 협조성이나 얌전한 분위기가 엷어져 있다. 두드러지고자 하는 생각이 현저하며 더욱이나 나는 특별하다는 자부심이 강하다. 처해있는 입장을 고려하지 않고 멋대로 행동하거나 기발한 패션으로 남의 이목을 끌거나 하는 그런 당신에게 대한 평가는 한쪽에서는 절대적인 지지를 얻으나 다른 한쪽에서는 커다란 반발심을 사는 식으로 찬반양론으로 갈릴 것이다.

비지니스 면에서도 능률이나 성공에 기복이 나타나지는 않는지 살펴보자. 컨디션이 좋을 때는 준마처럼 일하지만 반대라면 극단적일 정도로 전혀 도움이 되지 않는다. 또한 남에게 잘난 체할 수 있는지의 여부가 당신의 기준이므로 자잘한 일이나 무미건조한 업무, 귀찮은 일 따위는 기본적으로 지나쳐 버린다. 몸이 안 좋다거나 바쁘다는 이유를 대고서 후배나 동료에게 넘겨버리고 자신은 약삭빠르게 화려한 역할을 차지하여 주변사람을 아연실색케 하고 있는 듯하다.

단, 아이디어나 발상은 냉철해지고 그것을 실적이나 결과물로 만들어 주변사람을 침묵시키는 것이 당신의 현재의 성공술이 된다. 기획이나 독창적인 일을 비롯하여 풍부한 창조력을 활용해나가는 포지션에 재능을 발휘할 수 있을 것이다.

또한 유행이나 연예통신 전문가인 A형의 특성에 B형의 몰입성이 더해지면 잠자고 있던 수집광적인 성격이 눈을 뜨게 된다. 수집용 인형이나 모형음식물 등의 애호가에서 식기나 인형 등의 패션계까지 수집의 폭이 점점 늘어날 것이다. 주의할 점은 A형임에도 취미에 대한 투자가 너무 늘어나서 낭비로 흐르기 쉽다는 사실이다. 그러므로 통장의 잔액이 나도 모르게 텅텅 비어 있을지도 모른다.

건강 면에서는 부상이나 사고를 당하기 쉽다. 주의력이 산만해서 가구의 모서리에 발을 걸려 다치는 등의 실수가 다발할 것이다. 특히 좋아하는 일에 열중했을 때, 주변의 모든 것이 눈에 들어오지 않아서 냉정함을 잃기 쉬우니 주의해야 한다.

또한 이것저것 직업을 바꿔보거나 다이어트 후에는 요요현상이 되풀이되거나 하는 등의 작심삼일 증후군에 빠지기 쉬운 점도 들 수 있다. 원래 끈기와 인내력이 강한 타입이므로 그만두고 싶은 욕구가 끓어오르더라도 꾹 참고 견뎌야 한다. 버티고 노력하면 일주일내에라도 자신감으로 연결될 수 있을 것이다.

실패하지 않기 위해서는

[일에서 실수했다면....]
직업에서 문제가 발생되면 구인지를 닥치는 대로 사들이거나 다른 거처를 찾는데 열중할 것이다. 하지만 그것은 단순한 현실도피이다. 취업재수생이 되기 전에 업무에 대한 생각을 바꿔야 한다. 눈앞에 있는 현재의 업무에서 즐거움을 찾아내자.

[친구와 다퉜다면....]
다들 친한 친구에게 나는 잘 못한 것이 없다고 주장하거나 친구가 사과하기까지 입을 다물거나 하는 어른답지 못한 태도라면 비록 화해하더라도 평생의 화근을 남기게 되는 것이다. 자기의 과오도 인정할 줄 아는 큰 그릇이 되도록 노력하자.

[경제적 위기에는....]
좋아하는 일의 맥락을 찾지 못하므로 여간해서 돈을 모으기 어렵다. 이러한 점에서 그 성격을 반대로 생각하여 장래 프리미엄이 붙을 것 같거나 가보로 여길만한 것을 골라서 사도록 해보자. 고생하지 않고 재산을 모을 수 있다.

[피로가 누적되었다면.....]
툭하면 연인이나 가족에게 투정을 부릴 수도 있다. 초조함에 휩싸여 물건을 부숴버린 일도 있을 것이며 스트레스로 인해 과식이나 충동구매에 빠지는 경향도 더해 갈 것이다. 그럴 때는 스트레칭이나 사우나 등으로 맘껏 땀을 흘려보는 것도 좋을 것이다.

지도력을 발휘하여 신뢰도 또한 향상되지만
달콤한 말에 넘어가기 쉬운 점은 요주의!

현재의 당신

원래 A형은 안정지향성이 강하지만 조화를 중시하는 편이다. 그리고 지배욕이나 투쟁심 등은 O형에 가까운 심리적 경향을 강하게 보인다. 현재의 꿈이나 목표를 향해서 힘껏 노력중이거나 관계가 좋은 친구나 동료들이 O형일 것이다. 그럴 때는 본래의 두려움이 그림자를 감추는 대신에 자신의 능력이나 재능을 세상에 알리고 싶으며 인정도 받고 싶은 야심이 꿈틀거리며 얼굴을 내밀 것이다. 유명기업에 곧바로 물건을 팔러 들어가거나 자금이나 경험이 없는데도 갑자기 사업을 개시하거나 하는 등 평소의 당신에게서는 생각할 수 없는 대담한 행동도 취할 수 있을 때이다. 단, O형이나 A형 모두 허세를 부리는 성격요소를 갖고 있기 때문에 좋은 모습을 보이고자 너무 열심히 움직인 결과 자신의 목을 조를 수도 있으므로 그러한 점이 염려스럽다. 자신의 능력이나 용량을 넘어서는 일을 맡아서 크게 잘못되거나, 이룰 수도 없는 일에 도전하여 거절당하는 일도 있다. 상처받으면 그 충격으로 인해 잠에 빠져 버릴 수도 있으므로 주의해야 한다.

대인관계에서는 지도력을 발휘할 수 있으므로 모두에게 믿음을 주기도 한다. 여가나 레저 모든 면에서 중심인물이 되어서 그 자리를 석권하고 분위기를 한껏 고조시킬 것이다. 단, 돈이나 물질에 대한 감각은 건성으로 흐른다. 남의 물건이나 소액을 빌리고서는 그냥 그대로 끝내버리는 무심한 성격으로 인해 겨우 쌓아올린 신용이나 신뢰를 무너뜨리지 않도록 모쪼록 주의해야 할 것이다.

또한 허약한 이미지가 강한 A형이지만 지금은 면역력이 높아지고 있다. 단순한 상처나 피로는 무시해도 저절로 좋아질 것이며 감기로 몸져누울 일도 없다. 하지만 건강하다고 과신한 결과 중병의 신호를 무시하기가 쉽다. 원래 예민한 체질이므로 무리는 금물이다. 컨디션이 좋지 않다고 느끼면 의식적으로 휴식을 취하도록 하자. 자가진단만 하다가 적절한 대응을 그르치지 않도록 하자.

현재의 당신은 언뜻 강력한 현실주의자 같지만 내면은 낭만주의자이면서 그냥 사람만 좋을 뿐이다. 달콤한 말이나 거짓 눈물에 속아 고액의 물건을 사주거나 별 볼일 없는 일이나 문제점 등을 떠맡는 등의 후회스러운 일도 발생할 수 있다. 뭔가 이상하다고 느껴지면 반격에 나서거나 전문가에게 맡겨보는 등 대책을 강구할 필요가 있다.

실패하지 않기 위해서는

[일에서 실수했다면....]
일을 잘못 처리하여 어디로 가야할지 모른다면 퇴근 후에 유흥을 즐기거나 집에서 푹 자버리는 양극단적인 행동을 하고 싶어진다. 맘 내키는 대로 움직여보자. 제대로 기분전환이 되고 전향적으로 업무에도 임할 수 있게 된다.

[친구와 다퉜다면....]
너무나 화가 나서 절교를 선언했지만 곧바로 반성하고 자기가 먼저 사과하고 관계를 개선시킬 것이다. 단 상대가 이것저것 트집을 걸 것 같은 분위기이다. 평소의 당신이라면 철저하게 눌러버렸을 것이지만 여기서는 우선 성숙한 태도로 임하자.

[경제적 위기에는....]
알뜰하게 절약하는 것을 좋아하지 않으므로 기본적으로 저축이 서툰 당신은 만성 돈 결핍 증상이 있다. 단 사용처가 분명하다면 의욕이 폭발할 정도로 끓어올라 부업이나 아르바이트에 치중하여 수입이 늘도록 노력할 수 있다. 우선은 구체적인 저축 목적을 정하도록....

[피로가 누적되었다면.....]
피로회복을 빙자하여 폭음이나 폭식으로 내달리면 운동부족으로 몸매가 망가지기 쉽다. 지금의 당신에게 필요한 것은 적절한 자극과 영양분이다. 피로가 쌓였을 때야말로 균형이 잡힌 식사를 염두에 두고 적절한 운동을 하도록.....

목표 추구에 있어서 타협은 안된다!
너무 자잘하거나 소극적으로 적게 처리되지 않도록

현재의 당신

현재의 당신을 한마디로 표현하자면 사교의 달인이다. 실제로 주위사람들은「붙임성이 좋고 멋진 여성」이라고 칭찬하고 있을 것이다. 성실한 반면에 다소 다가가기 어려운 첫인상을 주는 A형에다가 빈틈이 없는 AB형 기질이 더해져 있기 때문에 행동이나 치장 모두가 맵시 좋게 유지된다. 그리고 배려심이 깊은 기질이 적극성을 띠게 되므로 더욱 완벽해진다. 방침이나 규칙은 지키지만 그렇다고 너무 확실하게 임하지 않도록...... 대화나 유머가 풍부하므로 화제도 풍부하다. 지금 당신과 교제하고 있는 사람들은 늘 즐거운 기분을 맛보고 있을 것이다.

그렇지만 AB형은 그 이름이 나타내는 것처럼 A형과 B형의 복합체이다. 성격이나 기질 모두에는 늘 모순이 넘치고 있다. 사교적 평화주의자라고 여겨지는데도 신랄하게 상대방을 비판하기도 한다. 자신만만한 모습이면서도 사실은 자기평가가 낮아지기 일쑤이다. 현재의 당신은 주위로부터의 포용 이미지와 자신과의 차이성에 힘들어서 남모르게 고민하고 있는 듯하다. 직장이나 학교에서 기대를 모으는 역할이나 사명을 제대로 완수하고 있는 점은 훌륭하지만 그 때문에 자신의 마음이 무너져서는 아무 의미가 없게 된다. 무리해서 다른 누군가를 연출하기보다는 자신으로 승부를 거는 편이 편할 것이다.

또한 A형이나 AB형 모두 미의식이 강하므로 현재의 당신은 복장이나 소품에 대한 마인드가 대단하다. 심미안도 확실한 시기이므로 멋을 아는 사람에게 동경을 받고 있을 케이스가 많을 것이다. 다만 권위나 브랜드에 약하다는 점이 아쉬울 따름이다. 점원의 설명이나 권유에 진지하게 귀를 기울여 코디네이트 받은 것을 통째로 사기도 한다. 발군의 감각을 가졌으므로 더욱 자기의 감각에 자신감을 갖는 편이 매력을 발휘하게 된다.

업무나 공부는 완벽하게 처리하지 않으면 뭔가 마음이 내키지 않는 완벽주의자 경향이 강해진다. 때문에 성적은 늘 상위권이다. 다만 자잘한 것에 집착하는 단점도 있다. 나무를 보고 숲을 보지 못한다는 말처럼 세밀한 부분에 너무 주의를 집중하여 매사의 전체를 보지 못하게 되기 때문에 최종단계에서 윗선으로부터 결제가 나지 않아 실망하게 될 우려도 있다. 꿈이나 목표실현에 있어서도 실행력 부족으로 인해 용두사미로 흐를 경향을 감출 수 없다. 자본력이나 실력의 문제라고 변명하기 전에 용기를 내어 행동으로 옮겨보자.

실패하지 않기 위해서는

〔일에서 실수했다면....〕
일을 잘 못 처리한 아픔 속의 당신이 도피하는 곳은 취미의 세계이다. 작품을 출원하거나 창작품을 만들어 보는 일에 몰두하기 시작했다면 요주의해야 한다. 사표를 내야 할 날이 다가올지도 모른다. 자기에게 있어 좋은 계기라면 새롭게 출발해 보는 것도 좋을 것이다.

〔친구와 다퉜다면....〕
주변을 불쾌하게 만들지 않도록 해야 하는 것이 현재의 당신 입장이므로 다툰다는 것은 우선 생각할 수 없는 일이다. 만일 그렇게 되었다면 상대를 무시하는 상투적 수단이므로 친구를 더욱 화나게 만들어 버린다. 우선은 대화를 나눠 보는 것으로부터 시작해야 한다.

〔경제적 위기에는....〕
착실하게 저축하기 보다는 솜씨 좋게 늘려가는 방법을 생각한다. 고율의 이자 운용법이나 상품을 연구해 보는 것, 그리고 쿠폰을 활용하는 것 등은 좋은 방법이다. 지금은 남들에게 졸라대는 능력도 충만해 있으므로 갖고 싶은 물건을 애인이나 가족에게 말해 본다면 반응이 있을 것이다.

〔피로가 누적되었다면.....〕
평소의 완벽한 일솜씨나 패션에서의 흔들림이 눈에 띄게 많아졌다면 지쳐있다는 증거이다. 그리고 불면증에 시달리기도 한다. 그 어느 것이나 피로가 원인이다. 불면증이라고 생각되면 스파나 온천에서 휴식을 취해보도록 하자. 총기가 살아날 것이다.

다시금 현재의 연애상태를 체크!

속A 겉A

사랑의 지구력은 있지만 남자를 보는 눈이 둔해지기 쉽다.

외골수같은 사랑을 하려는 생각이 강한 것이 현재의 당신이다. 한 남자만 생각하고 헌신적인 사랑을 바치는 동안에 자연스럽게 결혼으로 연결될 가능성이 높다. 인연을 만드는 힘이나 섹스 어필력은 떨어지고있지만 사랑을 지속시키는 지구력은 뛰어나다. 가정적인 면이 두드러지므로 결혼하고 싶은 여성으로 비쳐지는 일도 많을 것이다. 요리 등을 배워두면 한층 연애운이 좋아진다. 단, 현재 연인이 없는 사람은 남성을 보는 눈이 둔하므로 주의할 것. 플레이 보이에게 털리거나 엉뚱한 남자에게 빠져서 시간을 허비해 버릴 가능성이 높다.

그 사람과의 궁합

겉 혈액형이 A형인 그 사람 - **천천히 키우다보면 든든한 끈이 된다.**
어느 쪽이나 경계심이 강하고 사랑에 소극적이므로 진전은 늦어지기 쉽다. 그렇지만 가치관이나 인생에 대한 입장은 일치한다. 그 사람과 함께 있으면 편안해짐을 느낄 것이다. 천천히 오랜 기간에 걸쳐 이뤄질 것이라고 생각하고 준비하자.

겉 혈액형이 B형인 그 사람 -**지금은 꾹 참고 있을 때**
A형 기질이 보다 강력해져 있는 지금의 당신과 B형인 그 사람은 물과 기름의 궁합이다. 그 사람의 멋대로 기질이나 폭군과 같은 면에 당신의 인내력의 끈이 끊어지는 일이 많을 것이다. 오랜 기간 지속시키고 싶다면 꾹 참고 인내하는 각오가 필요하다.

겉 혈액형이 O형인 그 사람 - **누구나 인정해주는 찰떡 커플**
철저한 가부장적 타입인 그 사람에게 당신이 말없이 헌신한다면 잘 진행될 것이다. 고풍스럽다고는 하지만 서로의 수요와 공급이 맞아 떨어지므로 교제도 순조롭게 진행될 것이다. 당장 부모님에게 소개한다면 결혼도 빠르게 진행될 것이다.

겉 혈액형이 AB형인 그 사람 - **거리를 두는 성숙한 교제를**
냉정한 AB형인 그 사람이지만 지금 당신에게 있어서는 심리적으로 매우 도움이 되는 존재이다. 그 반면에 너무 의존하면 그 사람이 거리를 두려고 하는 위험성도 감춰져 있다. 동거 또한 그 사람으로부터의 사랑의 수명을 단축시키는 어리석은 행동이다. 지금은 어느 정도 거리를 두고 교제하는 편이 좋을 것이다.

속B 겉A

자유분방한 연애를 즐기는 중이다. 장래를 생각한다면 스스로 주의하자

A형은 본래 사랑에 대해서 매우 신중하다. 하지만 당신은 꽤나 속도를 내고 싶어 한다. 자유분방한 플레이 걸인만큼 마음만 맞는다면 만난 그 날 당장에라도 잠자리 또한 OK이다. 애인이 있어도 다른 남성에게 색기를 흘리면서 바람을 피기도 한다. 어느 의미에서는 하고 싶은 대로 즐기는 프리 연애를 즐기고 있는 것은 아닌지? 첫눈에 반해버리는 심정이 만개된 영역에 있으므로 상대가 유부남이라도 신경을 쓰지 않는다. 좋아한다면 아무 문제없다고 자주 자위도 해 본다. 하지만 그 반면에 싫증도 배증되고 있으므로 가벼운 동기로 교제가 시작되지만 지속은 어려울 것이다. 행동을 취하기 전에 한 박자 쉬면서 생각해보는 것이 중요하다.

그 사람과의 궁합

겉 혈액형이 A형인 그 사람 - **속박당하는 행복을 느낄 것**
진지하고도 견실한 뿌리를 지닌 그 사람과 사랑을 즐기고 싶은 지금의 당신은 완전히 나쁜 궁합이다. 친구들과 함께 놀려고 잡은 약속까지 꼼꼼하게 체크하려고 하니 당신은 초조해질 수 밖에 없다. 속박은 사랑의 증거라고 생각하고 순종하면 지속도 가능하다.

겉 혈액형이 B형인 그 사람 - **문제점이 서로의 끈을 깊게 만든다.**
비가 오면 땅이 굳어진다는 궁합이다. 지금은 늘 다투고 있지만 그 때마다 진지하게 대화하고 타협점을 찾아냄으로서 신뢰의 끈이 튼튼해진다. 어느 쪽이나 무정한 편이므로 연락을 게을리 하면 자연스럽게 멀어진다.

겉 혈액형이 O형인 그 사람 - **커다란 장애 앞에서는 물러지는 관계**
지금의 두 사람은 직감적으로 서로 이끌려서 자연스런 흐름에 몸을 맡기고 있는것만으로도 행복해 질 수 있다. 그러나 그만큼 곤란한 경우가 발생하면 의외로 무너지기 쉬운 관계이다. 먼 곳으로 떨어져 있게 되거나 경쟁자가 등장하면 아예 결별하기도 한다.

겉 혈액형이 AB형인 그 사람 - **우유부단하면 친구이상으로는 어렵다.**
지금은 연애로 발전되는 결정적 요인이 부족하다. 기질적으로는 파장이 맞지만 이메일 주소를 교환한 것만으로 만족해 버린다. 사랑을 성취시키고 싶으면 당신이 먼저 데이트를 신청하는 등 적극적으로 행동하자.

속O 겉A

너무 딱딱하게 굴면 안 된다. 약한 면을 보여주는 용기를 갖자.

대등하게 대하고 함께 성장해 나가고 싶다고 생각한다. 그 때문에 가부장적인 남성들은 당신을 강한 여자로 보게되고, 결국은 남자없이도 잘 해나갈 수 있는 그런 여자로 여기게 된다. 약한 면을 강조하는, 격이 낮은 여성으로 바뀔 위험성조차 있다. 인연이나 기회를 잡는 파워는 뛰어나지만 요염함이나 색기는 그저 그러므로 발전하지 못하고 남자 친구만 늘어 가는 패턴으로 빠질 것 같다. 행복을 얻기 위해서는 남성에게 의지하거나 응석을 부리거나 해 보자.

그 사람과의 궁합

겉 혈액형이 A형인 그 사람 - 상대를 위협하는 것 같은 태도는 안 된다.
A형 남성은 주제넘게 굴거나 이기기를 좋아하는 여성에게는 꼬리를 감춰버린다. 지금의 당신은 O형 인자가 강해서 애석하게도 그 사람이 가장 껄끄러워하는 타입이다. 사랑을 성취시키기 위해서라면 그 사람 앞에서는 항상 한발 빼는 것 같은 행동을 취하자. 잠자리에 들어서도 순종적으로 임해야 한다.

겉 혈액형이 B형인 그 사람 - 즐기려는 마음이 서로 같아서 사랑으로 발전한다.
현재의 두 사람은 궁합이 아주 좋다. 특히 감성이나 즐거움에 대한 생각에는 공통점이 가득하다. 일이나 레저에서 서로 협력해 나가는 동안에 의기투합이 되고 사랑으로 발전한다. B형의 지혜나 아이디어를 빌리는 것도 빨리 접근할 수 있는 실마리가 된다.

겉 혈액형이 O형인 그 사람 - 솔직함이 사양심이 없는 듯이 비쳐지지 않도록
비슷한 사람끼리이므로 대화는 통하지만 배려가 결여되기 쉬운 우려가 있다. 특히 그 사람이 같은 연령대나 연하의 경우는 양보나 사양심이 없어지게 된다. 연상과 같이 인간적으로 존경할 수 있는 타입이라면 보기 좋은 사랑을 즐길 수 있을 것이다. 더블 데이트도 좋은 편이다.

겉 혈액형이 AB형인 그 사람 - 구속하지 않는 자유스러운 관계가 길다.
지금은 궁합이라고는 할 수 없는 단계이다. 부드럽게 대해주기를 원할 때 그 사람은 무관심하여 반대로 당신이 상대의 신경을 어루만져줘야 할 경우도 있다. 지금은 무리하게 서로를 속박하기 보다는 기분이나 예정에 맞을 때 만 만나는 것이 오래가기 위한 열쇠가 된다.

속AB 겉A

이상이 너무 높아져 있어서 사랑에 몰입하기 어렵다.

밀고 당기기기로 남성을 갖고 놀 것 같은 연애 진보파와 연애를 신성한 것으로 생각하고 실제의 사람과 교제가 불가능한 연애 보수파, 그러한 양극단의 두 타입으로 나누어진다. 어느 쪽이든 현재의 당신은 진심으로 사랑에 몰입할 수 없는 상태이지는 않는지? 좋은 곳으로 시집가고 싶은 강한 욕망이거나 이상이 높아진 경향이 있기 때문이다. 「남자는 돈」이라고 단정하고 있거나 「언젠가 왕자님 같은 남자가......」 하는 꿈을 품고 있기 쉽다. 주변에 부드러운 남성이 많을 터인데도... 현재의 당신이 연애로서 행복을 손에 넣기 위해서는 우선 현실을 확실하게 바라보고 그것을 받아들여야 한다.

그 사람과의 궁합

겉 혈액형이 A형인 그 사람 - **그늘의 연출이 성취를 부른다.**
민감한 여심을 이해해 주는 A형의 그 사람은 현재의 당신에게 있어서 이상적인 연인이다. 그러나 그 사람은 박력이 약해서 자기가 먼저 고백하거나 주도하기에는 한계가 있다. 당신이 먼저 접근해서 다가서기 쉬운 분위기를 만들거나 하는 노력을 하자.

겉 혈액형이 B형인 그 사람 - **서로 존중해 줄 것**
미묘한 관계이다. 지금은 궁합이 그저 그렇지만 서로 존중해주는 부분이 있으면 잘 진행되어 간다가는 암시이다. 스포츠나 요리 등 당신이 자신 있다고 생각하는 분야를 지녀야하며 그 사람의 교제나 생활방식에도 참견하지 않는 것이 중요하다.

겉 혈액형이 O형인 그 사람 - **그 사람에게는 솔직한 자기 자신을 보여줄 것.**
O형의 유연함이 현재의 당신에게는 무신경하게 보일 것이다. 거리를 줄이려고 할수록 메꾸기 어려운 틈이 있음을 알게 된다. 그 사람은 거짓말을 싫어하므로 본심을 알고 싶어서 지어낸 이야기나 눈물 따위로 그 사람을 농락하는 것은 자멸행위가 된다.

겉 혈액형이 AB형인 그 사람 - **소통이 잘 되는 듯한 관계를 유지할 것**
냉정하면서 친구같은 궁합이다. 표면적으로는 사이좋게 보이지만 지금은 서로의 마음 속 깊은 곳까지 파고들기에는 어려울 것 같다. 진전은 공통의 친구나 동료의 주선으로 시작해야 하며 교제 후에도 주위에서 공인해주는 좋은 소통의 관계로 있는 것이 중요하다.

속 혈액형으로 알 수 있는 당신의 현재 02

독자적 시점에서 신경을 쓰지만 헛수고이다.
다소 자신감이 상실된 느낌의 현재이다. 자신을
되돌아보자.

현재의 당신

현재의 당신은 개인주의자로 불리는 B형임에도 불구하고 남의 존재를 강하게 의식하고 있어서 주위에 대해서 상당히 신경을 쓰는 듯하다. 상하관계가 엄격한 업계나 서비스업에서 오랫동안 일했거나. 대인관계에서 겪었던 문제들에 식상했던 경험이 영향을 미친 때문인지도 모른다. 상대를 추켜세우거나 기분을 맞춰주거나 하는 역할을 하고 있을 것이다. 마치 A형이면서 주위와의 융화를 유지하기 위해 가슴을 졸이고 있는 모습이다. 단, 원래의 감성이나 발상이 남과 다르기 때문에 배려하는 방법에 있어서는 하염없이 앞뒤가 맞지 않는다. 주변의 분위기를 맞추려 할수록 겉돌아버리거나, 괜찮을 거라고 생각해서 했던 발언이 남들을 화나게 만들거나, 서비스하려는 생각에서 분위기를 고조시켰음에도 빈축을 사거나 하는 등의 불합리한 결과를 초래해서 지금의 당신은 갈등을 겪고 있을지도 모른다.

지금의 모습

또한 요즘에는 컨디션을 망치거나 실수 혹은 실패가 되풀이 되고 있는 것 같은 분위기도 엿보인다. 다소 자신감이 상실되어 두렵기만 하다. 연애도 일도 주위의 반응이나 결과가 마음에 걸려서 기회에 임하는 파워가 제대로 나오지 않는다. 상황이 갖춰지지 않아서이거나 혹은 장애물이 많아서라고 이유를 찾아내고는 행동을 뒤로 미룰지도 모른다. 하지만 그 신중함을 무기로 자기 자신이나 사물에 대해 냉정하게 다시 짚어보기 위해서는 오히려 좋은 시기이다. 마이너스적인 상념은 버리고 다양한 사람의 의견에 귀를 기울이거나 방법론을 배우거나 해서 앞으로 헤쳐 나가야 할 길을 다시금 모색해 보자.

연애에 있어서는 최선을 다하고자하는 기분으로 충만된 당신이다. 특히 만남을 맺은 처음 동안에는 필요이상으로 애를 먹거나 멋대로 상대의 컬러에 물들어 버리거나 아니면 바지런한 자신의 모습에 빠져버리는 경향도 강하다. 단, 그것은 원래부터 B형이 갖고 있는 변덕스러움이다. 차차 스트레스가 쌓이거나 갑자기 어리석어지거나 해서 관계 그 자체가 피곤해지므로 결국은 오래가지 못한다. 오히려 처음부터 고분고분하게 내 멋대로 굴 수 있는 상대를 진지하게 고르는 것이 지금의 당신에게 있어서 행복과 애정을 손에 넣을 수 있는 조건이라고 할 수 있다.

또 언뜻 수줍음이 많은 것처럼 보이지만 관계가 깊어질수록 B형의 본성이 공공연히 나타나서 갑자기 대담해질 때도 있다. 현재 누군가를 짝사랑하고 있다면 평소에는 과감히 청순함을 강조하고, 낮에는 요조숙녀로 있다가 밤에는 창부로 변신을 도모해보면 틀림없이 남성은 나의 포로가 될 것이다.

실패하지 않기 위해서는

〔일에서 실수했다면....〕
실수해서 컨디션이 저조해졌다면 상사에게 불만을 털어놓는 소위 "야자타임"을 가져보자. 술이 들어가면 폭언이 나올 수도 있지만 적당한 수준이라면 스트레스가 해소된다. 실수를 만회하기 위해서 상사에게 다가서는 듯한 모습을 보인다면 동료의 반감을 사기 때문에 금물이다.

〔친구와 다퉜다면....〕
처음에는 평소의 당신처럼 순수하게 사과하면서 다가가도록. 거꾸로 이성을 잃어버려서 상대가 사과해도 무시하기 십상이지만 지금 그렇게 하면 영원히 우정을 잃어버리게 된다. 마음의 여유를 갖도록 유념해야 한다.

〔경제적 위기에는....〕
위기에 몰리기 전에 가계부를 써보도록. B형 본래의 집념에 불을 붙이면 승부는 나의 것이 된다. 겉 A형조차도 감히 범접하기 어려운 꼼꼼함을 발휘하여 철저한 절약광이 될 가능성이 있다. 지불해야 할 돈까지 아끼지 않도록 주의해야 한다.

〔피로가 누적되었다면.....〕
스트레스에 의해 저항력이 떨어졌다면 편두통, 어깨통증, 알레르기 등의 증상을 일으키기 쉽다. 목표나 얽매임을 떠나서 자신을 다시 한 번 되돌아보도록 하자. 자연이나 동물과 접촉하여 해방감을 맛보는 것도 좋은 약이 된다. 잠깐 동안의 여행도 좋다.

너무 개성적이어서 주위를 놀라게 할 수도.
냉정하고 엄격한 눈을 지닌 조언자를 두도록.

현재의 당신

현재의 당신은 B형의 기질이 전면적으로 증폭되어 있다. 천부적 개성을 있는 그대로 발휘한 결과 그것이 높게 평가받거나 인기와 주목을 불러 모으고 있는 상태일지도 모른다. 완전한 자기 긍정감에 쌓여있어서 자기 자신이 스스로 좋아진다. 누가 뭐래도 끝까지 자기의 긍정감을 관철하는 자신감과 기개가 충만하다. 기발한 패션, 거침없는 독설과 폭탄발언, 전대미문의 당돌한 행동과 주위를 아연실색케 하는 강렬한 성격으로 늘 화제를 뿌리고 있을 것이다.

단, 자기중심적이므로 주변을 거의 인식하지 않게 되는 것도 사실이다. 상식이나 암묵적인 규칙을 철저하게 무시한 결과 나도 모르게 주변사람의 심정이나 자존심을 짓밟고 있을 소지도 있다. 그 때문에 생긴 적개심이나 반감, 질투가 폭발단계에 도달하면 무시해야 할 상대로 낙인찍혀 종내는 고립될 수도 있다. 자신처럼 타인의 존재를 존중하는 의식을 갖는 것이야 말로 지금의 당신이 궁지에서 벗어나 성공할 수 있는 포인트라고 말할 수 있다.

또, 사고방식이 격하고 단락적인 경향으로 흐르고 있다. 모든 일의 내부나 전후를 읽는 능력이 결핍되어 일시적인 감정이나 순간적인 발상으로 움직이려는 경향이 늘어나고 있다. B형이 갖고 있는 직감력이 적중한다면 두말할 필요는 없지만 경솔한 행동이나 조심스럽지 못한 발언, 충동구매 등으로 불필요한 실패를 초래할 케이스도 존재한다. 당신의 의견에 감히 이의를 제기하고 객관적인 관점을 시사해주는 인물을 참모로 두는 것이 만일을 대비하는 방법이다.

연애면에서는 사랑을 하고 싶은 생각이 산처럼 커다란데 지금은 누구에게라도 속박당하지 않고 싶다는 생각이 본심일지도 모른다. 홍역을 앓듯 갑자기 격정적인 사랑에 빠지거나 불장난에 빠지는 일이 자주 있어도 사생활을 간섭당하거나 행동을 속박당하면 즉시 싫어지는 패턴으로 빠질 것이다. 또, 좋아하는 상대의 타입에는 거의 일관성이 없다. 나이가 부모님 연배로 동떨어지거나 살고 있는 세계나 감각이 완전히 다른 남성이나 외국인 등, 주위를 놀라게 하는 상대도 행동의 대상이 된다. 궁합이 아주 좋은 사람을 발견하지 못하는 한, 불특정 다수의 남자 친구와 자유분방한 관계를 즐기는 것이 지금은 맘 편하다

실패하지 않기 위해서는

〔일에서 실수했다면….〕
나의 잘못이 아니라 환경이 나빴다고 주장하는 것은 좋지만 재빨리 구직 잡지를 입수하여 다른 세계로 가버린다면 주변 사람에게 피해를 입히는 것이다. 소란을 일으키며 사직하지 말고 조용히 참아낸다는 생각을 지녀야 한다.

〔친구와 다퉜다면….〕
말하고 싶은 것은 말해버린 때문인지 다퉜다는 자각초차 생기지 않는다. 다음 날 아무 일도 없는 듯한 평범한 얼굴로 놀러가자고 말을 걸므로 상대는 맥빠져 버린다. 상대는 아직 마음속에 담아 둔 것이 있으므로 상대가 화가 났을 때는 가능하면 상대의 마음에 맞춘다는 생각을 잃지 않도록…….

〔경제적 위기에는….〕
지금의 당신은 하루를 버틸만한 돈도 없을 정도로 낭비벽이 심하다. 자동으로 적립되는 예금 등으로 강제적인 저축을 하면서 방어할 수밖에 없다. 단 취미로 시작한 컬렉션이 어느새 한몫의 재산이 되어 있는 경우도 있으므로 취미에는 돈을 써도 괜찮다.

〔피로가 누적되었다면…..〕
흥분이 고조되면 언제라도 희로애락이 격해져서 혼자 중얼거리거나 웃는 현상이 늘어나는데 이것은 바로 요주의 신호이다. 그런 현상 바로 뒤에는 돌연 무기력해져 버릴 우려가 있기 때문이다. 나를 생각해주는 사람을 근처에 두는 것이 중요하다.

 연출을 잘 하지만 너무 밀어붙이면 역효과이다.

현재의 당신

현재의 당신은 자기본위적 성향의 B형이면서 투쟁심이 강하고 지는 것을 싫어한다. 늘 남보다 우위에 서고 싶다는 잠재의식이 동하고 있는 상황이다. 형제가 많거나 시험이나 업적달성의 경쟁이 심한 업계에서 시달리는 등 늘 남과 비교를 당하는 것 같은 경험을 해 왔던 것이 영향을 주고 있다고 할 수 있다.

비교적 자기가 좋아하는 것이나 잘 하는 분야에 있어서는 그 누구에게도 뒤지지 않겠노라고 필사적으로 쏘아대면서 끝장을 보려는 경향이 강하다. 한편으로는 남보다 조금이라도 뒤지거나 어느 분야에 있어서 이미 선구자가 된 사람이 가까이에 도사리고 있다면 그 곳에는 애초부터 아예 손을 내밀지 않으려고 한다. 소위 "All or Nothing"이다. 이 상태가 지속되면 늦거나 빠르거나 무언가의 분야에서 두각을 나타내는 전문가나 권위자 혹은 한 분야에서 빼어난 전문가로서 활약할 가능성도 높을 것이다. 또한 자기 과시욕과 인지욕구가 왕성한 것도 특징이다. 자기의 습성이나 재능을 세상에 알려서 대중에게 인정받고 싶다는 강한 야심과 야망의 싹이 움터서 공모전이나 어려운 시험에서 실력을 발휘하는 등 자신과의 싸움에 도전할 것 같다.

또, 지금의 당신은 단순하게 남들 앞에 나서서 두드러지게 눈에 띠게 되는 것을 대단히 좋아하며, 천부적으로 능력이나 매력을 보여주는 방법을 알고 있는 실행가이다. 파티나 이벤트는 대체로 사회자나 여흥을 담당하는 역할을 맡고 싶어 한다. 일단 마이크를 잡으면 놓지 않을 것이다. 자신의 생각이나 감각을 너무 절대시하여 결국에는 주위 사람을 밀어 붙이거나 한다. 당신에 대해 아무 말도 못하게 하는 자기주장이나, 강력한 칸막이 때문에 그늘에서는 입에 담지 못할 불평불만을 품고 있는 사람이 많을 수가 있다.

연애에 있어서도 지금의 당신은 사냥꾼과 같다. 남에게 쉽게 반해버리는 타입이면서 자신감에 차 있으므로 마음에 드는 이성에게는 서서히 작업을 걸어 나간다. 연애 초기의 두근거림을 추구하면서 내 것으로 만들기까지의 과정에 희열을 느껴서, 연인이 있는데도 한눈을 팔거나 바람을 피우는 것은 당연한 상태이다. 단지 대담하고 도발적인 매력이 충분하면서도 너무 솔직하고 개방적인 탓인지 지금 자기가 의식하고 있을 정도의 에로틱함은 없다.

돈 씀씀이는 점점 헤퍼져 가는데도 화려한 것을 좋아하고 멋있게 보이고 싶어 하므로 명품이나 고급제품으로 치장을 하는 결과, 빚이 늘어날 수 있으므로 모쪼록 주의해야 한다.

실패하지 않기 위해서는

〔일에서 실수했다면....〕
낙담하기 보다는 도리어 분노가 치밀어서 이성을 잃을 수도 있다. 거래처나 상사에게 대들거나 동료 혹은 후배에게 화풀이를 하거나 한다. 기세를 몰아서 회사를 뛰쳐나오는 일도 있다. 반드시 후회하므로 폭발하기 전에 우선 머리를 식히도록......

〔친구와 다퉜다면....〕
당신의 경우는 3일도 못 지내고 화가 풀어져서 금방 화해를 한다. 또한 상대가 사과를 하면 바로 받아들여 버린다. 그렇게 화해하는 것이 좋겠지만 근본적인 해결이 되지는 못한다. 다른 친구에게 상대의 험담을 알아내려고 하는 것도 좋지 않다.

〔경제적 위기에는....〕
씀씀이가 헤퍼지고 있다. 수상쩍은 돈벌이 이야기나 일확천금이 가능한 투자기법에는 모쪼록 주의할 것. 목적을 갖게 되면 의외로 돈을 모을 수가 있다. 늘 갖고 싶던 명품, 화려한 독신 등 가장 흥미가 있는 것을 목표로 하고 탄력을 내 보도록 하자.

〔피로가 누적되었다면.....〕
피로에 빠진 자신을 인정하고 싶지 않은 탓인지, 혹은 본능의 움직임인지 폭식을 하거나 폭주로 흠뻑 취하는 경향이 있다. 그 결과 본격적으로 컨디션을 망치는 자멸의 양상으로 빠져버리므로 피로를 느낀다면 잠을 푹 자 두도록 하자.

 독창적인 분야에서 재능이 활짝 필 가능성이 충분

현재의 당신

현재의 당신은 주관덩어리라고 말하는 B형임에도 불구하고 객관적으로 이지적인 성향이 심리상태에 나타나 있다. 동료와 시끄러운 관계에 있어도 어느 새 나 자신의 모습으로 돌아오거나 뭔가에 열중하고 있을 때에 돌연 흥이 깨지는 것 같은 기분이 들지는 않는지? 지금 어쩌면 마음의 저 밑바닥에 커다란 방황이나 근심스러운 문제를 껴안고 있거나, 연애로 인해 기력이나 체력을 모두 소모하여 열정이 전부 식어 버린 상태인지도 모른다.

뭔가 일을 시작하더라도 곤란하거나 귀찮은 일이 생기면 이유를 대고 깨끗이 포기하며, 변덕스럽게 이것저것 다 시도했다가는 도중에 도피해버리고 마는 식의 양상이 많을 것이다. 주위 사람들에게도 묘한 태도로 임하는 경향이 있고 타인의 언동이나 행동, 세상의 사건에 대해서 어쨌든 비판적이다. 조금이라도 이상한 소리에는 비교적 날카로운 태클을 걸거나 아니면 말꼬리를 잡고 늘어지거나 혹은 비꼬거나 험담을 늘어놓는 경우도 있다. 일부에서는 비뚤어졌거나 까다로운 사람이라는 인상을 주고 있을 것이다. 그럼에도 불구하고 반대로 남에게 간섭을 받는 것은 대단히 싫어한다. 친구나 연인이라고 해도 밀착된 관계를 피하고 때로는 마음을 닫아버리고 자신의 표피 속으로 숨어들어가는 경향도 있다.

이것이던 저것이던 간에 상처를 받고 싶지 않다는 자기 방어심이 강하기 때문이다. 무슨 일에든 본격적으로 몸으로 대쉬하는 것이 두렵고 가야할 목표를 잃은 B형 본래의 주체성이 굴절되어 나타나 있는 것이 현상이다. 때문에 자신의 내면을 되살펴 볼 필요가 있을 것이다.

한편으로는 B형이 갖고 있는 독창성과 AB형의 섬세하고 맵시 있는 감성이 조합되기 때문에 창조적인 분야에서 재능이 만개될 가능성도 충분하다. 지금 내면에 있는 갈등을 창작활동으로 승화시키면 자신을 컨트롤하기 쉬워질지도 모른다.

또 연애에서는 사랑과 섹스와 결혼은 모두 별개라고 단정하는 경향이 있다. 베드에서 뜨겁게 달아올랐어도 다음 날 아침에는 언제 그랬냐는 얼굴을 하고, 애인이 있는데도 갑자기 다른 남성과 약혼을 한다는 식으로 남들이 이해하기 어려운 행동을 하기도 한다. 그러한, 손에 넣기 어려운 매력이 남자의 마음을 끌어당기지만 그 반면에 자기를 진심으로 사랑하는 남성이 무슨 생각을 하고 있는지 몰라서 단념해버릴 수도 있는 위험이 있다. 또한 얼굴만 따지는 기질이 강하므로 연애상대 고르기에 있어서는 외모를 우선시할 것 같다.

실패하지 않기 위해서는

〔일에서 실수했다면....〕
변명으로서 동료에게 책임을 전가거나 이론으로 무장하고 실수를 일절 인정하지 않는 등, 고집스러운 자세를 취하기 일쑤이다. 꾀병을 부리고 결근하거나 하는 것도 식은 죽 먹기다. 신뢰를 회복하기 위해서는 초심으로 돌아가서 의사전달을 확실하게 해야 한다.

〔친구와 다퉜다면....〕
그대로 방치해서 친구 그 자체도 자연스럽게 관계가 시들어버리는 것이 현재의 양상이다. 그것은 내가 먼저 접근했는데도 거절당할지도 모른다는 두려운 본심으로부터의 행동이다. 진정한 인연을 보다 더 깊게 하기 위해서는 용기를 내어 오픈 마인드로 임해보자.

〔경제적 위기에는....〕
현재의 당신은 물욕은 그다지 없는 듯하다. 직감과 균형감각이 최고이므로 외환이나 예금, 주식 등 자료를 보면서 게임 감각으로 도전할 수 있는 재테크가 적합하다. 경품이 걸려있는 저축상품 등도 의외로 재산증식이 될 가능성이 있다.

〔피로가 누적되었다면.....〕
남과 이야기하는 것이 귀찮거나 혼자 있고 싶다고 느낀다면 피로해졌다는 사인이다. 휴대폰을 끄고 잠시 잠수를 타거나 아무에게도 말하지 않고 바람같이 가까운 곳으로 여행을 다녀오는 것도 심신을 상쾌하게 만들어 준다.

다시금 현재의 연애상태를 체크!

속A 겉B

헌신적이기만 해서는 안 된다. 기브 앤드 테이크의 관계로

지금 당신은 연애를 진지하게 생각하고 있을 것 같다. 만남으로부터 시작하여 사랑으로 발전하기까지는 상당한 시간과 용기를 필요로 할 듯하다. 헌신적으로 사랑을 쏟아 붓지만 그 뿌리는 흔들리는 사랑을 좋아하는 B형의 기질이 있다. 일방적으로 헌신하는 관계에 지쳐서 자기가 먼저 이별을 고하는 일도 있다. 정성을 다하지만 교제가 지속되기 어려운 것은 헌신적이기만 할 뿐, 그 사람이 나를 좋아하지 않을 것이라고 단정하여 자신의 존재 가치를 발견해내지 못하기 때문이다. 지금 당신에게 딱 맞는 것은 고분고분하게 맘 내키는 대로 말할 수 있거나, 당신에게도 헌신적으로 대해주는 기브 앤드 테이크 관계를 구축할 수 있는 남성이다.

그 사람과의 궁합

겉 혈액형이 A형인 그 사람 - **공통점이 많아서 자연스러운 모습으로 지낼 수 있다.**
친해지기 쉬운 궁합으로 취미나 사고방식도 유사한 점이 많아서 서로 자연스럽게 결혼을 의식하는 사이가 된다. 교제를 오픈한다면 원활하게 다음 무대로 넘어 갈 것이다. 사랑을 고백하고 일정한 선을 넘고 싶다면 낭만적인 장소에서 도전해 볼 것.

겉 혈액형이 B형인 그 사람 - **너무 잘난 체하면 위험**
첫인상은 좋은 반면에 나중에 서로의 차이점이나 결점을 발견하고 「이게 아닌데……」하며 후회하기 십상이다. 상대를 이상화시키는 것은 물론, 당신 자신을 너무 크게 보여서도 안 된다. 애초부터 똑같은 스케일로 교제를 시작해야 함을 명심하자.

겉 혈액형이 O형인 그 사람 - **믿음직한 파트너**
긍정적인 O형은 지금의 당신에게 있어서 믿음직하며 좋은 자극을 주는 파트너이다. 함께 있으면 즐겁고 시간이 흐르는 것도 모를 정도이다. 공식적인 자리에서는 그 사람이 주도권을 쥐고 그렇지 않은 공간에서는 당신이 주도권을 쥐면 교제는 원만하게 진행된다.

겉 혈액형이 AB형인 그 사람 - **같은 것에 흥미를 갖는 사이**
친밀도는 그저 그렇지만 흥미를 갖는 것이나 인생관에는 공통점이 있다. 일이나 취미에서 서로 협력하거나 인생을 의지하는 파트너로 사귄다면 유익하다. 결혼을 원한다면 공식적인 자리에 함께 나가도록 한다.

속B 겉B

충동이나 욕망이 이끄는 대로 자유분방한 사랑을 즐긴다.

지금의 당신을 한마디로 표현한다면 사랑의 자유주의자이다. 불타오르는 것 같은 정열을 지녔음에도 보잘 것 없는 남성에게 속박당하고 있을 정도라면 불특정 다수의 남성들과 자유분방하게 관계를 즐기고 싶은 본심의 발로일 것이다. 도덕이나 윤리의식도 희박하다. 한사람만 고집할 이유가 없다고 한눈을 팔거나 스스럼없이 친구의 연인에게도 손을 대 보거나 하는 비윤리적인 관계는 당신에게 있어서 아주 자극적인 사실이다. 단지 그 욕망이 움직이는 대로 행동한다면 되갚음을 받을 수 있다. 행복해지고 싶다면 사랑을 깨뜨리는 행위는 적당히 해야 한다.

그 사람과의 궁합

겉 혈액형이 A형인 그 사람 - **상대의 의견에 귀 기울일 것.**
일장일단이 있는 궁합이다. 지금은 성격이나 행동양상이 정반대이기 때문에 그 차이점이 선명하게 비쳐진다. 다만 본격적으로 교제해보면 고생만 연속되어서 헤어지자는 이야기가 나오는 것은 시간문제일 뿐이다. 나 자신을 내세우지 말고 상대의 의사에 따르는 편이 행복으로 직결된다.

겉 혈액형이 B형인 그 사람 - **서로 자신을 내세우지 말 것.**
첫인상은 좋았다. 감정이나 화제가 서로 맞고 첫 만남에서 의기투합되는 커플이다. 걱정인 것은 그 후에 서로의 자유스런 기분이나 한눈팔기로 인해서 깨끗하게 파국을 맞을 우려가 있다는 점이다. 지금의 시기는 만일 다툼이 생겼다면 당신이 먼저 양보하는 편을 택해야 하는 시기이다.

겉 혈액형이 O형인 그 사람 - **내둘려도 받아주는 사람**
당신이 주도권을 쥐는 관계이다. 그 사람은 당신의 변덕에 혀를 내두르면서도 기꺼이 당신을 보살펴 준다. 하지만 금전적인 부담은 무거운 짐으로 변하게 되니 그 사람이 돈을 내는 것이 당연하다고 생각하는 것은 좋지 않다. 데이트 비용이나 호텔비도 더치페이로 하자.

겉 혈액형이 AB형인 그 사람 - **같은 취미로 딴 생각 하는 것을 방지**
쿨하고 무뚝뚝한 그 사람에게 접근해보고 싶은 당신은 정작 상대가 진지하게 나오면 먼저 냉정해지거나 타이밍이 어긋나게 행동하기 쉬운 경향이 강하다. 공통의 친구나 취미를 늘려보도록 하자.

속O 겉B

점찍은 남자는 놓치지 않지만 보는 눈에는 다소 문제가 있다

플레이 걸 기질인 B형에다 사랑에 능숙한 O형의 성격인자가 더해진 지금의 당신은 연애 감정이 한창이다. 매력적이고 자신만만하므로 마음에 둔 남성에게 작업을 걸지 않으면 견딜 수가 없다. 애인이 있어도 마음에 드는 사람이 있으면 어떻게든 작업을 건다. 언뜻 바람둥이인 것처럼 보이지만 당신은 진지하기만 하다. 그러나 남성을 보는 눈에는 문제가 많다. 별 볼일 없는 남자나 말도 안 되는 플레이보이를 나도 모르게 선뜻 골라버리게 된다. 그리고 모두 바친 후에는 헌신짝처럼 버려질 위험성도 있다. 남성을 보는 눈을 키우는 것이 지금의 과제이다.

그 사람과의 궁합

겉 혈액형이 A형인 그 사람 - 개성이 너무 차이가 나서 엇갈릴 수도
신중하고 견실한 그 사람과 즐기기 위한 기분이 만개된 지금의 당신이지만 서로의 성격과 입장에 너무 차이가 나기 때문에 사랑이 싹틀 가능성이 낮은 커플이다. 특히 그 사람의 생각에 대해서는 대충 반응해서는 안 된다. 되돌릴 수 없는 결과가 되어 버린다.

겉 혈액형이 B형인 그 사람 - 사소한 다툼을 극복하여 사랑이 깊어진다
열애에 빠지는 궁합이다. 사소한 다툼은 많지만 화해를 할수록 사랑이 깊어져서 사랑스러운 관계로 발전한다. 그러나 교제가 장기화됨에 따라 서로 멋대로 행동하게 되어 공중분해 될 위험성이 있다. 영원한 사랑을 손에 넣기 위해서는 참는 것도 필요하다.

겉 혈액형이 O형인 그 사람 - 한 순간의 사랑을 즐기기에는 최적
개성파인 두 사람은 끌어당기는 힘과 반발하는 힘 모두가 강력하다. 한 눈에 반해서 단번에 불 타 올랐다고 생각되는 순간 갑자기 싸워서 헤어져버리는 일이 발생할 수도 있다. 모두가 단순해서이기 때문인데 온순해지면 온순해질수록 재결합이 가능하므로 둘이서 여행을 간다면 좋을 것이다.

겉 혈액형이 AB형인 그 사람 - 이상의 상대로 당신이 키워 볼 것
지금은 민감한 그 사람이 한심하게 보일 수 있지만 그렇다고 경솔하게 단념하기에는 너무 이르다. 이상형으로 생각되는 남성으로 키워 볼 필요가 있다. 잘 교육시키면 믿음직한 연인으로 크게 변신할 가능성의 기대치가 높다. 잔소리보다는 칭찬해주는 말이 사랑을 키워 나간다.

속AB 겉B

변덕을 부리면 멀어지기만 할 뿐이다. 내 사람이라면 진지한 태도로

고양이 같이 변덕스러운 태도로 상대를 놀리는 것이 지금의 당신이다. 내킨 김에 하룻밤을 같이 보냈지만 다음 날 아침에는 상대의 얼굴도 보기 싫거나, 오늘은 좋아하는 기분이 들지만 내일이 되면 어떨지 잘 모르겠다는 변덕쟁이 성향이 강해져 있다. 「도대체 무슨 생각을 하고 있는지 모르겠다」고 그 사람은 당신을 경원시할 수도 있다. 그 사람의 사랑을 시험해보기 위해 거짓으로 눈물을 보이거나 짐짓 연기를 하는 등의 행동도 불사할 수 있는 점을 주의해야 할 필요가 있다. 마음속에 담고 있는 진정한 사람이라면 우선 솔직한 기분으로 대하도록 한다. 그러면 행복을 손에 넣을 수 있을 것이다.

그 사람과의 궁합

겉 혈액형이 A형인 그 사람 - **그의 앞에서는 솔직해 진다.**
악의 기질이 강한 당신이지만 그 사람 앞에서는 이상하게도 얌전해진다. 그것은 원래부터 궁합이 좋았기 때문이다. 그렇지만 지금 당장 결혼을 하자고 하면 상대가 주저하기 쉬울 것이다. 주변적인 일에서부터 도움을 주면서 헌신적으로 다가선다면 상황이 호전될 것이다.

겉 혈액형이 B형인 그 사람 - **너무 속박하면 무거운 짐으로**
잘 되어 갈 것인가 아닌가는 종이 한 장의 차이이다. 파장은 크고 길지만 당신의 평온하고 깊은 애정이 그 사람에게 있어서 서서히 무거운 짐으로 변할 우려가 있다. 막히기 전에 소통이 잘 되는 관계를 만들도록 한다. 그리고 그 사람의 여성편력은 처방책이 없으니 포기하는 편이 좋을 것이다.

겉 혈액형이 O형인 그 사람 - **가볍게 여기고 유혹하다가는 당할 수도⋯⋯**
그리 간단한 상대가 아니다. 당신은 그저 즐기기 위해서였는데 상대가 맘먹고 작심하고 나온다면 빠져나가지 못할 우려가 있다. 그러할 마음이 없는데도 떠보거나 의미심장한 행동으로 유혹하는 것은 금물이다. 접근을 하려면 생일 등의 기념일에 시도할 것.

겉 혈액형이 AB형인 그 사람 - **이 세상의 규칙에서 자유스러운 두 사람**
이상적인 결합이다. 두 사람 모두 복잡한 생각의 소유자이지만 지금의 두 사람이라면 공감할 수 있다. 한눈을 파는 것도 그냥 장난이었다면 괜찮다는 등 독자의 방침을 갖고 교제하는 두 사람은 옆에서 보면 꽤나 진보적이다. 결혼 후는 자유스러운 상황이 지속된다.

겉 혈액형 × 속 혈액형으로 당신의 현재 상황을 알 수 있다.

속 혈액형으로 알 수 있는 당신의 현재 03

겸허하고 협조성이 있으며 온화한 분위기를 지녔다.
자신을 비하하기 쉬운 점에 주의하도록.

현재의 당신

O형은 본래 자기과시욕이 강한 성질이다. 하지만 속 혈액형이 A형인 지금의 당신은 후천적으로 겸허의 미덕을 몸에 지니고 있다. 인내와 자기억제를 강요당하는 환경에 있던 적이 많았던 때문인지도 모른다. 그 때문에 O형의 기질이 중화되면서 협조성과 근면하면서 상식적인 성질이 현저하게 나타나 있다. 태도가 부드럽고 친절하며 자발성은 약하지만 책임을 다하며 말을 들은 것이나 목표량 준수에 대해서는 완벽하게 책임을 다하며 어려운 사람을 위해서라면 뭐라도 선뜻 내줄 수 있다. 당연히 주위로부터 신뢰가 두텁고 나이 든 사람으로부터 사랑을 받고 있을 것이다.

그러나 내심으로는 우등생인 자기 자신이 싫어서 어찌할 줄 모르는 울분도 갖고 있을 것이다. 요령이 좋은 동료를 보면 자기가 항상 손해 보는 역할을 하고 있다고 은연중에 불만을 갖고 있다. 그 때문에 큰 역할이나 중요한 장소에서는 한걸음 빼게 되어서 어느새 기회가 남에게 돌아가 버리는 경향이 있다. 능력이나 인품을 인정받아도 스스로의 평가가 낮은 것은 그 때문이다. 외면을 정비하기 위해 입었던 은혜나 얻은 물건에는 상대를 감축시킬 정도로 보답하는 경향도 있다. 한편 한 수 아래라고 판단한 상대에게는 무례하고, 가까운 사람에게는 멋대로 굴며 응석부리는 등 지금의 당신에게는 안방에서만 큰소리치는 경향도 있음을 부정할 수 없다. 내장되어 있는 자존심이 미묘한 곳에서 고개를 들고 있다.

이처럼 갈등을 느끼기 쉬운 면이 강하다고는 하지만 인간관계에 있어서는 인연의 끈을 소중히 하는 마음이 남보다 강하다. 홀로 세파를 건너기보다는 단체나 그룹에 소속되는 편이 충족도가 높다. 배려심이 좋은 점이 모든 것을 말해주며 윗사람으로부터 도움을 많이 받는 운기를 갖고 있는 등, 인맥으로부터 얻을 수 있는 혜택은 크다. 지금의 당신에게는 서열을 중시한 보수적인 조직에서야말로 개성과 실력을 발휘할 수 있을 것이다.

또 평소에도 확실하게 책임을 다 하고 있으므로 결정적일 때의 발언력은 자신이 생각하는 것보다 훨씬 크다. 참을 수 없는 장면에서 일갈성의 발언은 막무가내인 사람조차 입을 다물게 하는 박력이 있다.

대충하려는 사람이 많은 O형이지만 지금의 당신은 계획성이 충분하다. 남들 모르게 노력을 거듭하여 오랜 기간에 걸쳐 목표를 달성하는 믿음직스러운 면도 갖춰진다. 생활이나 건강에대한 관심이 높아서 저축이나 체중감량 등 목표를 세우면 확실하게 달성할 수 있을 것이다.

실패하지 않기 위해서는

〔일에서 실수했다면....〕
최선을 다하고 있다는 생각이 강한 만큼 일이 잘못되었다면 무기력해지기 쉽다. 원인을 만든 상대가 직장에 있는 경우는 더 심해진다. 가족이나 친구에게 전부 털어놓고 기분전환을 하면 해결의 길로 나갈 수 있다.

〔친구와 다퉜다면....〕
우정을 잃는 것은 지금의 당신에게 있어서 공포이다. 인내나 양보를 유념하여 관계수복에 전념해야 한다. 그런 자세가 상대의 반성을 이끌므로 절교를 선언할 정도의 싸움에서도 상대가 먼저 연락을 취해 올 것이다.

〔경제적 위기에는....〕
쉽게 써버릴 수 있는 교제비나 친구를 따라 구매하는 행위를 하지 말자. 사고 싶은 것이 있으면 언제까지 얼마를 모으고 싶다는 구체적인 목표를 세움으로서 실현에 박차가 가해질 것이다.

〔피로가 누적되었다면.....〕
표면을 수습할 수 있는 기력이 쇠잔해져서 친구나 연인에게 기대거나 하여서 숨겨져 있던 분방함이 고개를 들게 된다. 영양제를 섭취하거나 마사지 등 자기에게 처방을 실시하여 치유되도록 해보자. 다만 에스테 등에 계속 다니거나 하여 낭비가 심해지지 않도록 주의하자.

독특한 성격으로 현재의 분위기를 고조시키는
분위기 메이커
너무 고조되어 법석을 떨지 않도록 주의를

현재의 당신

주체성이 강한 O형 중에서도 지금의 당신은 비교적 개성이 강렬하다. 독자적인 감각과 주관을
전면으로 내세워 분위기를 일순간에 자기의 색깔로 바꿔버리는, 좋거나 싫거나 그런 현시욕이
강한 존재감을 풍기고 있다. B형의 전형적인 독창성을 갖고 있으므로 남과는 다른 취미나
경력을 자랑하고 싶어 하는 경향도 있다.

게다가 주목을 받는 것을 매우 좋아하는 기질도 두드러져 있다. 독특한 발언을 하여 주위를
놀라게 하는 경우도 자주 있다. 자기 현시욕이 왕성해져 칭찬을 기대하거나 멋있게 보이는
자신을 계산하여 연출하거나 한다. 이렇듯 지금의 당신은 자기 과시력에 관해서는 모든 타입
중에서도 단연 앞서고 있다.

또한 현재의 당신은 흥미가 없고 하고 싶지 않은 일에는 완전히 등을 돌리고 자기의 길로만
가는 독선적 성향을 발휘한다. 덧붙여서 상식은 깨기 위해서 존재한다고 생각하므로
윗사람에게 대들거나 관습에 역행하거나 하는 반골정신도 갖고 있다. 주위로부터의 평판은
멋있다는 칭찬과 자기중심이라는 비판 딱 두 가지로만 나눠진다.

단, 싫증을 쉽게 내는 성격도 눈에 띄게 강해지므로 분위기를 흩뜨려 놓고 뒷일은 나 몰라라
하는 무책임한 경향도 많은 편이다. 보수적 분위기의 환경에서는 승산이 없으므로 주위를
살펴보고 싫증을 잘 내는 자신을 확실하게 자각하면서 일상을 보내도록 하자.

또 지금의 당신은 매우 자신에 차 있어서 뒤에서 남들이 어떻게 생각하든지 신경 쓰지 않는
편이지만 사실 내심으로는 자긍심을 다 포용할 수 없는 면이 있을 수 있다. 그도 그럴 것이
본래는 목적 추구형에다 명예욕도 강한 O형인데도 지속력이 결여되어 있는 탓에 진정한

평가를 얻기가 어려우므로 불만이 쌓이기 십상이다. 특히 자기보다 한 수 아래라고 생각하는 상대가 노력으로 당신 이상의 캐리어를 쌓은 경우에는 기분이 좋을 수가 없다. 그렇지만 그런 생각도 신나게 놀고 나서는 잊어버리기도 한다.

분위기를 잘 띄우므로 파티나 사교의 자리에서는 틀림없이 사람들의 중심에 서게 된다. 천방지축이라고는 하지만 표리가 없는 산뜻한 성격도 인기 요소가 된다. 업무가 끝난 후에는 자극적인 레저를 만끽하면 일상생활이 윤택해진다.

실패하지 않기 위해서는

〔일에서 실수했다면....〕
기본적으로 귀찮은 일은 맡지 않으려 하므로 뒷일을 부탁한다고 하면서 빠져 나온다. 전향적인 본래의 O형 자질을 전면으로 내세울 수 있도록 노력해 보자. 맘껏 하루 저녁 내내 놀면서 스트레스를 해소해도 좋을 것이다.

〔친구와 다퉜다면....〕
화가 나면 참지 못하고 분노를 표출해 버린다. 단 말하고 싶은 것을 다 말하고 나서는 시원스러워 하면서 아무 일도 없었던 것처럼 바뀌어 버린다. 그것을 이해해주는 사람은 괜찮지만 마음속에 담아 두는 사람도 있을 것이다. 주위 사람에 대해 확실히 신경을 쓰도록 하자.

〔경제적 위기에는....〕
하루를 버틸만한 돈이 없을 가능성이 큰 지금의 당신에게는 검약은 우선 무리일 것이다. 지갑이 비기 전에 교제비와 필요경비를 구분하여 통장을 분리할 것. 거기서 조금씩 공제하여 즉시 저축을 시작하자. 잊을 때쯤이면 목돈이 되어 있을 것이다.

〔피로가 누적되었다면.....〕
기분과 몸은 정직하므로 피로는 곧 바로 졸리는 현상으로 나타난다. 단 피로해도 놀고 싶은 기분이 왕성해진 당신은 심야까지 놀고 나서 늦잠을 자고 지각을 하게 되는 경우도 있다. 휴식 타임을 잘 설정하여 숙면을 취하면 피로가 해소될 것이다.

목표를 달성하는 강력한 힘이 넘치고 있다.
적을 몰아대면 원한을 살 수도

현재의 당신

현재의 당신은 목표의식과 투쟁심을 갈고 닦은 불굴의 투사이다. 경쟁이 심한 환경에 처해 있었던 탓이거나 아니면 어떤 분야에서 성공을 거두었는지 확고한 자신감을 가슴에 품고 그 위에 꿈을 향해 나가려고 하고 있다. 보통 사람이라면 스트레스로 위축당해 버릴 만도 하지만 당신에게 큰 역할이나 큰 무대라면 더욱 불타오르는 편이다. 주위의 기대나 선망, 비판, 반감까지도 보기 좋게 에너지로 능력을 만개시켜 승리의 왕관을 획득할 수 있다. 의욕이 넘치는 만큼 자기주장이 강하고 마찰이나 충돌도 많지만 지금의 당신은 결과를 도출해 내서 사람들을 침묵시켜 버리는 "유언의 실행가" 타입이다.

더구나 O형의 리더 자질을 멈추지 않고 발휘하고 있으므로 돌출된 존재임에도 불구하고 고독하거나 인연이 엷더라도 다시금 강점으로 변하고 있다. 실제로 사람의 마음을 붙잡는 매력도 늘어나서 정확한 지도력과 좋은 조력자 기질은 지지자를 늘리고 있다. 실행력과 조직력 그리고 판단력이 인정되어 사무실내에서는 지도자적 존재로서 신뢰를 받고 있을 것이다. 당신 자신, 그리고 현재, 남의 위에 서는 것 자체에 희열을 느끼고 있을 것이다.

그러나 지기 싫어하는 성향도 두드러지게 나타나고 있다. 나의 성공을 위해서라면 수단을 가리지 않고 남의 이익을 침해하거나 이간질을 해서라도 얻고자하는 기회나 지위를 손에 넣으려 꾀하거나 그 조차도 모자라서 이용가치가 있는 사람은 강제로라도 아군으로 만드는 독선적 성격도 현저하다. 주변은 자신이 말하는 대로 움직이는 사람들만으로 고착되어가고, 맘에 들지 않는 사람이나 자기에게 비판적인 사람은 그것을 알게 되는 순간에 한 번에 잘라버리는 경향이 있다. 당신이 아군이라고 생각하고 있는 사람들 중에는 단순히 무섭기 때문에 선택을 당한 상태로 있는 사람도 사실은 많을 것이다. 형세가 불리하게 기우는 순간 당신에게 학대당했던 면면들이 역습으로 나올지 모른다. 주의해야 할 것이다.

속이나 겉 또한 O형인 당신은 대단한 노력가이다. 자신의 목표달성을 위해서는 금욕적인
양상으로 돌진해 나간다. 꼼꼼하게 뉴스를 체크하고 화제의 비즈니스 관련 서적도 열독하고
있을 것이다. 패션적인 면에서는 현실 지향성이 강해서 브랜드를 좋아하는 경향이 있다.
힘이 넘치고 활동적이므로 주위 사람들은 「잠은 언제 자나?」라고 생각할 정도로 생기가 있다.
만전을 기하는 자기관리가 지금의 당신의 심신을 지탱해 주고 있다.

실패하지 않기 위해서는

〔일에서 실수했다면....〕
역경을 탈피하기 위해서는 모든 방법을 동원하고 필요하다면 기다리는 자세도 아끼지 않을
것이다. 할 수 없이 방향전환을 하는 경우도 신속한 일처리가 주특기인 만큼 정상 궤도에 오를
수 있다. 컨디션 관리만큼은 게을리 하지 않도록 하자.

〔친구와 다퉜다면....〕
상대가 자기에게 있어서 어느 정도의 존재인가에 의해서 대응하는데 차이가 있다. 중시하고
있는 상대라면 상대에게 잘못이 있어도 머리를 숙인다. 그렇지 않을 때는 까다롭게
절교선언을 하기 십상이다. 때문에 반감을 사지 않도록 주의해야 한다.

〔경제적 위기에는....〕
버는 것도 쓰는 것도 손이 크기 때문에 현재의 저축액은 적을 것이다. 방치하면 돈이
말라간다. 주택을 구입하거나 회사설립 등 큰 목표를 세우자. 꿈을 향해서 착실하게 저축을 할
수 있다. 주식투자에 의한 재산증식도 유망하다.

〔피로가 누적되었다면.....〕
걱정받는것을 싫어하므로 주위에 피로해 하고 있다는 점이 알려지지 않도록 오히려 분발한다.
심신 모두가 튼튼하기 때문에 어느새 소모되는 경우도 있다. 매일 조금씩이라도 스트레칭이나
가벼운 운동을 하면 좋은 컨디션을 유지할 수 있다.

객관적인 입장으로 냉정하게 상황을 관찰하고 있다.
단 마음 속 어딘가에 그늘이 보이는 듯...

현재의 당신

지금의 당신은 「정말로 O형이야?」라고 질문을 받는 경우가 많지는 않은지? 그것은 O형은
터프하고 다듬어지지 않은 이미지가 강한데 현재의 당신은 쿨하고 섬세한 인상이기 때문이다.
군중에서 홀로 떨어져 나와 제삼자적인 시선으로 세계를 조망하고 있는 것 같은 달관의
분위기가 흐르고 있다. 결코 희망이나 주장을 갖고 있지 않다는 것이 아니지만 솔직하게
기분을 나타냄으로서 충돌이나 반발의 분위기가 발생하는 것을 귀찮게 생각하고 있는 것
같다. 때문에 냉정하게 상황을 관찰하고 미리 가지치기를 하여 준비에 만전을 기한 뒤에
계획을 실행에 옮긴다. 요구받은 역할은 완벽하게 처리하며 의견 표시나 업무에 대한 지적도
정확하므로 스스로 두드러지고 싶은 의도가 아닌데도 실력가로서 인정을 받고 있을 듯하다.

지금 내면에는 어딘가 사람을 불신하는 어두운 면이 보여 지고 있다. 심할 정도로 견제를
당하거나 어떤 좌절을 경험한 뒤일지도 모른다. 순순히 감정을 표현함에 한숨을 느끼고 있는
듯하다. 표면상으로는 사람을 대하는 태도가 부드러우며 대하기 어려운 상대에게도 그 정도에
맞출 수 있는 타입으로 보이지만 자기 주변에 몰래 경계선을 펼쳐 놓은 것은 무신경하게
접근해 오는 것을 싫어하기 때문이다. 조금이라도 도를 넘은 부탁이나 요구를 거절당할
것 같으면 차갑게 나가서 우호관계에 물을 끼얹는 일도 흔히 있다. 당연히 일이 끝난 후의
모임에도 나가지 않는 횟수가 많고, 연인과의 식사에서도 더치페이를 철저하게 준수하는 등
대인관계가 무미건조해지기 쉽다.

파워나 따뜻함은 결여되어 있지만 넓은 시야나 객관적인 분석력 등, O형에게 부족한 자질을
몸에 지니고 있는 것은 강점이다. 독선이나 감정에 좌우되지 않는 공평한 판단력으로
절충이나 중재의 솜씨는 감히 누구도 따라 올 수 없다. 상대의 성격이나 기분을 읽고
자유자재로 대응방식을 바꾸는 재주도 겸비하고 있기 때문에 고지식하다고 여겨지는 인물을
회유하여 주위를 놀라게 하는 일도 있다.

돌아다니기를 잘 해서 혼자서 좋은 경험을 하는 경우도 자주 있지만 그러한 말을 퍼뜨려서 질투를 부르는 경솔함을 저지르지 않는다는 점도 지금의 당신에게는 장점이 된다. 패션이나 인테리어 감각도 발군의 경지에 와있다. 멋을 아는 사람으로 동경의 시선을 받고 있을 것이다.

실패하지 않기 위해서는

〔일에서 실수했다면....〕
일이 잘못되기 전에 그 전조를 파악하여 담당역할에서 빠져나오거나 하여 신속하게 대처한다. 그것이 이뤄지지 않을 때는 천부적인 교섭력을 활용하여 해결하도록 하자. 결정적인 상황이 되면 최고결정권자나 전문가로부터의 외압을 이용해 보자. 전화위복으로 바뀔 수 있다.

〔친구와 다퉜다면....〕
냉정하게 상대의 사과를 이끌어 내어서 원만한 해결로 몰고 가겠지만 내심으로는 우정에 종지부를 찍어버리는 냉정함이 있는 것이 지금의 당신이다. 상대의 권유를 거절할 때의 자연스러운 구실을 생각하는 것이 현재의 당신에게 있어서 친절한 대처법일지도 모른다.

〔경제적 위기에는....〕
현재의 당신은 합리적인 사고방식이 강해서 잘 변통해 나갈 수 있다. 돈에는 쪼들리지 않겠지만 저축을 늘려나가고 싶다면 생활비의 상한선을 정하고 푼돈이 모이면 은행으로 가자. 자금중 일부를 순금이나 외환투자에 돌려도 좋을 것이다.

〔피로가 누적되었다면.....〕
육체보다도 정신적인 피로가 먼저 온다. 밖에 나가는 것이 두려워 방안에 처박히는 상태가 된다. 허브 차나 아로마 테라피로 마음을 풀어주면 회복으로 연결된다. 취미나 독서에 몰두하는 것도 회복법으로서 권할만하다.

다시금 현재의 연애상태를 체크!

속A 겉O

뭐든지 덮어주고, 조건없는 사랑으로 봉사한다.

O형의 포용력에 A형의 꼼꼼함이 플러스된 지금의 당신은 모성본능이 풍부한 일편단심형이다. 좋아하는 사람이 생기면 정성을 다해 보살펴주고 자기가 갖고 있는 애정을 일편단심으로 쏟아 부어서 마음에 두고 있는 그를 보기 좋게 나의 사람으로 만든다. 사랑하는 사람과는 늘 함께 있고 싶어 하는 편으로 스킨십도 매우 좋아한다. 결혼에 대한 욕구도 또한 꽤나 높아져 있을 듯하다. 그러나 그 깊은 정이 오히려 구속이 될 수도 있다. 너무 일방적으로 되기 쉬우므로 별 볼일 없는 남자에게 매달리거나 아니면 백마 탄 왕자님을 갈망하는 욕구가 높아 돈에 모든 신경을 쓰거나 한다. 냉정한 생각을 가진 친구의 의견을 듣거나 하는 식으로 해서 대책을 강구하도록 하자.

그 사람과의 궁합

겉 혈액형이 A형인 그 사람 - 서로 보살펴 줄 수 있는 절친관계
공감도가 높은 궁합이다. 서로 상대에게 신경을 기울이므로 사랑과 성의가 통하면서 앞으로도 안정된 관계를 키워 나갈 수 있을 것 같다. 다만 그 사람은 결단력이 약하므로 결혼을 미루기 쉽다. 일찍 부모에게 인사드릴 수 있도록 행동으로 밀고 나가자.

겉 혈액형이 B형인 그 사람 - 북돋아 줄 수 있는 존재
멋진 그 사람에게는 헌신적인 애정이 통하기 어렵기 때문에 지금의 당신에게 있어서 적당치 않지만 자극과 동기를 부여해 줄 수 있을 것 같다. 그 사람의 자유분방함을 어느 선까지 허락할 수 있을지가 포인트이다. 교제중은 취미나 관심의 폭을 넓혀서 지루해지지 않도록 하자.

겉 혈액형이 O형인 그 사람 - 사랑을 받고 싶다면 그 사람이 이상적
지금의 당신의 헌신과 배려심을 높게 인정하여 정열적으로 사랑해 줄 것이다. 표면적으로는 그를 세워주면서 실제로는 당신이 주도권을 쥐는 양상으로 원만하게 진전된다. 수준이나 나이의 차이가 많을수록 좋은 궁합이다.

겉 혈액형이 AB형인 그 사람 - 정면에서부터 서로 대립할 듯
지금은 가치관이 정반대이다. 쿨한 그 사람에게는 당신이 지금 갖고 있는 어리광의 욕구나 그 사람을 보살펴 주고 싶은 마음도 귀찮게 여겨진다. 사귈수록 당신의 외로움은 늘어만 간다. 바쁜 와중에 스쳐지나가는 정도가 딱 좋을 것이다.

속B 겉O

연애에 대한 정열은 높지만 항상 비슷한 남성에게 빠지기 십상이다.

지금의 당신은 단번에 사랑에 빠져버리는 경향이 강하다. 억지로 끌어당겨 상대를 함락시키는 경향이 대단하고 만나자마자 바로 그 날부터 침대로 향하거나 아예 그 사람의 집으로 들어가버리기도 한다. 남의 사랑을 뺏어오거나 전격적인 결혼으로 주위를 아연실색케 하는 연애편력을 보여준다. 게다가 손에 넣자마자 열기가 식어버리거나 상대를 내 생각대로 움직이려 하거나 하는 자기 멋대로 의식에 빠져버린다. 쾌락주의적인 점도 강해져서 섹스에 대한 불만이 있을 때는 바람을 피우기도 한다. 단지 남자를 유혹하더라도 한 상대만 고집하는 것을 싫어하므로 결국 원래의 남자와 닮은 사람을 찾으려 할 것이다.

그 사람과의 궁합

겉 혈액형이 A형인 그 사람 - **모든 면에서 대조적**
진지한 그 사람과 놀기 좋아하는 분방한 스타일의 당신은 서로 상대하기 어려워하는 의식을 갖기 쉬운 두 사람이 된다. 사귀어도 거듭되는 대립은 반드시 뒤 따른다. 아무 생각도 없이 접근하거나 하지 않는 것이 최선이다. 진심으로 생각한다면 인내와 양보가 꼭 필요하다는 점을 명심하자.

겉 혈액형이 B형인 그 사람 - **서로의 개성이 딱 들어맞는 조화**
순환과 관심의 파장이 맞는 이상적인 결합이다. 서로를 있는 그대로 받아들여서 화려하고 정열적인 관계를 즐길 수 있을 것이다. 연애나 결혼의 상식이 통하지 않는 조합인 만큼 연애 스타일은 주위를 놀라게 할 정도로 개성적으로 전개된다.

겉 혈액형이 O형인 그 사람 - **부딪히면서도 성장**
쌍방 모두 자존심이 강하고 충돌을 피하지 못하는 사이이지만 불꽃놀이 같은 화려함을 발산하면서 서로 인정해주고 높여주면서 경쟁자같은 궁합이 된다. 기본적으로는 그 사람이 주도하는 관계성이므로 당신은 불평을 늘어놓으면서도 따라가는 스타일로 갈 것이다.

겉 혈액형이 AB형인 그 사람 - **귀찮지 않은 편안한 관계**
맘대로 하는 성격이 살아나는 지금의 당신과 방임주의자인 그 사람은 서로 미묘하게 맞으므로 귀찮은 일이 줄어드는 관계를 쌓아나간다. 다만 너무 방치하거나 아니면 반대로 무리하게 무엇인가를 강요하면 돌연 이별을 통고받을 수 있으므로 주의해야 한다.

속O 겉O

노리는 대상은 놓치지 않는 진검승부의 러브 헌터

사랑에 있어서는 항상 진검승부로 임하는 것이 지금의 당신이다. 이성을 의식한 순간은 평소의 남자 사냥꾼 같은 인상에서 역전을 도모한다. 섹시한 페로몬을 발산하면서 사랑의 경쟁자를 쓰러뜨리고 몸으로라도 사랑의 계교를 부려서 마음 속에 두었던 상대를 함락시킨다. 교제를 하면 헌신적으로 변하는 반면 그를 자신의 컬러로 물들이고 싶어 하는 지배욕이 튀어나온다. 독점욕도 강해져서 필요 이상으로 속박하거나 간섭하기도 한다. 그러한 것이 너무 지나치면 상대가 귀찮아 할 수도 있으므로 주의하자. 정열적인 연애를 하고 싶다는 욕망도 두드러져 가고 있다. 사랑이 식었다고 생각되면 곧바로 이별을 고할 것 같다.

그 사람과의 궁합

겉 혈액형이 A형인 그 사람 - 그는 마음이 편해지도록 치유해주는 존재
배려심이 좋고 상냥한 그 사람은 노력가인 지금의 당신에게 있어서 최적의 오아시스이다. 기본적으로 수동적이면서 순종형이므로 안심하고 주도권을 쥐고 바람직한 관계로 인도할 것이다. 다만 그 사람은 내면이 의외로 고집이 셀 수 있다. 너무 몰아대지 않도록 주의하자.

겉 혈액형이 B형인 그 사람 - 주도권은 당신의 손에
자기본위적인 그 사람이 애를 많이 먹이기도 하지만 서로 인정해 줄 수 있는 궁합이다. 주도권은 당신에게 있으므로 필요한 곳은 엄격히, 그리고 나머지는 방임해주는 교제 스타일로 나가면 앞으로도 잘 사귀어 나갈 수 있을 것이다.

겉 혈액형이 O형인 그 사람 - 역할분담을 철저히 시키도록
비슷한 사람끼리라 투쟁의식이나 상호 혐오감이 먼저 앞서기 십상이다. 자기의 기본방침이나 주장을 서로 내세우기만 할 뿐으로 험악한 상태로 빠질 수도 있다. 지금은 역할분담을 철저하게 준수하도록 하는 대책이 필수적이다. 어느 정도 나이 차이가 있는 편이 유리하다.

겉 혈액형이 AB형인 그 사람 - 같은 목표를 가지면 길하다
사고방식이나 행동양식에서 거의 공통점이 없고 정이나 이해심도 생기기 어려운 두 사람이다. 어떠한 계기에 의해 사랑에 빠졌어도 상대를 알아 갈수록 위화감이 생길 것 같다. 이해의 일치를 느꼈을 때는 서로의 끈끈한 정을 느끼므로 서로 같은 목표를 갖도록 노력하자.

속AB 겉O

상처입는 것을 두려워하지 않으며 상상의 사랑은 졸업

AB형의 자질에 의해서 본인의 색깔과 향기에 세련미가 플러스되어 있다. 높은 산의 한 떨기 꽃 같아 남성들로부터 동경의 대상이 되어 있다. 하지만 당신은 사람들과 인연을 맺는 것이 서툴러서 가벼운 연애 공포증을 앓고 있다. 짝사랑이나 상상의 사랑이 오히려 안심이 되고, 한사람에게 빠져드는것을 피하려고 여러남자와 교제하거나 한다. 지금은 그러한 당신이지만 그 뿌리는 애정욕구가 강한 O형이다. 차라리 정열적인 구애로 나가서 공포증의 껍질을 벗어 본다면 긍정적으로 미래가 열릴 것이다.

그 사람과의 궁합

겉 혈액형이 A형인 그 사람 - **천천히 사이좋은 관계가 될 수 있는 두 사람**
궁합은 딱 그만이다. 그 사람은 지금의 당신이 갖고 있는 예민한 감성을 잘 이해하고 부드럽게 감싸 안아준다. 다만 서로의 본심을 감추기 십상이므로 사랑이 싹틀 수 있는 좋은 계기를 놓칠 수 있다. 부탁이나 상담꺼리를 빙자하여 접근해 보도록 하자.

겉 혈액형이 B형인 그 사람 - **당신의 방어막을 제거해 줄 듯**
감성이 닮아가고 있으므로 그 사람이 흥미를 품기 쉬울 듯하다. 그 사람의 알기 쉬운 감정표현과 겉과 속이 다르지 않고 언제나 동일한 태도에 이상하리만치 끌려서 진지하게 사귀게 된다면 당신은 연애 공포증을 한 꺼풀 더 벗겨낼 수 있을 것이다.

겉 혈액형이 O형인 그 사람 - **시간을 두고 관찰하도록**
용기가 넘치는 그 사람은 지금의 당신에게 있어서 상대하기 어려운 타입일지도 모른다. 준수한 남자라서 흥미가 생기지 않는 것은 아니지만 박력을 전개시켜 대시해 오면 피하고 싶어질지도 모른다. 시간을 두고 관찰하여 상황의 변화를 꾀하는 것도 하나의 방법이다.

겉 혈액형이 AB형인 그 사람 - **첫인상은 최고였지만**
중성적으로 청결한 인상을 지닌 그 사람은 언뜻 보면 당신이 원하던 이상적인 상대 바로 그 사람이다. 사고방식이나 행동형식이 닮았기 때문에 접근 포인트도 생기기 쉬울 것이지만 그 사람의 차가움이나 나약함을 보게 됨으로서 실망이 생길 수도 있다. 이때는 생각을 넓게 갖고 그를 대해보도록 하자.

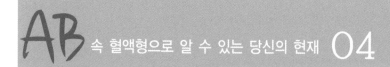

속 혈액형으로 알 수 있는 당신의 현재 04

협조성이 있고 매사를 잘 처리한다.
반면에 가까운 사람에게는 멋대로 폭주해버리기
십상인 경향

현재의 당신

당신은 현재 주위로부터 정말 좋은 사람이라는 호평을 받고 있을 것이다. 의무적으로 책임을 제대로 완수하고 업무태도나 판단력에는 빈틈이 없다. 언제나 미소를 짓는 얼굴을 보이면서 협조성도 풍부하여 누구에게나 좋은 인상을 풍길 것이다. 그러나 연인이나 가족, 그리고 몇 십 년 이상 사귄 친구 같은 친한 사람으로부터의 평가는 조금 다를 것이다. 어리광쟁이, 떼 부리기 대장, 당사자 의식이 결여된 사람, 꼬투리잡기 대장 등과 같은 신랄한 평가가 들려온다. 즉 지금의 당신은 전형적으로 안방대장인 것이다. 친척 이외의 사람에게는 A형의 우등생 기질을 발휘하여 완벽한 듯 행동하지만 친근함이 더해짐에 따라 숨겨져 있던 AB형의 또 다른 면인 B형의 분방한 성격이나 또는 유아성이 표면화된다.

예를 들어 별로 좋아하지 않는 사람으로부터, 프리미엄급 티켓이 생겼는데 함께 가자는 데이트 신청을 받으면 기뻐서 응하지만 식사도 대충 마치고는 부리나케 그럼 오늘은 이쯤에서 그만헤어지자고 하며 자리를 떠버린다. 그 후에 친한 친구에게 그 때의 일을 자랑스럽게 말하여 빈축을 사기도 한다. 그렇지만 그러한 모습은 표면적인 교제 상대는 좀처럼 눈치 챌 수도 없으므로 좋은 평가는 유지되면서 세상을 능숙하게 살아가는 것이 지금의 당신이다.

주의를 바라고 싶은 점은 평소에 강요받던 B형의 기질이 폭주하기 시작할 때라는 점이다. 어느 정도 술이 들어간 때 등에는 이성의 분수가 빗나가기 쉬우므로 주의가 필요하다. 추태를 부릴 위험이 있다는 뜻이다. 지금의 당신은 평소 사람을 대하는 것이 부드러운 만큼 쌓여있는 울분도 강렬하여 일단 그것이 표면화되면 마치 다른 사람처럼 독을 품으며 주위를 난도질하여 놀라게 한다. 불만이나 스트레스가 쌓이지 않도록 일기를 쓰거나 마음이 통하는 친구와 대화를 나누거나하여 꼼꼼하게 대비하기 바란다.

일이나 활동 측면에서는 맡은 바 임무는 남보다 배로 열심히 한다. 단지 책임이나 무거운 짐 같은 것은 남에게 잘 넘기고 빠져나가는 경향도 있어서 상사나 동료에게 잘 보였지만 동료나 후배로부터는 소외를 당하고 있다. 높은 학습능력과 근면함을 살려서 지금은 상급 수준의 자격증을 취득하는 것이 당신의 자질을 살려나갈 수 있다. 금전적으로는 안전성과 투기성을 겸한 각종 투자 펀드의 활용을 권장한다.

실패하지 않기 위해서는

〔일에서 실수했다면....〕
일을 잘못하여 질책을 받을 때는 곧바로 의욕을 상실한다. 상사와 감성이 맞지 않으면 심통을 부리고 반대로 화를 내며 상사의 부정이나 태만을 지적하기도 한다. 실패는 누구에게나 있다. 어린아이 같은 태도를 취하지 말고 발언에도 충분히 주의를 기울이자.

〔친구와 다퉜다면....〕
여간해서 다투지는 않지만 일단 사이가 벌어지면 그것이 오래가서 저절로 관계가 시들어 버리기도 한다. 단지 좀 지나면 왠지모르게 원래자리로 돌아가는 것이 당신의 특징이다. 위험한 분위기가 흐른다면 만나지 않는 것도 하나의 방법이다.

〔경제적 위기에는....〕
합리성과 견실함이 강해지는 지금의 당신은 수익성보다는 안전성을 중시한다. 따라서 위기에 몰리는 일은 없을 것이다. 좀 더 돈을 늘리고 싶다면 금융기관의 전문가나 프로에게 상담하여 가장 좋은 방법을 찾아보자.

〔피로가 누적되었다면.....〕
체질적으로 약하기 때문에 정신적인 피로가 그대로 몸에 영향을 끼친다. 식욕감퇴나 위통, 위경련 등은 위험신호이다. 스트레스의 원인으로부터 몸을 멀리하여 혼자만의 시간을 늘려보자. 밖에 나가는 것도 권장할 만한 방법이다.

요령과 애교로 모든 것을 극복할 수 있을 것 같다.
흥미가 이끄는 대로 방랑하는 나그네 경향도
강하다.

현재의 당신

지금의 당신을 한마디로 말한다면 미워할 수 없는 작은 악마이다. 원래의 자기본위적인 AB형의 특질에 박차가 가해져서 자유분방한 행동을 하므로 주변사람을 혼란스럽게 만든다. 그렇다고는 하지만 외향적으로는 시간과 장소를 잘 구분하여 한도를 넘지 않도록 야무지게 계산을 하고 있다. 사실은 사무실에서 근무 중에 사적인 이메일을 작성하거나 게시판에 글을 달거나하는 일이 일상다반사이고 지각이나 조퇴, 그리고 꾀병으로 회사를 쉬거나하는 일도 자주 있다. 상사나 무서운 선배 앞에서의 말투는 점잖으며 태도 또한 점잖으므로 평판은 양호하다.

그 때문인지 사적인 장소에서는 법석을 떨어 동반자를 곤란하게 하는 상습범이지만 지금의 당신에게는 B형의 특성이 강화된 것만큼 사교성에다가 친근감과 애교가 더해져 있다. 그러므로 주변에서는 "저 사람은 원래 저렇다니까"하고 그냥 넘어가 줌으로서 언제나 혜택을 받는 사람이 되는 것이다.

그러나 흥미나 관심의 방향이 극적으로 바뀌기 쉬우므로 인생행로가 안정적이지 못한 것이 현재의 당신의 문제점이다. 어느 날 갑자기 뭔가에 탄력을 받아서 그 때까지 열중하고 있던 일에서 완전히 다른 방향으로 머리가 전환된다. 그리고 경력이나 캐리어 등 모든 것을 깨끗하게 포기하고 전직이나 전업으로 달리기도 한다. 특히 주변에 유능한 사람이 없거나 역할분담이 애매하여 뭐든지 다 맡아야 할 환경이라면 싫증이 나서 신천지를 찾아 여행에 나서버리는 경향도 강하다.

그래도 어떻게든 극복하는 것은 재기가 넘치는 AB형에다가 집착력으로 외길을 추구하는 B형의 기질이 더해져 있는 덕분이다. 눈 깜짝할 사이에 새로운 기술을 익히고 전혀 다른 환경에도 적응할 수 있다. 기술자같은 AB형 중에서도 개인주의적인 경향이 강하므로 아이디어나 감각으로 승부를 거는 일에 적합하다.

연애는 단기집중형 경향이다. 뜨거워지기 쉽고 차가워지기도 쉽다. 자기의 취향에 철저하게 매달리지만 미의식이 높은 AB로서는 오히려 외견을 중시하는 경향은 적고 감정이나 감성의 궁합을 중시한다. 아티스트 계열의 남성에게 끌리기 쉽고 생활감이 흐르는 사랑은 확실히 말하자면 좋아하지 않는다. 한번 아니라고 생각하면 완전히 인연을 끊고 새로운 사랑을 추구하게 된다. 금전 면으로는 집착하고 있는 한 가지 명품에만 아끼지 않고 돈을 쓰는 일품 호화주의자이다. 쓸데없는 지출은 적으면서 뒤로는 야무지게 푼돈을 모으고 있다.

실패하지 않기 위해서는

[일에서 실수했다면....]
한창 일해야 하는데 망상을 하는 분위기로 돌변하고 그에 싫증이 나면 현실도피로 달리기 쉽다. 생각지 못했던 실수에 당황하거나 수습하지 못하는 얼굴을 남에게 보여서 창피를 당하는 일도 있을 것이다. 일과 휴식을 적절하게 구분하여 휴일에는 철저하게 놀아버리면 실수는 적어진다.

[친구와 다퉜다면....]
상대가 화를 내면 무슨 일이 일어났는지 이해를 못하고 웃는 얼굴을 보이거나 하는 등 이상한 행동을 하기 쉽다. 그래서는 상대의 화를 더욱 부채질 하는 것이다. 대개의 경우는 당신의 실언이 원인이 된 것이다. 진지하게 이야기를 듣고 더욱 진지한 태도로 사과를 할 것.

[경제적 위기에는....]
외골수인 B형 기질이 강해져 있으므로 재태크가 특기이다. 돈에 쪼들리는 것과는 거리가 멀다. 전문잡지나 책으로 독학을 해서 온라인 증권 등을 활용하여 자기의 손으로 운용하는 것이 이상적이다. 현재의 당신이라면 전문가 수준의 솜씨를 발휘하여 한몫 챙길 수 있을 것 같다.

[피로가 누적되었다면.....]
잠의 화신에 시달리고 있는 것이 현재의 당신이다. 회의 중이나 출퇴근 전철에서 졸거나 한다면 피로도는 꽤 높은 수준에 놓여 있는 것이다. 생활의 리듬을 바로잡고 질 좋은 수면을 확보하도록 하자. 자기에게 맞는 베개로 바꾸는 것도 하나의 방법이다.

 실행력을 지님으로서 균형감각도 좋다
너무 무리하여 후유증이 오지 않도록

현재의 당신

본래, 전혀 다른 O형과 AB형의 성질을 모두 갖고 있는 당신은 정열적인 생기와 냉정스러움을 겸비하고 있는 꽤나 독특한 존재라고 할 수 있다. 필시 자신의 결점을 자각하여 그것을 극복하기 위해 노력했던 덕분일 것이다. 객관적인 AB형은 자기 자신을 이지적인 눈으로 분석하여 이래서는 안 된다는 극기심을 갖추는 케이스가 실은 의외로 많다. 그 경우 순수한 O형보다는 의지가 강하고 행동력이나 추진력도 강렬하다. 정확한 계산과 확실한 지식에 근거한 판단에 덧붙여 실천적인 파워도 충분하다. 때문에 지금의 당신의 목적 달성율은 100%에 거의 가까워지고 있다. 발상도 유연하여 임기응변에도 능하다. 언제, 어떠한 상황에서도 순간적으로 적절한 대처법을 발견해내어 일이나 연애 측면에서도 재빨리 승자의 편에 설 수 있다.

또한, 범연하고 상큼하면서 따뜻함을 갖고 있는 것도 지금의 당신의 특질이다. 남을 잘 보살피고 조언이나 도움도 싫어하지 않으므로 신입생이나 후배로부터의 신뢰도 많을 것이다. 다양한 타입의 상황에 서서 사람을 연결해주는 조정능력도 탁월하여 윗사람으로서의 자질도 겸비하고 있다. 굳이 결점을 말한다면 선견지명이 있는 만큼 무리한 일에는 아예 손을 대지 않으려는 점이다. 기적의 역전극을 노린다면 실행력을 믿고 무턱대고 시도해보는 것도 지금은 필요하다.

또 현재의 당신이 아무리 파워풀해도 그 뿌리는 AB형이다. 체력면에서는 불안이 남는다. 오히려 강한 사고방식이 악재가 되어 큰소리치며 무리하다가 돌연 무기력해지는 경우도 있다. 특히 책임을 요하는 직장에 있는 경우에는 필요이상으로 노력하기 쉬운 점이 우려된다. 수면과 영양을 축내면서까지 일하면 바로 몸이 약해져 버린다. 일과 후에는 호텔의 레이디 플래닝을 이용하여 도심에서 스파를 즐기면서 휴일을 만끽하자. 터놓고 지내는 친구와 보내는 시간도 가장 좋은 치유책이 된다.

패션이나 생활양식은 고급이면서 개성적인 것을 위주로 한다. 남의 눈을 의식하여 화려한 쪽의 색상을 즐기지만 그래도 세련된 것으로 결정해버리는 것은 AB형의 미적 감각이 이뤄내는 결과이다. 패션 리더적인 존재로서 동경을 받는 경우도 있다. 금전감각은 의외로 야무지지 못하여 특히 교제비를 기분파 식으로 막 지불하므로 나중에는 고민스러운 적자 생활을 하는 양상도 발생한다.

실패하지 않기 위해서는

〔일에서 실수했다면....〕
초조해하거나 조급심이 밀려올수록 오히려 머리가 잘 돌아간다. 묘하게도 냉정하게 대처하는 경향이다. 차차 표정도 사라지고 남의 일 대하듯 하는 말투가 되면 모르는 사이에 실수하는 경우도 있다. 마음의 목소리에 귀를 기울이고 수면과 영양은 확실하게 챙겨야 한다.

〔친구와 다퉜다면....〕
감정을 주체하지 못할 정도로 자존심이 허락하지 않는다. 화가 나서 견딜 수가 없어도 가볍게 빈정대는 정도이다. 지금은 싸움으로 발전시키지 않는다고 해도 스트레스가 쌓인다면 인내의 빗장이 풀릴 수도 있다. 치유의 시간을 갖도록 하자.

〔경제적 위기에는....〕
본래는 합리주의자로서 사귈 때도 더치 페이가 기본이었는데 지금의 당신은 남에게 호기를 보이기 쉬운 경향이다. 후배에게 한 턱 쏘다가 위기에 몰리기도 한다. 그러한 점만 억제한다면 자연스럽게 저축액이 늘어 날 것이다. 운용은 단기성 외환저축 등으로 매끄럽게 이끌어 가자.

〔피로가 누적되었다면.....〕
정신과 육체의 균형이 무너져서 AB형 본래의 사람을 싫어하는 성격이 나타날 듯하다. 혼자서 여행을 가고 싶은 생각이나 아니면 방구석에 처박히고 싶은 생각이 든다면 위험신호이다. 아로마 마사지 등으로 치유의 시간을 가진다면 컨디션을 되찾을 수 있을 것이다.

감정의 기복이 적고 세련되어 있다.
냉정심이 철저한 점이 때로는 벽을 만들 수도 있다.

현재의 당신

지금의 당신은 자연인과 다르다고 생각하거나 집단생활을 꺼림칙하게 생각하고 있을 경향이 많지는 않은지? 원래 AB형은 자신을 내세우는 재주나 요령이 서툴러서 의식적으로 장벽을 치는 경향이 있다. 안팎 모두 AB형인 당신은 그 경향이 지금 비교적 강하게 나타나 있다. 주위와의 깊은 관계를 피하면서 외적인 영향을 받지 않고 자기우월성을 지키려고 하는 것이 현상이다.

AB형의 면이 강화되고 있는 지금의 당신은 한마디로 말하자면 안드로이드 계열이다. 감정의 기복을 거의 보이지 않고 컴퓨터같이 사물을 냉정하게 계산하여 정이나 인연을 단칼에 잘라버린다. 원래부터 좀처럼 남과 다투지 않는 것도 타자와의 이익이나 감정의 충돌이 귀찮기 때문이다. 필요하다면 계교를 부리는 정도쯤이야 아무렇지도 않은 타입인 것이다. 그렇지만 사람이 싫어진 것이 아니어서 사교에는 비교적 열심이므로 교제범위도 오히려 넓어지고 있을 것이다. 단, 누구에게나 거의 동등한 태도로 임하며 교제기간이 길어도 일정한 범위를 벗어나지 않으므로 당신을 쌀쌀맞다고 생각하는 상대도 많을 것이다.

살아가는 방법이나 일에 임하는 자세는 담담하여서 매사가 진흙탕처럼 섞이는 것을 싫어한다. 상류 지향성이 강하여 캐리어에 대한 욕망도 남보다 강하지만 결코 무리하지 않아서 표면적으로는 어디까지나 흐름에 잘 편승하여 깔끔하게 세상을 잘 살아나간다. 그것이 허락되지 않는 환경에서는 맥이 빠져서 쳐져버리는 극단적인 양상에 빠질 가능성도 부정하기 어렵다. 기본적으로 상하관계나 의리 혹은 인정 등에는 약하므로 유능하면서도 좀처럼 출세하지 못하는 경향이 있다. 상대에게 거리감을 느끼게 하는 점도 마이너스 요인이 된다. 유교적인 수직문화가 어렵다면 서둘러 해외이민을 단행하는 것도 나쁘지는 않다.

생활양식은 집착파이다. 취미생활 아이템에 묻혀 자기만의 세계를 구축하고 있을 것이다. 단지 감각 자체는 유별나다. 고급 브랜드 제품과 저가 물건을 겸비하므로 주변을 놀라게 하는 일면도 있다. 재능과 취미가 다양하지만 집착심이 낮으므로 그 방면의 프로로 등극하는 케이스는 드문 편이다. 취미와 일을 확실히 구분하여 인생을 즐김으로서 미래가 한층 더 밝게 열릴 것이다.

실패하지 않기 위해서는

〔일에서 실수했다면....〕
감정의 기복이 거의 없는 지금은 실수를 지적당하면 그에 대한 대처는 하지 않으면서 수용할 때까지 기계적으로 대하여 문제가 클 것이다. 일은 일이고 나는 나라고 생각하며 취미시간 등을 충실하게 활용하는 편이 자신이나 주변에게도 행복하게 작용할 것이다.

〔친구와 다퉜다면....〕
상대가 분노를 나타낼수록 당신의 기분은 냉정하게 변할 것이다. 얼굴을 맞대고 화내고 있는데도 일언반구 말없이 자리를 뜨는 경우도 있다. 상대의 이야기를 듣고 이성적으로 나의 기분을 전한다면 대개 부전승을 올리는 것처럼 상대가 사과할 것이다.

〔경제적 위기에는....〕
지금 현재의 당신은 남들 보다 물건에 대한 욕심이 크지 않으므로 쓸데없이 함부로 낭비를 하지 않는다. 가만히 있어도 돈이 모아질 것이다. 금전적 위기와는 전혀 무관한 이 시기는 여유있는 자금을 론으로 돌리는 등 계획적으로 자산운용을 해 본다면 좋은 결과가 있을 것이다. 더불어 쇼핑에서도 이익을 볼 것이다.

〔피로가 누적되었다면.....〕
피로가 몰려오고 있는 상황의 당신은 언제 어디서나 곧바로 잠에 빠져버릴 것이다. 그 사람과 연애 중인데도 거리낌 없이 그냥 꿈나라로 들어갈 것이다. 그 사람의 심기를 불편하게 만들어버리는 이러한 데이트 등은 잠시 접어두고 양질의 수면을 취해보자.

다시금 현재의 연애상태를 체크!

속A 겉AB

헌신적이면서 냉혹한 면도있다. 흥정도 잘하는 절대강자

남성이 본 현재의 당신은 완전히 귀여운 여성이다. 세심한 배려와 헌신적인 사랑을 바치는 한편 어린아이처럼 어리광도 부린다. 남성의 눈에는 그러한 모습이 참을 수 없을 정도로 매력적으로 보이므로 당신을 보호하고 지켜주고 싶은 생각이 들게 할 것이다.

그렇지만 당신의 내면은 드라이한 AB형이다. 지금 당신의 애정에 어울릴만한 사랑이 되돌아오지 않으면 갑자기 손바닥 뒤집는 듯한 냉담한 일면을 갖추고 있다. 생일이나 기념일을 챙겨주지 않으면 금방 차가워지는 경향도 강하다. 그리고 이상은 높으며 또한 밀고 당기기도 의외로 잘한다. 못된 남자에게 걸려서 후회할 가능성은 낮다고 할 수 있다.

그 사람과의 궁합

겉 혈액형이 A형인 그 사람 - **당신이 주도하여 연애를 성취**
궁합이 좋으면서 둘 다 신중파이므로 첫발을 내딛기까지는 시간이 걸리기 쉽다. 사랑을 성취시키고 싶으면 지금은 당신이 주도권을 쥐도록 하자. 갖고 있는 고민이나 불안을 타파하면 서로의 끈이 깊어질 것이다.

겉 혈액형이 B형인 그 사람 - **템포가 늦은 그 사람에게 안절부절....**
뭔가 부족한 듯이 반응이 맞지 않은 두 사람. 그 사람의 자기본위성이 당신에게는 감으로 와 닿고 있다. 지금 상태로 사귄다고 해도 초조함만이 쌓일 것이다. 단 주위에 협조자가 있으면 이야기는 달라진다. 당신은 O형의 남성이 의지할 만한 사랑의 큐피드가 될 것이다.

겉 혈액형이 O형인 그 사람 - **어려운 궁합이다.**
표면적으로는 파장이 맞는 것 같지만 서로 깊이 알게 될수록 틈이나 차이점에 눈 뜨게 된다. 하지만 지금의 당신은 노력가이므로 고칠 수가 있다. 서로 대화를 통해서 거리를 좁혀 나가자.

겉 혈액형이 AB형인 그 사람 - **자연스런 흐름에 맡겨도 OK이다.**
감정이 딱 들어맞는 궁합이다. 대화나 데이트도 고조되고 있으며 지금이라면 자연스런 흐름에 몸을 맡기는 것만으로 골인의 가능성이 높다. 반대로 무리하게 공략하면 그 사람이 거부반응을 일으키므로 주의해야 한다.

속AB 겉O

가볍게 남자를 사귀다가 진정한 사랑을 만난다.

지금의 당신은 작은 악마와 같은 요소를 지닌 B형의 기질이 상승되고 있다. 의미심장한 태도로 남성을 유혹했다가 차버리는 등, 남성을 갖고 노는 것에 희열이나 쾌감을 느끼고 있을 듯하다. 남성을 자기 생각하는 대로 주무르고 싶다고 생각하고 있는 것은 아닌지?
하지만 주위로부터는 화려한 연애편력을 자랑하는 것처럼 보이는 반면에 실은 마음속으로는 고독을 느끼고 있다. 그리고 이상형의 남성이 나타나자마자 헌신적인 여성으로 변신하여 정열적이면서 적극적으로 지극정성을 다 하므로 주변을 놀라게 하기도 한다.

그 사람과의 궁합

겉 혈액형이 A형인 그 사람 - **그가 남몰래 나를 생각하고 있을지도**
제법 논다는 이미지가 강한 지금의 당신에게는 성실한 그 사람이 다가서려 하지 않기가 쉬울 것이다. 하지만 내심으로는 흥미진진하다. 길목에서 그를 기다려주거나 선물을 보내는 등의 바지런한 공략으로 갑자기 다가갈 수 있게 될 것이다. 타성에 빠지는 것을 극복하기 위해서는 추억이 서려있는 곳으로 여행을 떠나자.

겉 혈액형이 B형인 그 사람 - **바로 그 자리에서 사랑에 빠질 정도의 궁합**
서로 생각하고 서로 사랑하는 궁합이다. 눈이 맞는 순간에 서로 연모나 운명을 느끼게 된다. 그것만으로 연애지상주의가 되기 쉬운 점은 주의해야 할 것이다. 주위의 이해나 협력을 얻기 위해서도 지금 우선은 정확한 금을 그을 수 있는 교제를 확보하도록 하자.

겉 혈액형이 O형인 그 사람 - **친구로부터 발전되어 가는 것이 OK**
느긋한 우애의 분위기가 만점이다. 취미나 놀이를 통한 접근이나 만남에 행복이 있을 것이다. 한편 질퍽거리는 관계는 서로 어울리지 않는 궁합이므로 남에게 말하기 어려운 사랑이나 사연이 있는 사랑을 전개한다면 단명으로 끝날 가능성이 크다.

겉 혈액형이 AB형인 그 사람 - **이심전심의 파트너**
이심전심으로 사랑을 느끼는 이상적인 상대라고 할 수 있다. 그렇지만 그 사람은 냉정하여 자기가 먼저 움직이는 것을 어려워하는 타입이다. 지금은 당신이 적극적으로 주도권을 쥐는 편이 즐거움을 더욱 늘리는 방법일 것이다. 결혼은 타이밍의 문제이다.

속O 겉AB

남자친구나 동료 등, 사랑은 가까운 곳에 존재

지금의 당신은 AB형의 우아한 매력 속에 O형의 존재감이 더해져서 산꼭대기의 한 떨기 꽃과 같은 존재이다. 당신은 눈치 채지 못했겠지만 주변의 이성으로부터 뜨거운 시선이 집중되어 있을 것이다. 하지만 그러한 인상과는 정반대로 실제로는 솔직한 타입이다. 사랑도 극적인 만남이나 고백으로부터 시작되었다기보다는 남자친구나 동료가 어느 틈엔가 연인으로 되어 있더라는 양상으로 결실을 맺을 것이다. 교제상대가 있는 사람은 서로 존중해준다는 의식이 고양되어 있으므로 서로의 마음이 연결되어 있다면 그것으로 만족한다. 다른 사람에게 한눈을 팔아도 그저 한눈 판 것으로 끝난다면 괜찮다고 생각하고 있을 듯하다.

그 사람과의 궁합

겉 혈액형이 A형인 그 사람 - 상담하다가 서로의 끈이 깊어진다.
외견과 내면의 차이가 심한 지금의 당신을 가장 잘 이해해 주고 부드러움을 나타내 주는 것이 A형인 그 사람이다. 곤란한 문제가 있으면 아무거나 그 사람에게 상담해보도록 하자. 끈이 깊어져서 서로 놓칠 수 없는 사이로 발전해 간다.

겉 혈액형이 B형인 그 사람 - 자극적인 사랑을 하고 싶다면 바로 그!
B형인 그 사람은 지금의 당신에게 있어서 아직 겪어본 적이 없을 정도의 긴장감을 주고 있다. 마음 내키는 대로 여행을 떠나거나 밤새도록 놀거나 해서이다. 뒤죽박죽한 상황을 즐길 정도로 정열이 늘어만 간다. 임신 수태율이 높으므로 원하지 않는다면 피임은 필수적이다.

겉 혈액형이 O형인 그 사람 - 자존심을 건드리지 않도록 주의
사랑의 가속도가 비슷한 두 사람은 연애관계로 빠질 가능성이 크다. 단 지금은 자존심의 충돌이 생각지 못한 파문이나 문제를 부를 우려가 있다. 남 앞에서 그를 창피주거나 실수를 따지는 것은 자멸행위이다.

겉 혈액형이 AB형인 그 사람 - 장난으로 하는 언동은 플러스로 해석할 것
본래는 원앙새같은 궁합이다. 하지만 내심으로 AB형을 부정하고 있는 지금의 당신은 상대의 결점이나 흠을 잡으려고만 한다. 생각을 전환하여 그 사람의 언행을 플러스적으로 해석하는 것이 파국을 방지하는 열쇠이다. 혼약을 빨리 하는 것도 하나의 대책이 될 수 있다.

속**AB** 겉O

부잣집으로 시집가고 싶은 욕망이 강하며 그것을 꿈꾸고 있을 듯한 경향도.

AB형의 복잡함이 두드러지게 나타나는 타입이다. 유행적이고 서로를 높여주는 성인지향의 사랑을 이상으로 하면서도 지금의 당신은 얼굴을 중시하며 부잣집으로 시집가고 싶다는 욕망도 강하다. 조건이 좋은 새 얼굴이 나타난 순간에 기존의 애인을 차버린 적도 있다. 현재의 당신에게 중요한 연애의 조건 모두는 스펙이다. 애정은 다음 문제이다. 단 경쟁이나 싸움에는 자신이 없다. 경쟁자가 등장하거나 부인이나 연인이 있는 상대는 즉시 스스로 무대에서 내려 올 것이다. 거리가 먼 곳에 있는 남자와 교제하는 경우처럼 장애물이 있는 경우에서도 낙오될 듯하다.

그 사람과의 궁합

겉 혈액형이 A형인 그 사람 - **요구사항을 말하는 것이 중요하다**
성실한 A형을 정신적으로 의지하면서도 대화나 데이트의 내용에 뭔가 부족하다고 느끼기 쉽다. 때문에 지금 당신의 요구를 솔직하게 말해본다면? 온후한 사람이므로 기꺼이 소원을 들어 줄 것이다. 주말동거는 결혼에 있어서 복선이 된다.

겉 혈액형이 B형인 그 사람 - **사귀는 초기단계가 중요하다.**
지금의 당신은 독신인 B형의 그 사람에게 휘둘리기만 할지도 모른다. 그 사람과의 교제는 처음이 중요하다. 우선은 끈적일 정도로 나에게 반하도록 만드는 것이 파워 게임을 제패하는 비책이다. 그 사람과의 협상이나 침대에서 보여주는 악녀같은 모습에도 그 사람은 크게 흥분할 것이다.

겉 혈액형이 O형인 그 사람 - **칭찬하는 것으로 이상적인 관계로**
여자의 마음에 무신경한 O형의 그 사람은 속내를 뒤집어 보면 선량한 사람이다. 즉 가르치기에 따라서 당신이 좋아하는 취향의 연인으로 만들 수 있을 것이다. 지금은 그 사람을 칭찬하고 추켜세워서 그러한 분위기를 만들어가야 한다. 남자의 힘이 필요한 작업이나 에스코트 등을 부탁하는 것도 하나의 방법이다.

겉 혈액형이 AB형인 그 사람 - **늘 함께 있음으로 행복**
서로 비슷한 입장이므로 만나면서 교제까지의 진행이 순조롭다. 특히 고백을 하지 않아도 그렇다. 함께 있는 것을 자연스럽게 생각하고 있을 것이다. 국적이나 연령차를 극복할 수 있을 만큼의 궁합이다. 지금은 두 사람의 시간을 공유하는 것이 최고이다.

네 가지 타입의 혈액형을 다양한 항목에서 순위를 매겨보았다.
자신은 물론 상사나 동료, 친구를 떠올리면서 재미있게 비교해 보자.

도시전설을 믿고 있는 것은?

1위 B   괴상한 이야기에 관심을 갖는 것은 호기심이 강하기 때문이다. 주특기라고 할
수 있는 공상으로 스스로 이야기에 꼬리를 달다보면 진지하게 변해가서 완전히
믿어버리기도 한다.

2위 AB   있을 수 있을지 모르는 이야기는 전면적으로 부정하지 않는 타입이다. 그럴 리가
없다고 무시해버리는 상대에게는 그렇게 단정하는 근거가 뭣인지 따지기도 한다.

3위 O   진실만 인정하는 O형은 자신의 눈으로 확인하기까지 소문을 믿지 않는 사람일지
모른다. 하지만 거기에 가서 실제로 뭔가를 느꼈다면 순식간에 변하여 믿어버리는
그룹으로 바뀐다.

4위 A   자신은 그것을 믿는다고 말하면 우습게 보일 것 같아서 미신일거라고 말해버리는
태도를 취하는 견실파이다. 하지만 실제로는 몰래 믿고 있을지도 모른다.

단골 점포가 있다는 것은?

1위 A   연출을 만드는 것을 좋아하므로 주인이나 혹은 종업원과 대화가 활발했던 매장에는
다시 간다. 단골이 되었을 때의 이점을 제대로 터득한 타입이다.

2위 O   자기의 취향에 맞는 매장은 매우 소중히 하면서 계속 다니는 타입이다. 남이 알려준
매장에 가기보다는 자기가 알고 있는 곳이 수준이 더 높다고 자신하고 있다.

3위 B   꼭 다시 올 거라고 말했을 때는 정말로 그렇게 할 생각이었다. 하지만 다른 매장도
마음에 드는 성격 탓에 다시 방문할 기회가 좀처럼 생기지 않는 편이다.

4위 AB   매장의 종업원과 친해지면 왠지 귀찮은 생각이 드는 타입이다. 여기까지 왔는데
안가면 미안하다고 말은 하면서도 결국 다른 매장을 선택하는 경향이 있다.

해외 드라마에 몰입된 것은?

1위 B 유행하고 있는 것에는 남보다 더 흥미를 갖고 있으므로 드라마에 빠지기 쉬운 성격이다. 푹 빠진 드라마는 뭔가 화제에 올리고 싶은 경향이 있는 것 같다.

2위 O 스케일이 큰 대상이 좋아서 세계를 무대로 하는 범죄물이나 정부관련 음모를 취급하는 해외 드라마에 빠지는 타입이다.

3위 AB 해외물이니까 무조건 재미있을 거라고 생각하지 않는 AB형이다. 단지 기본적으로는 새로운 것을 좋아하는 편이므로 이런 식의 드라마는 최초일 것이라는 선전문구에는 약할 것이다.

4위 A 연속물은 시간을 놓치면 흥미를 잃어버리는 경향이므로 장편 해외 드라마는 멀리하기 쉽다. 단 DVD로 한 번에 볼 수 있는 드라마는 크게 만족한다.

럭셔리 체질인 것은?

1위 O 주목을 받거나 돈을 화려하게 쓰거나 하는 것 모두 주특기이다. 럭셔리 체질을 살려나가지 못하는 소시민적 인생에는 절망을 느끼기 쉽기 때문에 빨리 일어서는 것이 유리하다.

2위 B 근사한 생활이 적성에 맞는다. 친해지기 쉬운 점을 강조할 수 있으므로 대중에게 사랑받는 존재가 된다. 화려한 언행으로 뭐든지 화제가 되기 쉽기 때문에 럭셔리 체질일지도 모른다.

3위 AB 파티 같은 것은 별로 좋아하지 않으므로 화려한 세계에 접근하기는 어렵다. 소문에 오르면 멋 적어하며, 위험한 사랑이나 취미에 빠지기 쉬운 점도 주목을 받는 입장에게는 어울리지 않는다.

4위 A 남들이 계속 애지중지하면서 관심을 갖는 것은 정신적으로 피곤하고 집중도 되지 않을 것이다. 화려하게 돈을 쓰면 죄의식을 느끼므로 일반인처럼 사는 편이 마음 편하다.

휴대폰을 손에서 놓지 못하는 것은?

1위 A   성실하기 원하는 A형에는 남으로부터의 연락에 바로 대응하고자 하는 심성이 있다. 연락을 기다리고 있을 때는 특히 필요 이상으로 착신음을 체크하기도 한다.

2위 B   사람들과의 끈이 단절되는 것을 무의식적으로 두려워하는 B형이다. 외로움도 잘 타는 면이 있으므로 혼자 있을 때는 반드시 휴대폰을 눈에 띄는 위치에 둔다.

3위 AB   사람으로부터의 메일이나 전화를 무시하는 경우도 가끔 있다. 하지만 휴대폰은 정보검색 도구로서 손에서 놓을 수 없다고 생각하고 있을 것이다. 외출할 때 두고 나가는 일은 적을 것이다.

4위 O   깜빡하고 휴대폰을 두고 나오거나 잃어버리거나 하기 쉬운 것은 손에서 놓을 수 없다는 감각이 희박하기 때문이다. 휴대폰에 국한하지 않고 물건이나 사람에게도 그다지 의존하지 않는 타입이다.

그 사람이 훈남인 것은?

1위 O   미적 감각이 높은 O형은 외견만으로 사랑에 빠지는, 첫 눈에 잘 반하는 타입이다. 완전한 훈남이 아닌 그 사람을 선택하는 경우에는 뭔가가 특출나거나 하는 명확한 근거가 있을 것이다.

2위 AB   분위기를 중시하는 AB형은 진정한 훈남보다는 훈남풍을 좋아한다. 패션 감각이 없는 후줄근한 남자는 피하므로 늘 적정 수준의 남자를 데리고 다닐 것이다.

3위 B   분위기로 사랑에 빠지는 B형에게 있어서 얼굴은 둘째 문제이고 마음이 통하는 상대를 좋아한다. 단, 야심이 넘치는 남자나 외국인에게는 약하므로 상당한 훈남을 데리고 있는 경우도 있다.

4위 A   남들이 좋아하는 성격이며 남들이 반해서 시작되는 연애가 많은 A형이다. 여성을 적극적으로 설득하는 것이 서투른 훈남보다는 여성을 잘 공략하는 남성과 맺어질 확률이 높을 듯하다.

판사가 적성에 맞는 것은?

1위 O 올바른 판단에 자신이 있고 사람을 설득하는 것도 주특기이므로 같이 있는 우유부단한 성격의 판사들의 의견을 취합하기도 하므로 존경받게 되는 경우도 있다.

2위 AB 논쟁에는 감정적으로 치닫지 않는 AB형이므로 법정에서는 특히 냉정하다. 그 확실한 태도는 재판관답다고 할 수 있다. 단 본인은 어쩔 수 없이 하고 있다는 생각도 있다.

3위 A 주위의 동향에 신경을 쓰는 A형은 흑백의 판가름이 불분명한 재판에서는 너무 중립적인 입장을 취하는 경우가 있을 것 같다. 짐이 무거우면 스트레스를 받기 쉬운 경향도 있다.

4위 B 동정심이 강하므로 나쁜 사람이라도 용서하고 싶은 경우가 있다. 슬픈 사건의 개요를 듣다가 자신이 낙담해버리는 부드러움도 재판관에게는 어울리지 않는 점이다.

이름을 잘 짓는 이유는?

1위 A 언어를 가공하는 능력이 뛰어나므로 만인에게 친근한 이름을 지을 수 있는 A형이 단연 독보적이다. 공모나 콘테스트에 응모하면 재능을 만개시킬 수 있을 것이다.

2위 B 애용품이나 좋아하는 사람에게 귀여운 이름을 붙이는 감각성이 뛰어나다. 하지만 흥미가 없는 것에는 좀처럼 아이디어가 나오지 않으므로 직업으로 하기에는 무리가 있을 것이다.

3위 AB 사람이나 물건에 맘대로 이름을 붙이는 것을 너무 좋아한다. 본인은 이름 짓는 재주가 있다고 생각하고 있을 것이다. 하지만 발상이 기발한 경향이 강하므로 세상이 알아주지는 않을 것 같다.

4위 O 실용적인 이름을 붙이는 경향이 있으나 재미는 결여되어 있다. 말장난이 특기이지만 그것은 이름짓기라고 하기보다는 기억법으로서 사용하는 것이 좋을 것이다.

개그를 좋아하는 것은?

1위 A 활달하게 일하고 있는 A형에 있어서 웃음은 최고의 활력소이다. 누가 제일 재미있는지 비교 검토하기도 좋아하므로 어느 사이에 상당한 수준의 전문가가 된다.

2위 B 개그를 즐기기보다는 좋아하는 연예인을 보는 것이 즐거운 B형이다. 그 연예인이 출연하는 프로는 빠짐없이 체크하므로 상당한 전문가일 것이다.

3위 O 취향이 독특한 O형은 자기가 싫어하는 개그맨은 되도록 보려하지 않는다. 따라서 게스트가 많은 특집 프로는 안 보려는 경우가 많을 것이다.

4위 AB 개그에 대한 감각이 남들과 다른 경우가 많으므로 재미있는 프로도 그저 그럴 것이라 생각하고는 자주 보지 않으므로 별로 재미없어하는데 그것은 싫어하기 때문이 아니라 사실은 본심을 말하고 있는 것이다.

농사가 적성에 맞는 것은?

1위 B 농사일에 순수한 기분을 가질 수 있는 B형이다. 참신한 것에 가슴이 뛰므로 도시출신일수록 농사가 성격상 맞는다. 싹이 텄다거나 열매가 맺혔다거나 하면서 요란을 떨 것이다.

2위 O 매사를 스스로 헤쳐나감으로서 흥미와 기쁨을 느끼므로 농사에 잘 어울린다. 단, 흙을 다루는 데 있어서 서투른 타입도 있으므로 실질적인 노동은 다른 사람에게 맡기고 농가경영에 뛰어드는 것이 바람직할 것이다.

3위 A 날씨나 물가 등 여러 가지로 신경을 쓰는 성격이다. 실제로 농사일을 하면 밭에 너무 손을 대고 신경을 쓰므로 역효과가 나는 경우가 있다. 취미 수준으로 하는 편이 정신적으로 즐길 수 있으므로 바람직하다.

4위 AB 곧바로 합리화하고 싶어 하기 때문에 소규모 농업을 하기에는 어울리지 않는다. 요 정도의 밭에 저만한 기자재를 투입하다니 크게 적자를 볼 것이라고 주위 사람들이 놀라기도 한다.

선거하러 가는 것은?

1위 O 원래가 정치가 타입이라는 O형 중에는 반드시 자기주장이나 자기의 생각을 관철시키려는 정치가 같은 사람이 있을 것이다. 누구를 찍어야 하나 고민하지 않으므로 그만큼 투표도 원활하게 끝낸다.

2위 A 우선 책임감 때문에 투표하러 가야겠다고 생각하고 있는 A형이다. 주위 사람과의 사귐에 있어서도 정치관련 화제가 나오기 쉬우며 투표하기 바란다는 권유를 들으면 투표소에 가기도 한다.

3위 AB 자영업이나 창업자가 많으므로 세금이나 사회보장 등에 의외로 관심을 갖는 AB형이다. 그렇지만 성실히 투표했는데도 똑같은 결과라고 생각되는 시기에서는 상당히 무관심해진다.

4위 B 정치에는 화제거리 수준의 관심만 갖는 경향의 B형이다. 참가의식은 낮고 남의 일이라고 생각하기도 한다. 잘 알지도 못하면서 투표까지 하기에는 좀 멋 적다고 생각하는 면도 있다.

편의점을 사랑하는 것은?

1위 B 자잘한 쇼핑을 좋아하며 책 같은 것은 그냥 서서 읽기도 좋아한다. 귀갓길에 편의점이 있으면 살 것도 없으면서 그냥 들러본다. 그리고 점점 그것이 일과처럼 정착된다.

2위 AB 세세한 일은 의외로 깜빡한다. 외출했다가 갑자기 필수품이 생각나는 일이 많아서 편의점이 고마운 존재이다. 상품의 구색을 꽤 잘 파악하고 있을 듯하다.

3위 O 좋아하는 편의점과 싫어하는 편의점이 있는데 좋아하는 편의점이 근처에 없으면 발길이 뜸해지는 타입이다. 아기자기한 쇼핑은 좋아하지 않는 이유때문이기도 하다.

4위 A 편의점에서의 쇼핑은 돈이 아깝다는 생각이 드는 A형이다. 가까운 곳에 편의점이 있으면 편리하다고 생각하고 이내 이용해버리는 자기 자신을 힐책하기도 한다.

비를 맞아도 괜찮은 이유는?

1위 AB 가랑비 따위는 무시하며 외출했는데 마침 비가 내려도 대수롭지 않게 넘기는 파워 우먼이다. 이것은 자기 주변에서 벌어지고 있는 것에 대해 무관심하기 때문이다.

2위 A 일기예보를 세심히 체크하는 편이므로 비가 내려도 준비는 완벽하다. 단 맑은 하늘을 기대했던 이벤트 날에 무정하게도 비가 오면 말수가 적어지기도 한다.

3위 B 날씨에 따라 기분이 달라지므로 비가 계속 오면 참혹한 기분이 된다. 느닷없는 비에 대한 준비도 허술하여 옷이나 신발을 적시면 실망을 많이 한다.

4위 O 불쾌하게 느껴지는 감촉에는 약한 편이라 비에 젖지 않더라도 끈적거리는 느낌에는 안절부절해진다. 무의식중에 그러한 기분을 나타내므로 주변 사람들이 우울해한다.

불황에 강한 것은?

1위 AB 둔감해질 때까지 그다지 의욕이 생기지 않는 AB형. 그 하루가 고통스러운 불황기가 되면 의연코 분발심이 끓어올라 진지하게 일하는 사람으로 변신한다.

2위 A 해고나 실직을 평소에도 신중히 피하고 있으므로 불황기가 되어도 안심한다. 가난에 익숙해지는 것도 빠르면서 궁리 끝에 극복해내므로 빚이 쌓일 염려도 없다.

3위 B 여러 가지 각도로 궁리를 하여 가난을 잘 즐긴다. 하지만 지구력이 없으므로 불황이 지속되는 것을 걱정한다. 점점 고통스러운 생활로 진전되는 것을 두려워할지도 모른다.

4위 O 집착이 강하므로 자기에게 맞지 않는 일은 하고 싶어 하지 않고 생활수준도 낮출 수 없는 O형. 불황기에는 뭔가를 타협하지 않으면 매우 어렵게 될지도 모른다.

명탐정이 될 수 있는 것은?

1위 A 원래 분석능력이 높아서 세세한 모순에도 민감하다. 사람을 의심하는 마음이 들어
맞는 경우도 있어서 착한 척하는 표정의 범인도 놓치지 않는다. 반드시 명탐정이 될
것이다.

2위 O 일단 의심을 품은 것에 대해서는 상당히 끈질기게 파헤치는 편이다. 그러한
성격이 명탐정을 하는데 대단히 도움이 된다. 단, 잘못 판단하면 처음부터 끝까지
우왕좌왕할 수도 있다.

3위 B 호기심은 왕성하지만 끝까지 이치를 따지지 못하며 끈기있게 확증을 잡아내는 것도
서툴다. 단, 직감력은 좋아서 어떤 근거 없이도 본질이나 핵심으로 접근되기도
한다.

4위 AB 적합할 것 같으면서도 그렇지 않은 초보탐정이다. 여러 방향으로 추리는 해보지만
일단 직감이 빗나가면 의욕을 잃기 쉽다. 그리고 진리를 탐구하는 정열도 부족하다.

인터넷 쇼핑을 하는 것은?

1위 B 인터넷으로 보고 있다가 결국 광고 배너를 클릭해버리므로 구매의사가 없던
물건까지 사버리는 성격이다. 하지만 구입한 뒤의 만족감은 높아서 언제 택배가
오나 기다리는 편이다.

2위 AB 개성적인 물건에 끌리는 AB형. 특이한 물건이 갖고 싶을 때는 인터넷에서 철저하게
검색을 한다. 그리고 이런 물건을 찾아냈다는 충실감을 얻을 수 있을 것이다.

3위 A 인터넷 쪽이 더 저렴하므로 편리한 물건은 가능하면 인터넷에서 해결한다는
견실파이다. 단 물건을 사러 나가는 것도 좋아하므로 의존도는 그다지 높지 않다.

4위 O 신중파이며 상품을 실제로 손으로 만져보는 편을 좋아하는 O형이다. 인터넷은
가격이나 유사품의 체크까지만 이용하고 최후의 결정을 위해서는 실제 매장으로
발을 옮기는 타입이다.

연애

혈액형에 별자리를 조합해보면
구체적인 연애스타일과
결혼관, 궁합 등을 알 수 있다.

혈액형 + 별자리로 기본적인 연애체질을 알자.

혈액형 × DNA 타입으로 사랑을 능수능란하게 낚아채는 방법을 배워보자

혈액형 × 전생 혈액형으로 그 사람과의 궁합을 조사하자.

혈액형 × 형제 타입으로 성공적인 연애의 비결을 알 수 있다.

마음에 있는 그 사람의 혈액형으로 공략 포인트가 판명된다.

혈액형 + 별자리로
기본적인 연애체질을 알자.

잘 알고 있는 별자리 점에서의 각 별자리의 정신면에 주목하여 「火」, 「地」, 「風」, 「水」 네가지로 분류한 것을 「엘레멘트」 라고 부른다. 별자리를 나타내는 하나의 기준이 되므로 같은 엘레멘트의 별자리는 어딘가 닮은 가치관을 갖으며, 반대로 「火」와 「水」 등 상반되는 엘레멘트의 별자리는 사물을 보는 시각 등이 완전히 다르다고 여겨지고 있다.

혈액형만으로도 그 사람의 기본적인 성격이나 연애경향을 알 수 있지만 엘레멘트와 조합함으로서 보다 구체적인 성격이나 연애 양상이 보여지게 된다. 연애에서 소중하게 생각하고 있는 것이나 결혼관, 더불어 당신이 빠지기 쉬운 사랑의 함정이나 딱 들어맞을 정도의 궁합을 지닌 남성의 타입까지가 도출되는 것이다. 또 당신의 매력이 향상되는 행동이나 장소, 아이템 등도 알 수 있으므로 새로운 사랑을 찾고 있는 사람, 그리고 그 사람과의 관계를 더욱 깊게 유지하고 싶은 사람은 꼭 참고해 보도록 하자.

형식에 얽매이는 것을 싫어하는 자유주의자
사랑을 하면 한 눈 팔지 않고 공략한다

사수자리 11/23~12/21   **사자자리** 7/23~8/22   **염소자리** 3/21~4/20

적극적이며 강한 의사를 갖고 있는 것이 「火」 엘레멘트의 특징이다. 자유를 좋아하고 속박당하는 것을 싫어한다. 한 가지에 열중하면 주변이 보이지 않게 되는 경향도 강하다.

곰곰히 생각하고 나서 행동하는 안정지향파
좋아하는 사람이 생겨도 소극적으로 수동형이다.

양자리 12/22~12/20   **처녀자리** 8/13~9/23   **황소자리** 4/21~5/21

수동적이고 안정을 추구하며 행동하는 것이 「地」의 엘레멘트이다. 앞을 내다보고 이것 저것 생각하며 곰곰이 생각하고 나서 행동으로 옮긴다. 감정을 누군가가 건드리는 것에 저항을 느끼기 때문에 불만이나 스트레스를 자기 속에 쌓아놓는 경향이 강하다. 연애에 있어서도 수동적이다. 좋아하는 사람이 있어도 자기가 먼저 행동에 옮기는 일은 드물다. 또 흙처럼 같은 장소에 있기를 원하므로 결혼의 욕구는 강한 편이다.

사교적이며 사람을 잘 끄는 것이 특기
사랑은 빠르게 전개된다.

물병자리 1/21~2/18   **천칭자리** 9/24~10/23   **쌍둥이자리** 5/22~6/21

의사소통 능력이 좋고 지성이 넘치는 것이 「風」의 엘레멘트이다. 머리의 회전이 빠르고 계산이 빠른 타입이다. 사교적이므로 인기있는 사람이 많다. 연애는 바람처럼 한 곳에 머무르지 않는 경향이 있다. 즉, 바람기가 있다는 뜻이다. 결혼 생각도 그리 없을 것이다. 인기가 있으므로 주위에서는 「플레이 걸」이라고 생각하고 있을 것이다. 또 사랑의 전개도 바람처럼 빠르게 전개된다.

감정적이고 희로애락의 파장이 크다.
상대에게 최선을 다해서 기쁘게 하는 반면에 독점욕이
강하다.

물고기자리 2/19~3/20   **전갈자리** 10/24~11/22   **게자리** 6/22~7/22

감정적인 사람이 많은 것이 「水」의 엘레멘트이다. 좋아하는 사람에 대해서는 애상이 좋지만 싫은 사람에 대해서는 퉁명스러운 태도를 보이기 십상이다. 배타적이므로 인간관계는 좁을 것이다. 연애는 좋아지면 끝까지 최선을 다하므로 가부장적인 남성에게는 매우 사랑을 받을 것이다. 다만 망상증이 있어서 잇는 것 없는 것 모두 생각하고 질투심이나 독점욕이 물처럼 넘쳐흘러서 속박으로 흐르기 쉬운 것이 난점이다.

A형 x 火

계산이나 협상을 할수록 행복이 멀어질 것 같다.
좋아지면 몇 번이나 생각하는 것이 정답이다.

천성적으로 갖고 있는 연애경향

경계심이 강하고 사랑에 대해서 수동형이며 내향적이라고 여겨지는 A형이지만 당신의 경우에는 상당히 진보적이고 발전 지향적이다. 그것은 천부적인 사랑의 쟁취자이면서 정열적인 火의 인자가 리믹스 되어 있기 때문이다. 관심이 가는 이성에게는 스스로 적극적으로 접근하여 이 방법 저 방법으로 관심이나 흥미를 끌어내려고 한다. 한번 거절당하거나 차갑게 대하여도 아무 거리낌이 없다. 마음에 들면 한 눈 팔지 않고 사랑을 쟁취하기 위해 혼신의 힘을 다할 것이다. 그 정열과 사랑의 깊이에 끌려서 한번은 경쟁관계였거나 파국으로 치달았던 관계조차도 최종적으로는 당신의 수중에 들어 올 케이스가 많을 것이다.

공략스타일은 고전적이다. 기다리거나 메일이나 전화로 자기의 기분을 수시로 강조한다. 기회만 있다면 좋아한다고 직선적으로 고백함에 있어서도 주저함이 없을 것이다. 예를 들면 단도직입적으로 자기 마음을 알리다 실패했다 치더라도 의외로 후련하고 개운한 기분으로 전환하여서 그 사람과는 좋은 관계의 친구가 되어버리는 순수함이 있는 것이 이 조합의 재미있는 부분이다.

연인에게는 어린이처럼 몸 전체에 넘치는 생각을 표현하는 타입이다. 정감이 풍부하고 기쁨이나 슬픔도 정직하게 표현하는 당신을 그 사람은 사랑스럽다고 느끼고 소중하게 대해줄 것이다. 그렇다고는 하지만 시간이 흐를수록 몸에 지니고 있던 독점욕이 얼굴을 내밀어서 상대를 자신의 소유물로 대하려고 하거나 속박하려고 해서 상대가 멀어지는 경우도 제법 발생한다. 현재의 행복에 안주하지 않아야 함은 물론이고 남성을 손바닥 안에서 자유롭게 놀 수 있도록 하는 도량을 갖추는 것이 원만한 교제와 행복을 유지하는 비결이라고 명심해 두자.

또 내면이 깊어 보이는 이미지가 강한 A형이면서도 이 조합의 경우는 섹스에 대해서 오픈

마인드를 갖고 있다. 야한 이야기도 거리낌없이 하며 사귀는 사람이 있음에도 불구하고 다른 이성의 유혹에 넘어가는 느슨함도 있지만 파트너의 바람은 절대로 용납하지 않는 성격이다. 한 번의 배신을 용서하지 않고 그대로 이별을 선택하는 것도 이 타입에는 있을 수 있는 케이스이다.

결혼운

원래 견실하고 결혼이 늦어지는 경향이 강한 A형이지만 火의 인자를 갖고 태어난 사람은 대체로 일찍 결혼한다. 만나자마자 곧 결혼을 의식하고, 열정에 들뜬 것처럼 여세를 몰아 결혼에 골인하는 양상이 압도적으로 많을 것이다. 빠르면 10대에, 늦어도 20대 전반에는 그러한 움직임이 찾아올 가능성이 크다. 단, 초기의 이러한 빅 웨이브에 순응을 늦게 하면 이상이나 자존심이 점점 높아져서 나이를 먹을수록 인연이 멀어지기 쉽다. 모처럼 좋은 상대가 나타났는데 결점만 찾아내고 트집을 잡으면 그 사람이 떠나가 버리는 비참한 결과도 있을 수 있다. 계산이나 흥정을 할수록 행복은 멀어진다. 불타오르는 정열이야말로 운명의 증거이다. 그러한 마음속의 신호가 들려온다면 주저하지 말고 따르도록 해야 할 것이다. 느닷없이 그 사람의 호적에 오르거나 얼떨결의 결혼도 당신의 경우에는 좋은 의미에서의 계기가 된다. 주변에서 뭐라 하든 흘려듣고 사랑을 위해서 앞만 보고 나가는데 후회는 없다. 결혼 후는 가정의 태양이 되어 밝은 미소로 남편을 내조하는 현모양처가 된다. 또한 이 태생의 장본인은 자식걱정이 많아서 치맛바람을 일으킬 가능성도 높다.

빠지기 쉬운 사랑의 함정

이 조합의 당신은 A형 특유의 위기관리 의식이 약해서 선택을 그르쳐서 인생이 꼬여버리는 가능성이 상당히 높다. 플레이 보이의 달콤한 말이나 무능한 남자의 눈물 연기에 속아서 청춘을 속절없이 날려버릴 위험도 있다. 일단 좋아지게 되면 한 박자 건너서 생각하지 못하고 앞만 보고 나가므로 늘 의식적으로 주변의 이야기에도 귀를 기우리도록 하자.

또 미래에 대한 보장이나 안정성을 찾는 경향이 강한 A형에게서는 드물게 찰나의 사랑에 빠지기 쉬운 경향이 있다. 특히 리조트, 레저 등의 비일상적인 상황에서는 해방감에 들떠서 위험한 사람의 가슴에 뛰어들기 십상이다. 여자로서의 가치나 자존심을 손상당하고 싶지 않다면 분위기를 극복할 수 있는 강한 의지와 이성을 갖도록 하자.

운명의 상대는 어떤 사람?

사랑에 빠지기 쉬운 A형의 기질에다가 쉽게 반해버리고 열정적인 火의 인자가 더해진 당신은 초식계 유행의 현대에서 오히려 소수파에 해당하는 육식계 남자에게 끌리기 쉽다. 특히 약간이라도 억지로 끌어당기는 이성은 유망한 후보가 된다. 처음에는 주저함이나 반발심을 느끼면서도 그 사람의 대담한 애정표현과 행동력에 접촉될 때마다 사랑의 감정이 무럭무럭

피어오를 것이다.

또 A형의 형질, 火의 인자는 모두 권력 지향적이다. 외모가 자신의 취향은 아니지만 재빠르게 일처리를 잘하고 성공가도를 달리고 있는 능력자는 유력한 목표가 된다. 그 사람이 하는 일을 도와주거나, 요리, 빨래 등 가사 전반의 도움을 자청하다가 보기 좋게 안정된 자리를 꿰어 차는 케이스도 제법 있다.

느긋하게 따뜻한 애정을 키워나가는 A형에게는 드물게도 한눈에 반해서 사랑이 시작되는 경향이 많은 것도 이 타입의 특징이라고 할 수 있다. 만나자마자 바로 폴 인 러브가 되는 열애 상대는 필시 이목구비가 큼직한 남성일 것이다. 그러한 운명의 그 사람과는 운동장이나 체육센터를 비롯한 열기가 가득한 장소에서 만날 확률이 클 것이다. 요일로 따지자면 화요일과 일요일, 그리고 숫자 1이 붙는 날의 만남에도 작열하는 로맨스가 기다리고 있을 것이다.

체크포인트
● 키가 큰 스포츠 맨
● 슈트가 잘 어울리는 상큼한 남성
● 활기가 넘치는 장소에서 만난 또렷한 눈의 남성
● 목소리가 크고 남자다운 성격의 그 사람
● 빨간 색깔의 옷이 잘 어울리는 타입

[럭키 러브 키 워드]

행동
학원에 등록
쾌청한 날에 친구와 놀러가기
대담한 이미지 체인지
　　활력있게 움직임으로서 이성의 시선을 집중시킬 것이다. 한가하다면 학원에 등록하거나 잠깐
　　바람을 쐬는 정도의 여행을 해보자. 이미지를 바꿔보는 것도 매력을 증강시키는데 효과가
　　있다.

장소
몸을 움직이는 장소
놀이동산
신장개업을 한 점포
　　남에게 인기를 얻고 싶다면 스포츠 클럽에 가자. 매력이 빛을 발산하므로 이성으로부터의
　　시선이 고정될 것이다. 처음 가보는 매장이나 장소에도 드라마가 기다리고 있을 것이다.

별자리에 따른 럭키 아이템

염소자리
　　스키니 진
　　숏 부츠
　　스포츠 시계

사자자리
　　금반지
　　노 스립 니트
　　그라데이션 선그라스

사수자리
　　마이크로 미니
　　못즈 코트
　　나일론 류색

A형 x 地

사랑이 싹트고서 맺어질 때까지 의 프로세스는 긴만큼 사귄 뒤에는
착실하게 인연의 끈이 깊어질 것이다.

천성적으로 갖고 있는 연애경향

성실한 심성의 A형 중에서도 정조관념이 강한 것이 地의 엘레멘트 태생이다. 한순간에
불타오르는 격정의 연애, 긴장감 있는 사랑의 모험 등 찰나의 사랑에 몸을 맡기는 것은 우선
있을 수 없다. 천성이 돌다리도 두드리면서 건널 정도의 신중파이다. 인연이 있어도 여간해서
마음을 주지 않고 이성으로부터는 찔러보기도 어렵다는 오해를 받기 십상이다. 남성과의 인연이
멀 수밖에 없는 경향은 부정하지 못할 것이다.

원래 당신 자신은 간단히 사람을 좋아하거나 하지 않는 타입이다. 곰곰이 상대를 관찰하여
조금씩 대화를 주고받으면서 인간적으로 존경할 수 있는가 신뢰해서 괜찮을지 등을 자신
나름대로 납득할 수 있을 때까지의 프로세스는 다른 조합 사람보다도 긴 것이 특징이다. 알고
나서 몇 년간은 단순한 친구였거나 아는 사람이었던 그 사람도 몇 년이나 지나고 나서 교제로
진행하는 케이스도 있다.

진짜를 골라서 함락시키는 기술은 최고의 솜씨이다. 웃는 얼굴로 인사를 주고받는 것에서
시작하여 서서히 호감도를 높여서 조금씩 친밀 분위기가 흐르게 되면 차를 마시거나 책이나
CD를 빌려주거나 빌리거나 하면서 야금야금 거리를 좁혀 나간다. 교제중은 안정된 관계를
유지한다. 서로를 잘 이해하며 그 위에 교제를 시작하는 케이스가 대부분이므로 다투거나
문제점 발생도 없이 착실하게 인연의 끈을 깊게 만들어 갈 것이다. 안정되기 시작한 뒤에도 오랜
기간 함께한 커플처럼 장단을 잘 맞추는 모습을 보이는 커플도 많다.

또 땅에 발을 붙이고 있는 듯한 성격에 더해서 야무진 연애관을 갖는 당신에게 있어서 섹스는
사랑하는 남성에게 주는 특별한 선물이다. 그 때문에 안이하게 자신을 싸게 팔거나 하지 않고
일선을 넘는 것은 생일이나 기념일 등, 둘에게 있어서의 메모리얼 데이에 한정될 것 같다.

A형 x 地

그렇지만 한번 육체의 관계가 만들어지면 A형 특유의 유연성과 순응력이 발휘된다. 상대의 요구를 고분고분 들어주고 몇 번이나 과격한 플레이조차도 창피하지 않게 응해주는 숨겨져 있던 음란의 맨얼굴이 나타난다. 평소에는 견실한 타입이지만 그러한 양면성은 남성을 포로로 만드는 위력이 충분히 된다.

결혼운
A형의 地 엘레멘트 모두 안전 지향적이므로 결혼해서 안주하고 싶은 욕망은 상당히 높을 것이다. 그렇지만 현실주의자이므로 좋아한다는 이유만으로는 골인까지 가는 경우는 없다. 예식이나 새로운 생활에 필요한 돈을 차곡차곡 모으고 만족한 수준에 왔을 때 결단을 내리는 것이 전형적인 양상이다. 결과로서는 결혼 시기는 늦어지기 십상이다. 빨라도 사회에 나오고 나서 5년 후, 30세를 지나서 그 나름대로의 캐리어를 손에 넣고 나서 부터라는 양상도 있을 것이다. 한편 적령기가 되어도 특정한 그 사람이 없는 경우는 주위에서 주선해준 백업이 행복으로 연결되는 타입이다. 인품을 파악한 선배나 상사가 중매를 해주거나 거래처에서 자기 며느리가 되었으면 한다는 드라마같은 이야기도 전개될 수 있다. 잠재적으로 부잣집으로 시집갈 수 있는 가능성은 사실은 꽤 높은 편이다.

가정으로 들어가서는 가사나 육아도 퍼펙트하게 해치우는 현모양처가 된다. 단 가족을 위해서 헌신하는 나머지 빨리 늙기 쉬운 것이 맹점이다. 치맛바람을 일으킬 가능성도 있다. 밖에 나가서 일하고 취미를 즐기는 등 외적인 얼굴을 갖는 것이 생기있게 빛나고 계속해서 사랑받는 열쇠가 된다.

빠지기 쉬운 사랑의 함정
A형, 地의 엘레멘트 모두 장기간 교제를 이뤄나가는 타입인 만큼 타성이나 권태감이 따르기 쉬운 것은 머리가 아픈 부분이다. 애정이 없는데도 정때문에 질질 끌며 교제를 지속한 결과 혼기를 놓쳐버리기도 한다. 관계가 너무 안정되어 있다면 거리를 두고 친구와 양다리 데이트를 하는 등 새로운 바람을 불어넣을 궁리를 해볼 것. 끓지 않는 그 사람에게는 거짓으로 중매 이야기나 이별의 분위기를 띄워보도록 하자. 그렇게 하면 결의를 굳힐 가능성이 높으며 반대로 초조함이 보이지 않는다면 단념해야 한다는 싸인이 된다. 무거운 엉덩이를 들어 새로운 사랑을 찾는 방향으로 노선을 옮겨보도록 하자. 그 때는 방어를 느슨하게 하는 것을 잊지 말도록. 그렇지 않으면 딱딱한 인상이 방해를 하기 때문에 다음 기회가 여간해서 돌아오지 않을 우려가 있다.

운명의 상대는 어떤 사람?
엄격하게 사랑의 상대를 고르는 당신의 제 눈에 안경인 것은 대지에 뿌리를 내린 듯한 안정감이 있는 남성이다. 연하라도 침착함이 있으며 온화하고 성실하다. 한번 주고받은 약속은 제대로 지키고 일도 꼼꼼히 처리하는 타입일 것이다. 그 때문에 주위로부터 신뢰가 두텁고 젊어서 임원이 되는 자리에 앉아있거나 주택을 구입하는 강력한 남자도 대상이 된다. 직업으로 말하자면 공무원이나 복리후생이 잘 구비된 대기업에 근무하고 있는 사람, 기업을 물려받고 있는 도중의 남성 등이 된다. 둘이 만나는 것은 아마도 회사나 학교일 것이다. 같은 시간을 공유하는 동안에 상대에의 존경심이 애정감정으로 변하거나 주위의 활동으로 서로를 의식하는 동료가 되는 것이 가장 틀림없는 양상일 것이다.

또한 당신은 외견보다도 내면을 중시하는 타입이므로 외모는 천차만별할 것이다. 단, 화려한 타입에는 위험하다는 신호가 켜지므로 요즘의 패션 남은 무의식중에 경원할 것같은 폐단도 있다. 기본적인 아이템이나 컬러를 자연스럽게 입을 줄 아는 그러한 사람에게 가슴이 두근거릴 듯하다. 지적인 이미지에 약한 암시도 있으므로 상대는 안경을 쓰고 있을 가능성이 크다. 취미는 연극이나 뮤지컬 등의 감상이고 사찰 순례 등 고루하면서 인텔리적인 분위기를 풍기는 사람과도 틀림없이 의기투합될 것이다.

체크포인트
● 유언의 실행을 묵묵히 행하는 타입
● 낮은 목소리로 조용히 말하는 남성
● 전통문화나 사찰 등에 밝은 사람
● 주위의 인망이 두터운 존재
● 금전감각이 예리하고 함부로 쓰지 않는 사람

[럭키 러브 키 워드]

행동
사람이 모이는 장소에 간다
경청하는 역할을 철저히 한다
좋은 마음씨를 강조

　행동반경을 넓히는 것이 인기 상승의 포인트가 된다. 대화에 있어서는 웃는 얼굴로 이야기를 들어주는 역할만하고 마음씨가 좋다는 점을 강조하면 좋은 반응이 있다.

장소
녹음이 푸르른 장소
오피스가에 있는 카페
사람이 잘 안 다니는 작은 육교

　시끄러운 장소에서는 마음이 흐트러지고 당신의 좋은 점을 살릴 수 없다. 데이트나 고백은 조용한 장소를 고르도록 하자. 자택으로 초청하는 것도 매우 좋다.

별자리에 따른 럭키 아이템

황소자리
　데님 스커트
　헌팅 모자
　두꺼운 직물로 만든 토트 백

처녀자리
　니트 조끼
　짙은 갈색의 로퍼 구두
　헤어 핀

양자리
　바지정장
　스퀘어 토 슈즈
　워시형 가죽 가방

A형 x 風

분위기를 잘 타며 남성으로부터의 호감도도 높은 자유인
그룹 행동에서는 성격이 좋은 점도 두드러질 듯

천성적으로 갖고 있는 연애경향

A형의 협조성에 風의 엘레멘트 리듬의 좋은 점이 겸비된 당신은 남성으로부터 호감도가 꽤 높을 것이다. 길에서는 말을 거내거나 미팅에서 주소나 전화번호를 묻거나 하는 기회가 많이 생길 것이다. 또 좋든 싫든 팔방미인으로서 어떤 타입에게도 가벼운 터치로 맞춰 줄 수 있는 점이 강점이다. 취향이 아닌 이성에게까지 친근하게 대하므로 마음에 있어 하는 것이 아닌가하고 오해받고, 결국 스토커에게 시달림을 받은 경험도 있을 것이다. 무엇보다도 당신 자신은 심각한 연애보다 러브 게임을 즐기는 것 같은 성격이다. 다수의 남성과 동시진행형으로 사귀므로 플레이 걸 같은 모습을 발휘하는 경향도 있다.

그렇지만 진짜로 당신은 의외로 겁쟁이면서 얌전한 면도 있다. 마음의 근저에는 사랑하고 있는 사람에게 배반을 당하거나 상처받는 것을 두려워하기 때문에 특정한 이성과의 깊은 교제를 무의식 중에 피해 버리는 것이다. 결과적으로 많은 보이 프렌드를 갖고, 만나고 싶을 때만 만나는 가벼운 관계로 만족해 버리는 사람도 그 중에는 있을 것이다.

섹스에 대해서는 담백한 면을 갖고 있다. 상대가 원하면 응하지만 자기가 먼저 적극적으로 요구하거나 하는 것은 우선은 없을 것이다. 그것보다도 즐겁게 대화를 나누거나 함께 레저를 즐기는 편을 좋아하는 타입이다. 만날 때마다 섹스를 강요하거나 집요한 플레이를 하고 싶어 하는 사람에게는 환멸을 느끼고 점차로 멀어져버리는 것도 충분히 생각될 수 있다.

여간해서 자기가 먼저 행동하지 않는 A형임에도 때로는 대쉬를 잘 하는 일면도 있다. 그 의미는 당신이 음란의 분위기를 사전에 세팅해 두거나 맹렬하게 대쉬한다는 것이 아니다. 친구에게 주선을 부탁하거나 그 사람의 친구에게 은연중에 자기에 대해 좋은 평가를 해주도록 부탁하거나 하는 등 바깥쪽에서 안으로 공략해가는 것이다. 그것이 서로 사랑의 길로 이르게 하는 상투적인

기술이다. 정보의 감도가 높고 리서치 능력이 높은 것도 강력한 무기이다. 자기 남자의 취향, 출몰장소, 지금 흥미를 갖고 있는 놀이나 책 등을 빠짐없이 조사하여 그것을 자본으로 삼아 관심을 끄는 것도 주특기일 것이다.

A형, 風의 엘레멘트는 모두 박력이 약하지만 그것이 반대로 이성의 눈에는 잡기 어려운 매력으로서 비쳐지는 점이 다행스럽다. 특히 그룹행동에서는 이상하리만치 당신의 좋은 성격이 크로스 업 된다.

결혼운
원래 가정을 갖고 싶은 욕망이 강한 A형이지만 風의 엘레멘트 사람은 속박을 싫어하는 자유인이다. 참거나 인내를 필요로 하는 결혼에는 별로 흥미가 없고 독신생활을 구가하고 싶다고 생각하는 사람도 많을 것이다. 그렇지만 주위가 점차로 결혼에 성공하는 것을 보면서 초조해지는 것도 이 조합의 특징이다. 자신도 뒤떨어지지 않으려고 가까운 남성으로부터의 구애를 수락하거나 소개나 중매로 적당한 상대와 맺어져서 후회하는 케이스도 있다. 당신의 경우는 어느 정도는 가정에 빨리 정착하는 편이 좋은 의미에서 정신적으로 안정화되고 행복해질 수 있는 운명이다. 그 의미에서 선택 사항이 많은 20대 전반, 복수의 후보를 경쟁시키고 가장 좋은 상대를 선택하는 것이 이상적인 방법이라고 명심하기 바란다. 친구나 가족의 추천에 따르는 것도 실패하지 않기 위한 지혜이다.

또 호기심이 왕성하여 연예통이기까지 한 당신은 결혼을 해도 늙을 가능성은 낮다. 일이나 여가에서 늘 바깥을 돌아다니거나 생기발랄하게 빛나고 있을 것이다. 남편이나 자식들 모두 마치 친구같은 친밀한 관계를 유지한다.

빠지기 쉬운 사랑의 함정
유연성 발군인 당신의 좋은 점이라고는 하지만 우유부단한 것은 옥에 티이다. 방황하고 있을 때 기회를 뺏기거나 이성으로부터도 맥없이 오해를 받거나 한다. 갖고 싶은 것은 갖고 싶다고, 좋아하면 좋아 한다고 주저없이 말하는 것이야말로 함정에 빠지지 않는 요령이라고 명심할 것. 또 분위기에 약한 점도 요주의 포인트이다. 친구인 그 사람이 조른다고 하룻밤을 함께해버렸다거나 좋아하지도 않는 이성과 깊은 관계까지 발전했다는 따위의 경우이다. 거절하기 힘든 것은 알겠지만 진정으로 사랑하는 그 사람이 알게 되거나 불리한 입장으로 몰리는 것은 당신 자신이다. 행복해지고 싶다면 의연하게 행동할 것. 피임도 확실히 하자고 말하는 것이 당신의 몸을 지키는 요령이다.

운명의 상대는 어떤 사람?

키 워드는 두근거리는 감정이다. 특히 함께 있으면 즐겁게 생각되는 것은 심장이 공명하기 때문이다. 몇 시간이나 이야기해도 화제가 끊이지 않고 웃음이나 좋아하는 먹거리가 일치하는 등 공통점이 있는 사람을 마크하자! 이 혈액형과 엘레멘트의 조합이 되는 경우는 사랑은 우정의 진화형이 되는 경우도 많을 것이다. 친구가 어느새 연인으로, 오랜 친구를 갑자기 딱 만나서 교제가 스타트하는 경우도 있을 수 있는 전개이다. 상대는 필시 피가 뜨거운 사람으로 따발총 같이 말하는 남성일 것이다. 스트라이프나 체크무늬 셔츠를 즐겨 입는 이성 중에도 파장이 맞는 유망주가 있다.

직업 면에서는 크리에이터, 디자이너, 프로그래머 등의 외래어로 표기되는 일에 종사하는 사람이 유망하다. 그러한 그 사람과는 끈적이지 않고 서로를 자극할 수 있는 긴장감 있는 관계를 이뤄 나갈 것이다.

또 감성을 소중히 하는 당신은 현실적인 조건이나 외모보다 감정을 중시한다. 직감적으로 후드득하고 뭔가 감이 온다면 주저없이 돌진하는 경향이 있으므로 독특한 사람이나 연령차가 있는 상대 등 주위에서 놀랄만한 파트너를 선택하는 경향도 있다. 어떤 타입이든지 모두가 포용력이 풍부하고 자유롭게 행동해주는 배짱있는 남성임이 확실하다.

체크포인트
● 잘 떠드는 타입
● 애니메이션이나 게임 등 은둔형 계열의 취미를 갖고 있는 남성
● 얼굴이 보이지 않는 사이버공간에서 만난 상대
● 하늘거리는 머리칼과 상쾌한 미소가 눈부신 사람

A형 x 風

[럭키 러브 키 워드]

행동
여자친구를 소중히 한다
블로그나 트위터를 시작한다
단독행동을 늘린다
　인기를 얻고 싶으면 친구를 소중하게 생각하자. 좋은 평판이 늘고 구애가 쇄도될 것이다.
　생각대로 중얼거리거나 혼자만의 시간을 늘리는 것도 사랑의 신호탄이 된다.

장소
기간이 한정된 이벤트 장소
스크럼블 교차로
역의 플랫폼
　많은 사람으로 번잡스러운 장소가 러브 존이 된다. 주위가 운기를 부르는 역할을 하여 인기가
　향상되는 상태가 된다. 플랫폼도 로맨스의 무대가 된다.

별자리에 따른 럭키 아이템
쌍둥이자리
　보더 컷소 니트 셔츠
　칠부 바지
　에디터즈 백

천칭자리
　앙상블 니트
　레이스 업 부츠
　실크 스타킹

물병자리
　멘즈 방향제
　프린트 레깅스
　양면겸용 리버시블 자켓

A형 × 水

살아가는데 있어서 가장 중요한 팩터는 사랑!
남성을 보듬어주고 용기를 북돋는 것으로 사랑을 실감

천성적으로 갖고 있는 연애경향

A형, 水의 엘레멘트 모두 오로지 풍부한 애정 일색이다. 줄곧 한사람만을 생각하거나 언제나 비슷한 타입의 남성을 고르거나 할 것이다. 당신에게 있어서 연애는 살아가는 데 있어서 가장 중요한 사실이다. 비록 일이나 다른 것 모두가 잘 되고 있어도 사랑을 하고 있지 않는 인생 따위는 재미없어 견딜 수 없다고 생각하고 있을 것이다. 실제로 사랑의 착화점은 낮으며 사소한 계기로 곧 불을 지피는 성향일지도 모른다. 당신의 경우는 상대가 무기력해져 있거나 일을 잘못 처리한 경우처럼 위기에 몰려 있을수록 불타오르는 습성이 있다. 활력이 없는 상대를 격려하고 용기를 북돋아주는 것이야말로 최고의 기쁨이며 사랑을 실감하는 순간인 것이다. 공략법은 실로 간단하다. 마음에 드는 이성한테 가서 부지런히 보살펴주거나 여러 가지 서포트를 하는 것이 표준적인 스타일이다. 쌀쌀맞게 대하거나 거리를 두려고 해도 관계없다. 깊은 애정과 상냥함을 계속해서 바치는 당신에게 차갑던 그 사람의 마음도 드디어 풀리게 되는 등 자신에게 몰두시켜버리는 것이 주특기 공략 양상이 된다. 직접 만든 도시락이나 간식을 선물하여 그것을 미끼로 하거나 간단한 선물로 길들이는 것도 상투적인 테크닉일 것이다.

드디어 교제가 시작되면 오로지 진심을 바치는 순애의 기질이 나타난다. 이해득실을 따지지 않고 사랑하는 파트너에게 최선을 다하며 애로사항이나 고생조차도 꺼리지 않는다. 그 사람의 꿈을 응원해줘야 한다고 생각하여 그늘에서 도와주며 뛰어난 헌신력을 발휘하는 것도 이 조합이어야만 가능한 것이다. 진정한 의미로 말하면 사랑으로 살 수 있는 당신인 것이다. 사랑하는 남성에게 있어서 당신이 둘도 없이 모든 것을 걸어볼만한 가치가 있는 존재가 되는 것도 그리 오래 걸리지는 않을 것이다.

또 연애가 모든 것이라고 생각하는 당신에게 있어서 섹스는 그 생각을 전하는 소중한

의식이다. 몸을 허락한다면 마음으로부터 사랑한 남성에게, 그것도 생애에서 오직 한사람, 운명의 사람에게 맡기고 싶어 한다. 낡은 사고방식이라고 자신은 알고 있어도 주위의 친구처럼 작정하고 놀지 못하는 타입이다. 그만큼 마음을 허락한 연인이 생기면 기쁜 나머지 몸도 마음도 물러져 버리는 케이스도 있다. 침대에서는 그 사람이 요구하는 대로 응하므로 자신의 쾌락을 추구하기보다는 서비스를 하느라 매우 바쁘기만 하다.

결혼운
혼자서는 살 수 없는 타입인 만큼 결혼을 의식하는 것도 꽤 빠를 것이다. 사귀기 시작한 직후부터 둘이 함께 생활하여 아기가 태어난다는 식의 미래 청사진을 머리에 몇 번이나 그릴 정도이다. 실제로 당신은 젊었을 때 결혼하는 편이 행복해지는 운명이다. 바로 이 사람! 이라고 생각하는 상대가 나타나면 가사능력이 뛰어나고 배려심도 높은 점을 강조하여 신부 후보로서의 존재가치를 표시하자. 상황만 허락한다면 동거하거나 근처에 사는 것도 추천한다. 일상적인 접점을 늘릴수록 거리가 가까워지고 골인에 가까워지는 방법이 된다.

결혼 후는 요리를 잘하여 내조의 보람이 뛰어난 처, 그리고 아이가 좋아하는 엄마가 될 것이다. 남에게 맞추거나 헌신하는 것이 특기이므로 부모와의 동거나 두 세대가 함께 살아도 아무 문제없다. 단 세월이 흐르면서 남편보다는 아이를 우선시하기 쉬운 경향에는 주의가 필요하다. 또 당신에게 있어서 섹스는 결혼생활을 원활하게 운영해 가기 위한 중요한 척도가 된다. 때로는 일부러 러브호텔이나 모텔에 가는 등 타성을 극복하려는 노력을 하자. 살이 찌는 것도 사랑을 식어버리게 하는 원흉이 되니 비만이 되지 않도록 주의하자.

빠지기 쉬운 사랑의 함정
사랑하는 사람의 시중을 들면서 부지런히 봉사하는 것이야말로 함정이 된다. 그 사람에게 있어서 그러한 행동이 당연하게 생각될 수 있고, 감사하게 생각하기는커녕 멀리하려 할 가능성이 높다. 연인이라고 하기보다는 어머니에 가까운 존재로 빠지기 쉬운 것도 약점이다. 당신에게 가사나 청소를 맡기고 자기는 다른 여자와 데이트를 하거나 할 수도 있다. 연애는 50대 50이다. 사랑의 균형이 무너지지 않도록 지나친 간섭이나 과보호는 피하도록 하자. 뭐든지 간단히 YES라고 대답하는 것도 금기이다. 여자의 가치가 떨어지며 우습게 여겨지는 결과가 된다. 싫은 것은 확실히 거절하는 것이야말로 진실한 사랑을 불러서 깨울 수 있는 것이라고 잊지 않도록 하자.

운명의 상대는 어떤 사람?
이 조합을 해독하는 키 워드는 육성이다. 어딘가 믿음직스럽지 못한 타입, 연하의 학생 등, 지켜줘야 한다고 생각되는 남성에게 이끌리기 쉽다. 그런 그를 정신과 물질 양면으로

도와주어서 완전한 남자가 되는 것이야말로 당신의 삶의 보람이다.
또 어딘가 모르게 그늘이 있고 종잡을 수 없는 타입과도 인연이 있다. 대화를 나눌 때마다 의문이나 수수께끼가 늘어나고 상대를 더 알고 싶어지고, 이해해 주고 싶은 그러한 충동에 휩싸여 빠져 들어가 버릴 것이다. 그렇지만 그러한 양상의 상대는 실제로 남에게 말하지 못할 과거를 숨기고 있거나 당신 이외에도 여자가 있거나 하는 등 사연이 있을 가능성이 크다. 깊게 빠진다면 모든 것을 받아 줄 각오를 해야 한다.

한편 안심하고 모든 것을 맡길 수 있는 것은 겉모습이 그저 그래도 함께 있으면 안심이 되는, 공기와 같은 존재로 있어 주는 사람이다. 예전부터 알고 있던 사람, 오랜 친구, 은사 중에서 그러한 인물이 숨어 있을 듯하다. 그리고 감정적으로 흐르기 쉬운 당신은 자신의 기분을 너무 밖으로 표현하지 않는 타입과도 궁합이 맞는다. 화내거나 하지 않고 가슴 깊이 받아들여줄 것이다. 그 외에 고향이나 모교가 같으며 어린 시절의 체험이 비슷한 부류의 상대와도 로맨스 발생률이 높다. 동창회나 생각지 못한 장소에서의 재회가 열애의 서막이 될 수 있다.

체크포인트
● 해맑고 섬세한 타입
● 잘 졸라대는 연하 남자
● 회상의 장소에서 만난 사람
● 옆얼굴이 어딘지 모르게 외로워 보이고 검은 옷이 어울리는 남자
● 소년시절에 슬픈 경험을 했던 사람

[럭키 러브 키 워드]

행동
사생활이나 예정을 비밀로
목소리의 톤을 낮춘다
애완동물을 기른다
　　신비성을 높이는 것으로 당신의 존재감은 절정이 된다. 차라리 비밀을 만들고 목소리 톤을
　　낮춰 보자. 인연을 만들려면 애완동물을 구입하는 것이 길하다.

장소
바텐더가 있는 미니 바
은신처 같은 레스토랑
추억이 깊은 장소나 토지
　　여자의 향기를 끌어내 주는 것은 조명이 어두운 바나 은신처 풍의 레스토랑이다. 연인과는
　　두 사람의 추억의 장소를 다시 찾으면 다시 서로 끌리는 감정이 생길 수도 있다.

별자리에 따른 럭키 아이템
게자리
　　코튼 원피스
　　진주 목걸이
　　페티코트

전갈자리
　　발 등까지 내려오는 롱 스커트
　　체인 벨트
　　장식있는 샌들

물고기자리
　　공단 브라우스
　　발레리나 투투 스커트
　　마린노트 향수

B형 x 火

남자를 성공시키고 아름답게 상승하는 운명
결혼은 늦어도 가정을 가지면 현모양처가 된다.

천성적으로 갖고 있는 연애경향

B형적인 격심한 애정에 火의 엘레멘트 에너지가 주입된 당신은 번개와도 같은 정열의
소유자이다. 자기가 놓여있는 시간과 장소 혹은 타이밍 등에는 관계없이 전격적으로 사랑에
빠져서 기분을 숨기지 못하는 타입이다. 마음에 드는 멋진 이성에게는 화끈하게 데이트를
신청하고 몸을 이용한 육탄전조차 아끼지 않을 정도이다. 그 대담하고 자극적인 매력에
걸리면 감히 대항할 수 있는 남성은 거의 없을 것이다.

또 당신의 연애 사전에는 법이나 도덕은 없다. 상대에게 연인이 있거나 말거나 기본적으로는
관계가 없다고 생각한다. 나는 나라고 이기적으로 자신의 사랑을 관철시키는 입장에는
애인은 물론 경쟁자도 쩔쩔매게 되는 기백마저 갖고 있다. 반대를 당할수록 불타오르는
습성이 있고 이혼남이나 외국인, 사연이 있다고 소문이 난 인물 등, 주위가 깜짝 놀랄만한
상대를 고르는 케이스도 많을 것이다. 그렇지만 뜨거워지기 쉽고 식기도 쉬운 일면도 있다.
맹렬하게 대쉬하여 상대가 돌아보는 순간 썰물이 빠져나가는 듯, 한 번에 흥미를 잃고
다른 이성에게 눈을 돌리거나 하는 것도 이 타입에는 자주 있는 일이다. 뿌리에서부터의
연애체질로 늘 격정의 연애를 불태우지 않으면 안 되는 것이 당신의 성정이다. 그 결과
누군가에게 상처를 입혔다고 해도 그것은 어느 의미에서는 어쩔 수 없는 일이다. 남자를
성공시킴에 있어서도 점점 아름답게 상승해가는 것이야 말로 당신에게 부여된 운명이기
때문이다.

섹스에서는 남성이상으로 욕망을 갖고 있는 육식계 여자라고 표현할 수 있다. 안기고 싶다고
생각하는 남성한테는 한번 손을 대보고 싶어서 참을 수가 없고 솔직히 말하자면 한번
잠자리를 같이 해보지 않으면 남자와 여자의 궁합을 알 수가 없다고 생각하고 있을 정도이다.
침대에서도 여성상위로 적극적으로 주도해 가는 타입이다. 스태미너도 충분하고 곧바로

부활하므로 몇 번이나 요구한다. 기본적으로는 찾아오는 자를 거부하지 않음을 모토로 하는 당신은 연인이 있으면서 따로 섹스 파트너를 갖는 것에도 저항감이 낮은 편이다. 유혹이 있으면 누구에게라도 가볍게 대해주기 때문에 친구의 연인이나 남자 친구 등 귀찮아질 수 있는 상대와 침대를 함께하여 나중에 문제를 일으키는 경우도 있다. 사랑의 전쟁을 일으키고 싶지 않으면 가까운 사람에게는 손을 대지 않도록 해야 한다.

결혼운
플레이 걸 기질을 갖는 B형에 사랑의 페로몬을 지닌 火 엘레멘트 성격인자가 더해진 당신은 원래 이성에 반하기 쉽고 금방 달아오르는 성격이지만 의외로 결혼운은 늦게 찾아온다. 그것은 이 조합이 연애와 결혼은 별개의 것이라고 생각하고 있기 때문이다. 언제나 설레는 마음을 지니고 싶어 하므로 관계가 안정되거나 양육, 가사 등에 시간을 뺏기는 것에 대해서는 한걸음 뒤로 물러서려고 한다. 자상하게 보살펴 주는 역할을 자처할 수 있을 정도라면 여러 상대와 데이트를 즐기거나 프리하게 지내는 편이 마음이 안정적인 것이 솔직한 본심이지는 않는지? 그렇지만 정작 처세를 결정하면 그 속도가 가정으로 향하므로 독신시대가 마치 거짓말처럼, 언제 그랬냐는 식으로 여겨질 정도로 현모양처가 될 것이다. 남편의 출세를 위해서 열심히 일하거나 자식의 교육이나 클럽활동을 전면적으로 지원하면서 분주히 지극정성을 다한다. 사물에 집착하지 않는 성격이므로 다소의 문제점에 연연해하지 않으며 터프함이 있다. 시부모와 같이 살거나 파트너와 비즈니스를 단행하는 것도 유익할 것이다. 예상외로 잘 풀려나갈 것이며 나태해질 수 있는 결혼생활에 있어서 좋은 양념거리가 될 것이다.

빠지기 쉬운 연애의 함정
B형의 요소와 火 엘레멘트 모두 자기주장이 강하다. 그 때문에 당돌한 여자라는 이미지를 갖기 쉽고 나도 모르는 사이에 사랑이 멀어질 우려가 있다. 사실은 애교를 부리고 싶은데도 괜히 강한 척하거나 쓴 소리를 해버리는 것도 나쁜 버릇이다. 행복해지고 싶다면 솔직해지도록 하자. 파스텔 계열의 옷이나 립스틱을 지니도록 하면 자연스럽게 이성에게 애교적으로 보일 수 있는 당신이 될 것이다.

또 불꽃놀이처럼 한순간에 타오르는 당신의 사랑은 애석하지만 단명으로 끝나버릴 수 있는 점도 위크 포인트이다. 그것은 인연을 굳게 만들어가려는 의식이 희박한 탓이다. 싫증이 났다면 곧 다른 이성으로 갈아타는 것이 아니라 어떻게 하면 잘 할 수 있는가에 눈을 돌리는 것이 필요할 것이다.

운명의 상대는 어떤 사람?

당신처럼 강렬한 아우라를 내뿜는 남성이 사랑의 상대가 된다. 무엇을 하던, 어디에 있건 이상하리만치 눈에 띄며 누구에게도 지지않는 특기나 재능을 지니고 있는 그런 사람이 있다면 접근해보도록 하자. 곧바로 서로에게 이끌려서 진한 러브스토리의 막이 열리게 될 것이다. 키가 **180cm** 이상인 사람으로, 다부진 체형의 이성 중에서도 유망주가 있을 것이다.

또 만남의 초기에 말다툼을 벌여서 첫인상이 좋지 않았던 상대도 사실은 다크호스가 된다. 시간이 흐르면서 의외의 장점이나 능력이 발견되고 서로 강렬히 원하는 관계가 된다. 입이 거친 독설가, 허무주의자 같은 타입이라도 피하지 말고 교류해보도록 하자.

그 밖에 산봉우리의 한 떨기 꽃처럼 쉽게 손이 닿지 않을 것처럼 보이는 상대일수록 골 키퍼가 없을 가능성이 크며 파장 또한 딱 들어맞을 것이다. 이상적이 커플이 될 수 있으므로 꼭 말을 걸어보도록 하자. 직감적인 연애를 하는 당신은 영감을 소중히 해야 한다. 이유 없이 왠지 모르게 끌리는 그런 남성을 마크해 두어서 인연을 돈독히 할 필요가 있다. 처음 만났는데도 왠지 모르게 그리워지고, 그런 기분을 갖도록 하는 그 사람과는 핑크색 인연의 끈으로 맺어져 있을 가능성이 높다. 단, 상대는 수줍어하기 쉬운 타입이라서 자기가 먼저 다가오지 않을 것이다. 당신이 먼저 접근하는 것이 운명을 개척할 수 있는 요령이다.

체크포인트
● 학창시절에는 스포츠와 관련된 서클 활동을 하던 남성
● 학교나 직장에서 아이돌같은 존재였던 사람
● 운동장이나 무대 등 열광이 들끓던 장소에서 만나게 된 그 사람
● 단정한 말투로 이야기하는 사람

[럭키 러브 키워드]

행동
노출도를 조금만 올려본다
상대의 눈을 보고 말한다
아무렇지 않게 스킨십을 시도한다
　노출도를 약간 높임으로서 주목도의 스파크가 튀게 된다. 상대와 이야기를 할 때는 눈을 보고,
　아무렇지 않게 시도하는 보디 터치는 효과도가 만점이다.

장소
오픈 카페
쇼 룸
전망대나 고층 빌딩
　개방감이 넘치는 곳이 러브 존이 된다. 이성을 찾으려면 오픈 카페나 쇼 룸에 가보자. 데이트는
　전망대가 좋은 운으로 유도해 주는 곳이 된다.

별자리에 따르는 럭키 아이템
염소자리
　쇼트 팬츠
　캐리어 백
　파이손 무늬 베어 톱

사자자리
　굵은 뱅글
　드레스 코트
　퍼 액세서리

사수자리
　텐갤런 모자
　합성 레더 조끼
　글래디에이터형 끈 샌들

B형 x 地

사랑의 수단을 본능적으로 터득하고 있는 사랑의 프로
20대 후반이나 30대 전반에 가뿐하게 결혼을

천성적으로 갖고 있는 연애경향

B형의 직감력과 地 엘레멘트의 실리주의를 겸비한 이 태생의 사람은 자신을 행복하게 해주는 상대를 본능적으로 냄새 맡을 수 있는 능력이 뛰어나다. 기분파이며 어리광을 부릴 수 있고 섹스의 궁합이 좋은 점 등, 자신만의 선택기준이 있고 게다가 그것이 모두 잘 들어맞으므로 일반적인 의미에서 남자운이 좋다고 여겨지는 사람도 적지 않다. 특별히 최선을 다하거나 노력하고 있는 것이 아닌데도 늘 연인에게 사랑받고 행복하게 보이는 여성이라는 것이 주위에게 보여주는 이미지에 가장 가까울 것이다. 그렇다고 당신이 아무것도 하지 않고 있다고 생각하면 큰 오산이다. 미묘한 타이밍으로 그를 따라주거나 둘만의 시간이 되었을 때에만 감추고 있던 다른 모습의 얼굴을 보이거나 의외로 계산적인 면도 있다. 그렇지만 그것을 자연스럽게 할 수 있는 것이 강점이며 특기이다. 상대는 알면 알수록 당신의 매력에 포로가 되어서 정신을 차리고 보면 어느 쪽이 먼저 작업을 걸었는지 잊어버릴 정도로 사랑의 구도가 단번에 변해버린다. 뜨거운 애정을 갖는 연인으로 변모시켜 버리는 능력은 어느 의미에서는 프로급일지도 모른다. 단 변신이 빠르기 또한 천하일품이다. 맞지 않는다고 알게 되는 순간에 다른 목표로 눈을 돌려버리는 약삭빠름도 있다.

교제 후는 여성상위가 된다. 졸라대기를 잘 하므로 하고 싶은 것이나 희망사항을 표현하는 것이 특기이다. 하고 싶은 것, 갖고 싶은 것을 눈치 채게 하고서 아무렇지 않게 상대를 유도하여서 자기의 의도대로 조종을 해낸다. 그 사람도 곤란한 표정을 지으면서 내심으로는 의지 하고 있다는 만족감을 느끼고 있어서 졸라대는 것은 기쁘고 기분이 좋을 따름이다.

한편 정조관념이 발달한 地의 엘레멘트 중에서는 가장 가벼운 섹스관을 갖고 있는 것이 이 타입이다. 상상할 수 없을 정도로 방어가 약하고 요구를 받으면 거기에 응하지 않고서는 견딜 수 없을지도 모른다. 그렇지만 즐기는 것은 어디까지나 마음에서부터 사랑할 수 있는 남성이

없을 때에 한해서다. 운명적인 사람이라고 생각되는 이성이 나타나면 지금까지의 음란함은 거짓말처럼 사라지고 숙녀로 변신한다. 섹스 파트너와의 관계나 유혹도 깨끗이 거절하고 그 사람 하나만을 위해 애정과 파워를 쏟아 붓는다. 침대에서도 터프하다. 롱 타임으로 즐기면서 동시에 격렬한 사랑을 펼쳐도 녹초가 되지 않고 끝까지 대응해 준다.

결혼운

젊었을 때는 여러 상대와 놀거나 정사를 즐기거나 했지만 당신에게 있어서는 모두 잠시 들렀던 것에 지나지 않는다. 최종적으로는 오랜 기간 교제한 연인이나 의외로 가까운 곳의 남자 친구들과 가볍게 결혼하는 운명이다. 시기적으로는 20대 후반에서 30대 초반에 웨딩 마치를 울릴 가능성이 농후하다. 결혼 후는 심기일전하여 안정을 찾고 가정을 소중히 키워가는 좋은 처가 된다. 이 태생의 사람은 가계의 운영이나 가사를 게임 감각으로 즐길 수 있으므로 몇 년이나 주부생활을 하더라도 가정주부로 보이지 않는다. 아이들의 가정교육이나 친척과의 교류도 잘 해나갈 것이다.

적령기가 되어도 인연이 없는 사람은 중매나 결혼상담소에 등록하는 것을 추천한다. 그것은 당신이 의외로 꼼꼼하게 상대를 고르는 경향이 있으므로 제일 먼저 조건을 충족시키는 이성이 두고두고 원활하게 진행될 확률이 높기 때문이다. 그런 상대와는 짧은 교제기간만으로 즉시 골인을 결정하고 주위도 부러워하는 사랑스런 부부가 될 것이다. 문제가 발생된다면 파트너의 배신이 발각되었을 때이다. 앙갚음으로 맞바람을 핀다면 난장판으로 발전될 우려가 있다.

빠지기 쉬운 사랑의 함정

사랑받는 수단을 본능적으로 터득하고 있는 당신인 만큼 남성의 심장이 자신에게 향하고 있다고 확신했을 때가 위험하다. 방심하여 경쟁자에게 틈새를 보이거나 그를 갖고 놀려고 하다가 그 사람이 자신에게 싫증을 느끼게 되어 행복이 무위로 끝날 우려도 있다. 확고한 끈이 맺어질 때까지는 협상이나 뒤따르기를 늦춰서는 안 된다. 안되면 다음 타자로 갈아 탄다는 생각은 좋지 않다. 여자의 가치가 폭락하고 좋은 남자가 쳐다보지도 않게 되는 함정이 있다. 끈기와 지구력을 길러서 꾸준히 사랑을 키워가는 노력을 하자.

또 다툼이 일어나는 순간에 고집을 부리는 것도 요주의 사항이다. 오기를 부려서 싸움이 장기화되거나, 최악으로 치닫거나, 헤어지는 대목으로 발전할 위험성이 없다고 할 수 없다. 잘못했다고 생각되면 솔직하게 사과하는 것이 행복을 지키는 열쇠임을 명심하자.

운명의 상대는 어떤 사람?
천리안을 갖고 있는 당신은 남성을 보는 눈이 정확하다. 특히 잘 관찰하면 미남이지만 멋에는 무심한 사람이나 점잖으면서도 숨겨진 재능이나 특기를 갖고 있는 남성과는 좋은 궁합을 갖고 있다. 언뜻 눈에 띄지 않는 타입인만큼 주위에서는 처음에 왜 저 사람을 선택했는지 놀라워하지만 당신의 개조 프로젝트에 의해 훈남으로 풀 모델 체인지 된 그 사람에게는 칭찬과 선망의 눈빛만이 쏟아진다. 학창시절에 본가에서 독립하고, 단신부임의 직장 생활이 길어지는 등 오랜 기간 독신인 사람과도 인연이 있다. 친목의 계기를 잡기 쉽고 견실한 교제로 발전될 것이다.

직업 면에서는 경리나 금융관계 종사자인 이성이 확률이 높다. 당신의 대충적인 성격을 확실하게 보충해 주면서 장래도 의지할 수 있는 파트너가 된다. 그리고 부친이나 형제가 주선하는 만남도 유망하다. 미팅이나 파티에서는 조금 독특한 사람을 주목하도록. 낡은 옷을 잘 입을 줄 아는 사람, 사투리로 떠드는 남성 중에도 진지한 사랑을 줄 수 있는 파트너가 숨어 있을 것이다. 목소리나 향기 등도 남성을 고르는 중요한 요소가 된다. 감각이 반응되는 사람은 반드시 대박당첨일 것이다. 연인후보로 올려놓고 친하게 교제를 해보자. 만화 카페나 인터넷 카페 등 정보와 취미의 장소에서 만난 상대와도 사랑이 맺어질 것이다.

체크포인트
● 전문적인 취미를 갖고 있는 사람
● 향수나 감각이 비슷한 타입
● 어깨 폭이 넓고 듬직한 체형의 남성
● 정치, 경제 등 딱딱한 화제에 강한 남성
● 책이나 잡지가 넘치는 장소에서 만난 사람

[럭키 러브 키 워드]

행동
대화법 강좌를 듣는다
편지를 즐겨 쓴다
혼자 술 마시러 나간다
　아름다운 언어 사용이 이성을 몰입시키는 열쇠가 된다. 스피치교실에 다녀서 실력을 쌓자. 귀찮아하지 않고 꼼꼼하게 편지를 쓰는 여성도 인기가 있다. 인연이 아직 멀었다고 느끼면 홀로 술을 마시러 외출하자.

장소
세미나 식장이나 학원
인터넷 카페
카운터식 술집
　지식욕이 풍부한 사람이 모이는 장소에 사랑의 예감이 깃들어 있다. 인터넷 카페나 대형 서점도 러브 존이 된다. 혼자 간다면 카운터 식의 바를 선택하자.

별자리에 따른 럭키 아이템
황소자리
　볼륨 스커트
　구슬 백
　커다란 코르사지 헤어 액세서리

처녀자리
　셔츠 원피스
　프리츠 스커트 (주름 치마)
　태슬 슈즈 (술이 달린 구두)

양자리
　숏 트렌치
　롱 타이트 스커트
　앤티크 시계

B형 x 風

내 마음대로 할 수 있게 해주는 남성이 아니면 노 굿이다.
섹스에서도 늘 변화와 자극을 추구하는 방랑자

천성적으로 갖고 있는 연애경향

자유를 추구하는 B형 중에서도 분방함을 추구하는 방랑객 이미지가 보다 제일 강하게 나타나는 것이 風의 엘레멘트이다. 소매만 스쳐도 인연이라며 아무에게나 붙임성 좋게 접근할 수 있는 사교가이다. 남성과도 사랑의 성별과 관계없이 순식간에 의기투합을 할 수 있는 것이 강점이다. 미팅이나 파티에서도 솔선해서 재미있는 화젯거리로 분위기를 북돋우며 제일 먼저 마음에 드는 남성을 확보하여서 주도적 입장의 사람이라는 평가를 듣는다.

한편으로는 아무리 감정이 맞는 상대라도 행동을 속박당하거나 사생활을 침해당하는 것만큼에 있어서는 참지 못한다. 인내하다가 지루함을 느낄 정도라면 얼른 헤어지는 것이 좋을 거라고 생각하는 편이다. 특히 20대 전반까지는 교제가 지속되지 않고 다양한 사랑을 경험하기 쉬운 편인 것이 바로 그 이유 때문이다. 그 중에는 나중에 특정한 상황을 만들지 않고 남자친구와의 사랑놀이 비슷한 교제를 즐기거나 기간 한정으로 모험적인 사랑에 빠지는 등 규격에 벗어난 연애 스타일을 선택하는 사람도 있을 것이다.

그러한 당신이 누군가와 진정한 연애를 발전시켜 나간다고 치면 기본적으로는 당신이 하고 싶은대로 해주는 남성이어야 한다는 전제조건이 필요하다. 애인이 있어도 다른 남자친구와 외출하거나, 그 사람과 만나서 데이트보다는 일이나 취미 등의 예정사항을 우선으로 하는 것은 당신에게 있어서 당연한 처사이다. 그 정도로 상대에 대해서는 필요이상으로 간섭하지 않고 자유주의적이고 소통이 잘 되는 관계를 이룩해 나갈 것이다. 그래서 연인사이라고 하기보다는 파트너라는 뉘앙스가 딱 맞을 것이다.

또한 남성보다도 더 남성다운 면을 갖고 있다고 해도 좋을 정도로 드라이한 성격도 특징중의 한가지이다. 교제가 잘 진행되지 않는다고 판단되면 연인에서 차라리 보이프렌드로 등급을

낮추고 헤어진 뒤에도 뒤끝 따위를 남기지 않는다. 여러 가지 사연으로 헤어졌던 원래의 남자에게도 특별한 감정없이 우정을 유지하며 친구관계로 유지해 가는 타입이다.

섹스 면에서는 평범하거나 일상적인 양상에 빠지지 않고 늘 변화나 자극을 추구하는 편이다. 다양한 플레이나 포지션을 시도해 보거나 장소를 바꿔 보거나 한다. 여행지와 자동차 안에서는 미묘하게 흥분되어 늘 느끼던 것 이상의 황홀감이 치솟는 경향이 있다. 또한 애인에게는 정신적인 파트너 십을 요구하여 서로 섹스파트너를 따로 갖는 케이스도 가끔은 보이는 듯하다.

결혼운
젊었을 때는 사랑의 사건을 자주 일으키기 쉬운 당신. 하지만 자기 자신의 습성이나 인간성을 바르게 이해하고 모든 것을 존중해 주는 상대를 만나면 사랑의 여행은 최종지점에 도착된다. 그 사람과 함께 다양한 계획이나 활동을 공유하는 것처럼 공동생활을 함께 시작하는 것은 당신에게 있어서 당연한 결과이다. 반면에 사회적인 형식에 얽매이지 않으므로 계기가 찾아오지 않으면 질질 끌어대는 동거상태가 계속되는 케이스도 있다. 어느 쪽인가 먼저 전근을 가거나 가족으로부터의 재촉 혹은 느닷없는 임신이 골인의 방아쇠가 되는 일도 드물지는 않을 것이다.

결혼 후에는 연애시절과 다르지 않은 솔직한 관계를 유지한다. 어느 쪽인가의 친구가 빈번하게 집에 드나들거나 아이가 생겼어도 서로 별명을 부르는 등 밝게 오픈된 가정을 만들어 나갈 것이다. 단, 당신은 결혼해서도 혼자만의 시간이 필요한 타입이다. 가끔은 주말이나 휴가를 따로 보내는 것이 원만한 부부생활의 열쇠가 된다.

빠지기 쉬운 사랑의 함정
드라이한 성격 탓에 남성으로부터 이성으로 의식되기 어려운 점이 아쉽기만 하다. 처음 만나는 남성과도 곧 친하게 될 수 있는 반면에 연애대상이란 과정을 통과시켜버리고 친구 모드로 돌입한다. 마음에 든 남성으로부터 사랑에 대한 고민 상담이나 소개팅 알선의 부탁을 받으면 낙담해버리는 면도 있다. 이 사람이라고 생각되는 남자 앞에서는 여자다운 태도나 말씨를 보이려고 신경을 쓰거나 더 나아가서는 비밀스러운 부분을 남겨 두는 등 남녀의 긴장감을 유지시키는 방법을 강구할 필요가 있다.

또 정직하고 말이 많은 만큼 말속에 독설이 포함되기 쉬운 경향이기도 하다. 날카로운 지적이나 심한 농담으로 남성의 마음에 상처를 주어 다투거나 사이가 깨지는 결과로 발전하는 케이스도 가끔은 있다. 민감한 화제는 적당히 얼버무리는 배려가 필요하다.

운명의 상대는 어떤 사람?

천성적으로 갖고 있는 연애경향에서 설명한 것과 같이 당신의 사랑의 대상은 자유를 허락해주는 관대한 남성이란 점이 전제된다. 당신의 일이나 교우관계를 존중해 주고 불필요한 간섭이나 질투를 하지 않을 것 등이다. 그렇지만 무관심한 것이 아니라 늘 지켜보면서 필요한 때에 적절한 어드바이스나 지원을 아끼지 않는 사람이 이상적일 것이다. 제일 앞에 서서 야무지게 활약하며 휴가도 제대로 취하지 못할 정도로 바쁜 남성이 적당히 좋은 스탠스를 구축할 수 있는 좋은 배우자감이다. 직업에서는 프리랜서나 자영업 외에 매스컴이나 출판관계 등 지적이면서 변화가 많은 업계의 사람과 궁합이 좋다. 또한 당신보다 더 발이 넓고 친구와의 교제를 소중히 하면서 취미가 다양한 사람과도 즐겁고 물리지 않는 관계가 실현된다. 그밖에도 출장이 많아서 자주 집을 비우거나 멀리 떨어져 사는 사람과의 연애도 신선한 행복이 장기간 지속된다. 장거리는 물론 바다를 건너서 이뤄지는 국제연애도 오히려 퇴색되지 않는 정열이 불타오를 것이다.

또한 정신적으로는 언제나 젊고 싱싱한 당신은 연하남과의 감정이 뛰어나다. 비교적 20대 후반 이후에 자신의 연령에 반비례하듯이 연인의 연령이 내려가는 사람도 있다. 반대로 윗자리에 앉아 턱으로 매사를 지시하는 것 같은 타입의 연상 남자는 껄끄러워 한다.

체크포인트
● 여행을 좋아하는 변덕쟁이 타입
● 파티장에서 한 곳에 자리를 잡지 못하고 자주 이동하고 있는 사람
● 우연하게도 서로 아는 사람이 있던 상대
● 모자나 장신구가 어울리는 개성적인 사람

B형×風

[럭키 러브 키 워드]

행동
혼자서 여행을 떠난다
남자친구를 소중히 한다
머리를 기른다
　여행지에서는 자유분방한 매력이 만개하여 만남의 발생률이 상승된다. 좋은 남자친구는
　인연이 맺어지는 큐피트의 화살이다. 머리카락의 길이는 여성성을 의식시키는 무기로
　활용할 것.

장소
바람이 통하는 공간
육교나 다리 위
교차로
　바람이 통과하는 소리가 들리거나 커다란 창이 있는 공간은 사랑의 스케일을 크게 만든다.
　육교나 다리 위는 관계의 진전을, 교차로는 만남의 운을 향상시키는 핫 스팟이다.

별자리에 따르는 럭키 아이템
쌍둥이자리
　하프 팬츠
　아크릴 팔찌
　다양한 컬러의 스트라이프 탑스

천칭자리
　쥬얼리 벨트
　로즈 계열의 향수
　티어드 스커트

물병자리
　그래피컬 프린트
　보이 프랜드 데님
　레더 안클렛드

B형 × 水

일단 사랑에 빠지면 이성의 나사가 풀려서 완전히 붕괴된다.
남성을 흡인하는 마성의 여인같은 끼를 발휘할 것이다.

천성적으로 갖고 있는 연애경향

감각과 직감에 따라 살아가는 B형적 요소가 水의 별자리가 지닌 정서로서 관능성에 링크되는 당신. 그 성격을 한마디로 표현하자면 자유분방하면서도 요염스런 천연의 작은 악마라고 해야 할 것이다. 연애에 대한 감수성이 남들보다 발달되어 민감하면서 이성의 매력이나 색기, 유혹의 향기에 위험스러울 정도로 쉽게 반응한다. 이성에게 쉽게 반해버리는 성정은 누구보다도 훨씬 앞서 있다. 게다가 일단 사랑에 빠지면 이성의 나사가 완전히 풀려 버린다. 밤낮으로 이성에 대한 생각에 꽉 차 있어서 일이고 뭐고 아무 것도 할 수 없는 타입이다. 뭔가 골똘히 생각하는 듯 우수에 찬 눈과 피부에서 풍겨 나오는 것 같은 페로몬이 아무 말 하지 않아도 자기의 정열을 웅변으로서 강조하게 되는 셈이다. 때문에 당신이 찍어서 가슴이 두근거리지 않는 남성은 거의 없다고 해도 과언이 아닐 것이다.

또 주위를 신경 쓰지 않게 됨으로서 교제를 시작한 후에 그 사람에게 푹 빠져 버리는 정도는 장난이 아니다. 몇 분 단위로 메일을 보내거나 전화를 걸거나, 남의 이목 따위는 신경쓰지 않고 러브 씬을 피로하거나 한밤중에 지금 당장 만나고 싶다고 조르거나 하는 일도 있다. 그 사람과 함께 살고 싶은 마음이 너무 강한 나머지 중요한 약속을 갑자기 취소하거나 회사를 결근해버린 경험도 한두 번이 아닐 것이다.

섹스 면에서도 금기를 무시하고 순수하게 쾌락을 추구하는 진정한 향락주의자이다. 비교적 감성이 예민하고 반응도 풍부하다. 한 번의 관계에서 몇 번이나 황홀감을 맛보는 등 깊은 도취감을 전신으로 받아들이고 표현하며 상대를 감격시켜버릴 것이다. 서비스 정신 또한 왕성하다. 그러한 당신의 달콤하고도 자극적인 정열의 폭풍에 빨려 들어가서 말 그대로 사랑에 눈이 멀어 버리는 남성도 많을 것이다. 둘 만의 사랑의 세계에 흠뻑 젖어버려서 상대가 일이나 교우관계에 지장을 받게 되는 케이스도 드물지 않다. 이 조합에 마성의 여인이라고

불리는 사람이 적지 않은 것도 수긍이 가는 점이다.

반면 한가지의 사랑에 노 브레이크 상태로 깊게 빠져버리는 만큼 잘 되어가지 않을 때는 급변해 버린다. 울면서 친구에게 전화를 하거나 죽어버리겠다고 소동을 일으킨다. 그리고는 언제 그랬냐는 듯 화려하게도 비극의 여주인공을 연출할 것이다. 하지만 그런 만큼 의외로 재기도 빠르다. 눈물을 흘린 뒤 그 눈물이 마르기도 전에 새로운 상대에 열을 올리거나 하여서 주변사람을 아연실색하게 만드는 것도 자주 있는 이야기이다.

결혼운

좋아하는 사람과 계속해서 함께 있고 싶은 마음 일색인 당신은 사랑과 결혼이 순수한 동기로 맺어지는 편이다. 20세 전후해서 본격적인 연애를 경험한 경우는 정열이 불타오른 여세를 몰아서 일거에 혼약을 맺고 식을 올리는 케이스가 제법 있다. 청초한 신부 모습을 피로하면서 친구들 중에서 가장 빨리 골인하는 사람도 적지 않다. 한편 같은 나이에서 연애로 아픈 경험을 했거나 곤경을 겪었던 경험이 있는 경우는 사랑의 기쁨과 고통이 마약처럼 의존성을 형성한다. 노도와 같은 연애편력을 쌓아갈수록 물 오른 한창 나이인 30대에 접어들어 마성의 끼를 발휘한다. 드디어 사랑에 지쳐서 안정을 찾고 싶다고 생각하는 나이가 되면 이미 늦결혼의 포로가 되어 있을지도 모른다. 좋아 하는 것과 싫어하는 것이 지극히 본능적이므로 조건으로 상대를 고르는 것 같은 구혼클럽 활동이나 중매는 관심도 없다. 예를 들면 혼기가 늦어져도 진심으로 사랑할 수 있는 남성이 나타나기를 기다릴 수밖에 없을 것 같다.

결혼 후는 남편에게 사랑받고 있는 한, 늘 귀엽고 달콤한 부인이 된다. 반면에 그냥 놔두면 외로움을 견디지 못하고 연애의 욕구가 부활된다. 사소한 계기라도 바람을 피우거나 불륜에 빠지게 되어 가정에 풍파를 일으킬 수 있다는 점을 주의할 필요가 있다.

빠지기 쉬운 사랑의 함정

일시적인 감정이나 분위기에 흐르기 쉽고 이성을 잃기 쉬운 당신. 불타오르면 사랑의 규율이나 윤리조차 보이지 않게 되는 경향이 있다. 결국은 마가 끼어서 유부남이나 친구의 남편 혹은 연인의 친구 등 금기시하는 관계로 점점 발을 들여 놓게 된다. 뿐만 아니라 죄의식에 빠지기는커녕 〔좋아하는 걸 어떻게?〕라고 되묻는 점도 특징적이다. 이처럼 스캔들을 일으키고 진흙탕과 같은 곤경 속으로 빠지기 쉽다. 이러한 경우 잃게 되는 것을 냉정하게 저울질해서 실수를 방지하도록 해야 한다.

또 여자로서의 감이 이상하게 날카로운 점도 때로는 적이 되기도 한다. 연인이 잠시 한눈 판 것을 갖고 큰 소동을 벌려서 도리어 불화를 초래하는 경우도 있다. 그냥 놔두면 돌아오는 케이스가 대부분이다. 보고도 못 본체 하는 현명함을 기르도록 하자.

운명의 상대는 어떤 사람?

초감각파인 당신의 경우, 어떠한 면에서 감성이나 본능에 호소하는 특징을 갖고 있는 남성이 사랑의 상대로 적합하다. 가장 알기 쉬운 것은 섹스 어필이다. 모습 그 자체보다도 어딘지 모르게 흐르는 남자의 페로몬에 약하므로 번뇌하는 것 같은 눈길이나 늠름한 체격을 갖고 있는 사람에게는 이성을 잃고 현기증도 난다. 교차되는 시선이나 살짝 스치는 것 같은 손끝만으로 등줄기에 전류가 흐르고 말도 없이 전격적으로 사랑에 빠져버리는 현상조차도 그다지 드물지는 않다.

또한 예술가적인 재능으로 감정을 느끼게 하는 남성도 남편 후보자로서는 당선감이다. 음악을 하는 사람이나 예술가, 디자이너, 예능인 등 작품이나 표현을 통해 마음을 흔드는 상대에게 진심으로 반해버리는 양상도 적지는 않을 것이다. 맹렬한 한 사람의 팬에서 연인으로 발전하여 소질을 파악하고 도와준 그 사람이 크게 되었다는 그러한 전개도 꿈만은 아닌 듯하다.

그 밖에도 무법자라든지 무정부주의자 같은 분위기를 갖고 있는 사람이나 쟁쟁한 플레이 보이, 이름난 그대로 위험스런 향기가 감도는 남성에게 왠지 모르게 사랑받는 경향이 있다. 제트 코스터같은 긴장이 있는 로맨스를 즐길 수 있는 반면에 노도와 같은 정사에 빠져서 큰 상처를 입는 위험도 있다. 뛰어 들려면 그 정도의 각오가 필요할 것이다.

체크 포인트
● 늘 그늘이 서려있는 외로운 한 마리의 늑대 같은 존재
● 술에 강한 야간형 인간
● 고양이를 좋아 하는 사람
● 파티에서 어느새 사라지는 사람
● 구제 청바지가 어울리는 사람

[럭키 러브 키 워드]

행동
음악활동
월광욕
여객선 투어나 크루징
　노래를 부르거나 악기를 연주하는 것은 연애감성을 풍부하게 한다. 보름달의 달빛은
여성적인 매력과 요염함을 증폭시킨다. 여객선을 이용한 여행은 로맨스를 부른다.

장소
심야 클럽
아트 이벤트
서핑 포인트
　댄스와 술은 매력을 빛나게 해서 인기도를 향상시킨다. 확률이 높은 미팅은 아트 이벤트에
있을 것이다. 높은 파도는 정열과 본능을 더욱 고양시킨다.

별자리별 럭키 아이템
게자리
　V넥 니트
　크로와상 백
　고양이 모티프 액세서리

전갈자리
　에스닉 쥬얼리
　리퀴드 아이 라이너
　공단 랩 드레스

물고기자리
　티어 드롭형 귀걸이
　펄 립 글로스
　레이스 란제리

O형 x 火

점찍은 것은 놓치지 않는 대단한 솜씨!
사귀기 시작하면 의외로 정숙함을 발휘

천성적으로 갖고 있는 연애경향

O형다움이 가장 강해지는 것이 바로 이 火 엘레멘트의 조합이다. 에너지가 넘치는 사랑의 전사로 경쟁자와의 투쟁에도 강한 성품이다. 자신이 넘치므로 연애도 상당히 잘 한다. 자신을 가치있게 팔 수 있는 솜씨가 좋고 여자로서의 역량과 매력 그리고 연애의 메리트 등을 착실하게 증명하면서 일단 노린 목표물을 착착 포위해 나간다. 실제로 그 사람이 함락될 확률은 전 16타입 중에서 가장 높아서 무적의 사냥꾼이라고도 할 수 있다. 느닷없이 입술을 훔치거나 사람들 앞에서 고백을 하는 등 대담무쌍한 저돌력이 당신의 진면목이다.

덧붙이자면 일단 사귀기 시작하면 의외의 정숙함을 발휘하여 상대를 감격시키기도 한다. 그러한 당신에게 있어서 섹스는 사랑의 발로 그 자체가 된다. 좋아지면 그 사람에게 안기고 육체적으로 결합되는 자연스러운 절차가 진행될 것이다. 그것이 서로의 본성이나 남여의 궁합을 간파하는 지름길이라고 본능적으로 알고 있다. 당연히 선을 넘어버리는 것이 빠른 경향이라고 하지만 어떤 경우라도 진심으로 거짓말도 하지 않으며 보기에는 플레이 걸처럼 보이지만 즐기기 위해서 관계를 갖는 행동 따위는 하지 않는다. 잠자리에서도 애정을 아낌없이 쏟아 붓는 당신이지만 자신의 쾌락은 뒤로 하고서라도 그를 기쁘게 하기 위해서는 뭐라도 할 수 있을 것 같다. 사실은 느끼지 못했는데도 실망시키지 않기 위해서 연기를 펼치기도 한다.

그 사람에게는 천사와 악마가 동거하고 있는 것처럼 여겨진다. 귀엽고 어리광스럽다고 생각했는데 갑자기 냉담해져서 상대를 주저시키는 상황도 가끔은 있을 것이다. 하지만 기본적으로는 온몸으로 사랑하는 마음이나 기쁨을 표현하는 타입이다. 약간의 멋대로와 분방함은 오히려 남자의 호기심을 자극하는 향신료로서 절묘한 효과가 있다.

또한 적극적인 火의 엘레멘트 성질이 O형의 유연함에 의해 완화되는 케이스도 드물게는 보인다. 그 경우는 연애를 잘한다고 여겨지는 태생이라고는 하지만 스스로 바지런스럽게 대쉬하는 것 같은 행동은 하지 않고 오히려 의미심장한 눈빛이나 스킨십으로 자극을 시켜서 상대가 먼저 나오도록 유도하는 것이 일반적이다. 타고난 승부욕과 저돌성은 그 그림자를 감춰도 일단 점찍은 목표물은 놓치지 않는 솜씨는 일품이다.

결혼운
사랑의 불꽃이 타오르는 온도가 낮아서 쉽게 뜨거워지는 당신은 만나자마자 즉석 프로포즈나 스피드 결혼으로 주변을 놀라게 할 가능성이 높을 것 같다. 단 오래 동안의 지속성을 좌우할 지구력은 그저 그런 편이어서 순식간에 다 타버리지 않을 수도 있다. 인연을 결혼으로 맺고 싶다면 달아오른 마음에 대담하게 브레이크를 걸고 냉정하게 현재 상황이나 상대의 마음을 간파할 필요가 있다. 연령적으로는 20대 후반에서 30대 전반에 빅 웨이브가 들어 올 것이다. 동년대나 연하의 남자에서 점잖은 남성을 고르는 편이 행복을 오래가게 할 것이다.

가정에 들어앉은 뒤에도 활력은 충만되어 있다. 육성회나 파트타임 일을 정력적으로 영위하며 오늘은 점심, 내일은 취미활동 하는 식으로 전력으로 즐길 줄 아는 터프한 현모양처가 된다.

한편 연애지상주의를 고수하여 적령기를 놓친 사람은 일에 파묻히는 여성으로 변모해 갈 것이다. 그래도 사랑하려는 마음을 잃지 않는 것이 이 타입의 강점이다. 연하의 보이 프렌드를 여러 명 확보하거나 연약계 남자를 애완동물처럼 키우거나 하는 식으로 어디까지나 신변은 항상 분주할 것이다. 의외의 타이밍으로 진짜 내 남자를 걸러내어 그대로 결혼으로 골인할 가능성도 있다.

빠지기 쉬운 사랑의 함정
O형의 넘치는 생명력에 火 엘레멘트의 강력한 대쉬력이나 정열이 더해진 당신은 반해버리기 쉬운 성품에다 몰두하는 심성이 강한 타입이다. 특히 연애 중에는 누가 뭐라고 해도 담아 듣지 않아서 잘못된 선택에 후회를 하기도 한다. 경험이 일천한 동안은 남성의 본성을 오판하여 상처를 받기도 한다. 비련의 소용돌이에 빠지지 않도록 주위의 의견을 솔직하게 받아들여서 실지 사례에서 배워나가는 유연함을 기르도록 해야 할 것이다.

독점욕이 강한 것도 약점이다. 상대가 자기와 관계없는 것에 몰두하려 한다면 떼를 쓰거나 화를 내거나 하여 후텁지근한 여자로 변하는데 그러한 당신의 질투나 속박에 자상하던 그 사람의 마음도 떠나버릴 것 같다. 사랑 이외의 즐거움을 발견해내어 문제가 발생하는 것을 방지하는 예방책으로 해야 한다.

운명의 상대는 어떤 사람?

당신의 뜨거운 사랑의 감동을 기쁘게 받아주는 것은 존재감이 있는 남성이다. 그 사람은 외모나 능력이 출중하여 두드러지는 타입일 것이다. 「나의 상대가 될 만한 것은 당신 정도.....?」라는 식의 약간은 고자세적인 태도가 심장에 불을 당길 것이다.

그리고 생각이 나면 즉시 행동으로 돌입하는 타입의 남성도 목표로 할만하다. 기업(起業), 레저 기획 등 뭔가 일을 개시하려고 할 때에 꼭 동행이나 협력을 은연중에 제시해 보자. 그것을 계기로 하여 단번에 열애관계로 몰고 갈 수 있을 것 같은 예감이 든다.

야성미 넘치는 이 조합의 여성은 스포츠 클럽에 소속되어 있거나 신체를 사용하는 업무에 종사하고 있는 사람과의 인연이 깊은 경향이 있다. 단지 그다지 여성을 많이 겪어보지 않은 편이라서 여간해서는 먼저 대쉬하지 않는 것이 결점이다. 와일드해서 좋은 남성이 있으면 당신이 먼저 적극적으로 말을 걸어서 주도해 나가보도록 하자.

이유는 꼭 그렇지 않지만 왠지 안기고 싶은 상대도 내 남자가 될 확률이 높다. 용기를 내어서 잠자리를 함께 한다면 이성을 마비시키면서까지 스스로 그렇게 하지 않으면 안 되었던 이유를 반드시 알게 될 것이다. 일요일, 보행자 천국, 빨간 색상의 옷도 운명을 정해 주는 열쇠가 된다. 후보감이 여럿이라서 결정하기 어렵다면 먼저 강한 여운을 남겼던 첫인상의 그 사람이 바로 나와 맺어져야 할 파트너임을 명심하자.

체크포인트
● 검게 그을린 마초형 타입
● 남들에게는 없는 특기나 취미를 갖고 있는 남성
● 파티나 축하연 등에서 만난 인물
● 자기 사업을 하거나 회사를 경영하고 있는 남성

O 형X 火

[럭키 러브 키 워드]

행동
짙은 아이 라인
애인구함의 광고를 한다
혼자서 여행을 한다
　눈에 포인트를 주면 인기를 부르는 운이 상승된다. 아이 라인을 짙고 강하게 그린다. 애인을 구한다고 알리거나 여행을 떠나보면 인연을 부를 좋은 기회가 생긴다.

장소
극장이나 홀
파티장
빛이 쏟아지는 장소
　비일상적인 세계가 아우라를 증폭시킨다. 특히 극장이나 파티장에는 누군가 나에게 한 눈에 반해버릴 운이 기다리고 있다. 실내나 실외의 빛이 찬란한 장소에서도 좋은 인연을 만날 수 있다.

별자리별 럭키 아이템
염소자리
　니트 모자
　카고 팬츠
　하이 컷 스니커

사자자리
　반짝이 니트
　명품 백
　에나멜 하이 힐

사수자리
　야구 점퍼
　터키석 팔찌
　스웨이드 슬립본

O형 x 地

온화하고 상식적인 애정경향을 지닌 우등생
결혼의 기운이 높아지는 것은 30대 전반부터

천성적으로 갖고 있는 연애경향

O형의 격정적인 러브 에너지가 地의 엘레멘트에 의해 억제되고 있는 당신은 매우 온화하고 상식적인 연애경향을 지닌 인물이다. 좋아하게 된다면 물불을 가리지 않거나 상대에게 처자식이나 애인이 있더라도 문제시하지 않는, O형 특유의 상식을 깨는 행동은 하지 않는 우등생이다. 갑자기 대쉬하거나 하는 무모한 행동은 하지 않고 책이나 잡지에서 남자의 심리와 테크닉을 공부하고 나서 단계를 밟으며 본 절차로 진행하는 위험요소 관리도 완벽하다. 쌓여진 솜씨를 발휘하여 멋지고 호감이 가는 남성과는 거의 9할이 넘는 높은 확률로 본격적인 관계로 반전해 갈 수 있다. 한 눈에 확 띄는 화려함이나 아우라는 없어도 일단 찍은 것은 백발백중이 될 것이다.

남성에게 대쉬하는 양상은 기본적이다. 메일을 자주 보내고 영화나 라이브를 함께 보자고 하는 일반적인 양상으로 서서히 공략해 갈 것이다. 발렌타인 데이나 크리스마스 같은 이벤트 데이를 활용하는 것도 요령 중의 한가지이다. 연인들이 애용하는 장소나 레스토랑에 불러내서 사랑의 분위기를 부추겨서 그대로 해피 엔딩으로 이끌어 간 경험이 한두 번은 아니었을 것이다.

교제를 개시한 후에는 상황판단이 빠르고 야무진 그녀가 된다. 연인에 대한 배려심은 물론이고 그 사람의 가족이나 친구에 대한 배려도 세심하다. 알아서 먼저 주변에 대한 배려심을 베풀고 그 사람의 어머니나 상사에게는 대신 사정을 설명하기도 하고 그 사람의 동료를 후하게 대접하는 등의 내조에 바지런을 떨어서 신부감 후보 넘버 원으로 부상한다. 본인뿐만 아니라 관계있는 사람 모두를 아군으로 만들어 버리는 것이 특기이다.

섹스에 관해서는 스포츠 감각으로 음란함까지 즐기는 O형에게는 드물게도 다소 겁쟁이이면서 신중한 면이 있다. 때문에 남성의 마음이 정말로 자신에게 쏠려있는가 확신이 들 때까지는

O형x地

절대로 육체관계를 가지려 하지 않는 타입이다. 그 사람이 아무리 요구해 와도 키스나 상반신 터치에도 브레이크를 걸어 어디까지나 깨끗한 관계를 유지할 것이다. 그렇다고는 하지만 어떤 계기로 각오가 선다면 더 이상 주저하지 않는다 솔직하게 몸을 열고 그 사람의 모든 것을 받아들일 것이다. 자기가 생각하고 있는 것 이상으로 음란함도 있으며 만날 때마다 호텔에 가는 것이 정례화 되는 것은 어느 의미에서 당연한 결과일 것이다. 단, 임신확률이 높은 체질이므로 바람직하지 않은 사람은 꼭 피임을 해야 할 것이다.

결혼운
조혼 경향이 강한 O형이지만 地의 엘레멘트 경우는 오히려 늦는 편이다. 느긋하게 간을 보다가는 기회를 놓치거나 상대의 마음이 바뀌어버리거나 하는 케이스가 있을 수 있다. 하지만 견실한 인생을 바라는 당신에게 있어서 그 정도로 딱 좋을 것이다. 결혼 분위기가 가라앉는 30대 전반부터 골인이 이뤄지는 기운도 점점 높아져 갈 것이다. 차라리 초조해하지 말고 처음부터 그 부근에서 조준을 맞춰가는 편이 현명할지도 모른다.

특정의 후보가 나타나지 않은 원인은 대개가 환경에 있다. 남성이 많은 직장, 지금까지 해본 적이 없는 업무에 도전하는 등의 현상이나 이미지를 바꿈으로서 운명이 약동을 개시할 것이다. 또 당신의 경우 남자의 심리에 둔감하고 사랑해 주는 존재를 알아차리지 못하거나 하는 등의 맹점도 있다. 갑자기 고백하는 남성은 그 정도로 진심을 갖고 있다. 흘려보내지 말고 생애의 파트너라고 생각하고 다시 한 번 살펴보기를 바란다.

결혼생활은 순조롭다. 평온하고 행복한 매일을 보낼 수 있을 것이다. 남편의 가족과 좋은 관계를 구축할 수 있으면 다시금 행복도가 높아지는 것은 따 놓은 당상이다.

빠지기 쉬운 사랑의 함정
공격적이고 투쟁에 있어서 무적의 강인함을 자랑하는 O형이지만 이 조합을 갖는 당신의 경우는 양보하는 마음이 앞서서 최후의 최후 단계에서 눈물을 삼키기 일쑤이다. 사실은 좋아하는데도 불구하고 친구에게 진정으로 사랑하는 사람을 양보하거나, 부드럽게 대해주려 하면서도 강한 척 하거나 하여 언제까지나 외톨이 상태가 될지도 모른다. 행복을 잡고 싶다면 상대에게 어떻게 보여질지 생각하지만 말고 자신에게 솔직해져야 한다.

밝은 성격의 O형은 얌전하면서 두드러지지 않는 점도 마이너스 포인트이다. 그 중에서도 미팅이나 이벤트 등 첫인상이 모든 것을 결정짓는 장면에서는 임팩트 부족으로 최악의 상대를 만나게 될 확률이 높을 것이다. 승부를 결정지려 하는 날은 과감하게 치장하여 당신의 매력이나 아름다움을 나타내보자!

운명의 상대는 누구?

현실주의 성향이 높아지는 당신은 현재는 물론이고 미래도 시야에 넣어서 상대를 고르는 야무진 타입이다. 고학력과 고수입을 자랑하는, 소위 양가의 엘리트 자식처럼 결혼상대로 어울리는 타입에 호감을 갖는 경향이 있을 것 같다. 이공계의 연구직, 학자 등과 같이 여성과 별로 인연이 없는 업무에 종사하는 남성도 유망한 후보가 된다. 그러한 사람은 필시 부모나 친척의 중매나 친구의 소개로 알게 되는 양상이 높을 것이다. 모험을 좋아하지 않는 성격이므로 남자를 유혹하거나 사랑의 모험에 빠지는 등의 행동은 하지 않는다. 당연히 분위기에 들 뜬, 끼가 있는 남성은 대상외로 한다. 가령 그런 남자를 좋아하게 되어도 곧바로 이상과의 차이가 크다는 것을 느끼고 헤어질 것을 먼저 요구하게 된다.

일상에서는 놀라움이 포인트가 된다. 아무렇지 않게 생각했던 동료가 일에 열심히 매진하는 모습에 가슴이 울렁대거나 의외의 맨얼굴을 슬쩍 엿보거나 해서 생각지도 못하게 사랑에 빠지는 장면이 전개되거나 한다. 자기로서도 심경의 변화에 주저하겠지만 본능의 인도는 목표물을 쏘고 있다는 암시이다. 한발을 내딛어 후회는 없다. 궁합이 좋거나 운명의 끈을 다시금 재발견한 그 사람과는 행복의 계단을 차근차근 밟아 올라 갈 것이다. 그 밖으로는 어려울 때 도움을 준 이성도 확률이 높은 후보가 된다. 사실은 계속해서 당신을 지켜보고 있었을 가능성이 높으므로 데이트를 해 볼 가치가 충분히 있다.

체크 포인트
● 머리가 좋은 인텔리
● 메카니즘에 밝은 남성
● 점잖고 말수를 아끼는 타입
● 어쩔 수 없이 나간 모임이나 업무와 관련된 딱딱한 곳에서 만나게 된 남성
● 핀치에서 나타난 구세주

[럭키 러브 키 워드]

행동
늘 미소를 짓는다
밝은 색 루즈를 사용한다
큰 소리로 자신있게 발언한다
　접근하기 어려울 것 같은 인상을 불식하기 위해서는 미소를 짓는 것이 제일 중요하다.
입술을 밝은 색으로 치장하고 의식적으로 목소리를 크게 하는 것도 효과적이다.

장소
단골이 많은 레스토랑
홈 센터
동물원이나 애완동물 매장
　일상적으로 자주 가는 장소에 사랑의 기회가 있다. 단골이 많은 가게, 홈 센터도 의외의 핫
스팟이 된다. 동물이 있는 장소에도 마음이 따뜻해지는 인연이 기다리고 있다.

별자리별 럭키 아이템
황소자리
　패치 워크 스커트
　술이 달린 숄 등의 아이템
　뜨게질 풍의 볼레로

처녀자리
　레이스 브라우스
　플라워 프린트
　원 스트랩 슈즈

양자리
　터틀 넥
　클러치 백
　테일러드 쟈켓

O형 x 風

사랑의 편차치가 높고 남자를 잘 대해주는 타입
교제중이라도 자유분방하여 인기녀라는 별명을 얻을 듯

천성적으로 갖고 있는 연애경향

당신의 사랑의 편차치는 꽤 높을 것이다. 라틴계의 밝고 정열적인 O형 특성에 흥정을 잘하는 맵시 있는, 風의 엘레멘트가 플러스되어 있기 때문에 러브 게임을 잘 펼치거나 남성을 대하는 요령이 좋은 편이다. 여러 남성을 경쟁시켜서 그 중에서 살아남은 우수한 후보를 고르는 극적인 이야기마저도 보기 좋게 연출할 것이다. 주인공 체질로서도 정평이 나있어서 남성들로부터 관심을 받지 못할수록 매력과 존재감이 불타오르는 타입이다.

좋은 사람이 생긴 것만으로 자기가 먼저 접근하는 경우는 일단은 적을 것이다. 보이지 않게 이 방법 저 방법을 구사하여서 상대방이 먼저 유혹의 손길을 뻗치도록 유도한다. 어떻게 하면 관심을 끌 수 있는지를 본능적으로 터득하고 있어서 상대방조차도 부지불식간에 사랑의 포로가 되어 버린다는 것을 모르는 것이 가장 큰 강점이다. 또한 하나의 관계가 끝나가고 있다는 것을 알면 바로 다음 목표를 찾아낼 수 있으므로 주변으로부터는 늘 남자가 끊어지지 않는 인기녀라는 별명을 얻는 사람도 적지 않을 것이다.

교제 중에는 말 그대로 자유분방함으로 일관하며 연인으로부터 속박이 있거나 액세서리 취급을 받으면 참지 못한다. 그러면서도 자신은 미팅에 나가거나 심심풀이로 한눈을 팔아보거나 하는 일이 제법 있다. 하지만 심심풀이와 진심을 구분해서 생각할 수 있는 성향이므로 찰나의 사랑에 빠져버릴 가능성은 극히 낮다. 잠시 한눈을 판 시점에서 도리어 연인과 보다 더 좋은 관계로 진행되는 케이스 쪽이 많은 것 같다.

섹스 면으로는 남성에 지지 않는 욕망을 지닌 육식계라고 평가되는 O형치고는 흥미나 에너지가 다소 희박한 편이다. 사랑을 만들어내는 행동이 어느 쪽인가 하면 정석의 감각으로 그를 만족시키고 좋은 관계를 유지하기 위해 행동하고 있는 것이라는 느낌에 가까울지도

모른다. 그렇다고는 하지만 사랑은 즐기는 자가 승리한다는 방식을 지향하는 당신에게 있어서 긴장감 있는 상황이나 뜻밖의 유혹은 마음을 동요시킬 요소가 충분하다. 들떠서 깊은 관계가 되고 의외의 쾌감이나 육체의 궁합이 딱 들어맞는 느낌에 눈을 뜨는 양상이 꽤 있을 수 있다. 그것은 머리로 행동하는 방식의 엘레멘트와 삶의 기쁨을 향수하는 O형의 진정한 융합이다. 육체의 사랑으로부터 태어난 남녀의 끈이 당신에게는 일찍이 없었던 리얼한 행복을 가르쳐 주는 것이 될 것이다.

결혼운
연애는 자기성장의 일환이라고 생각하는 당신은 보다 더 좋은 상급의 상대를 찾아서 상대를 바꿔나가는 경향이 있다. 몇 차례인가의 남성편력을 거쳐서 자기 나름대로 납득을 하거나 타협점을 찾던가 해서 골인하는 것이 일반적인 케이스이다. 시기적으로는 빠르지도 늦지도 않다. 소위 적령기에 하는 경우가 대부분이다. 교제중은 정열적이지만 결혼이 인생의 전부라고 생각하지 않으므로 가정을 갖은 뒤에도 직업을 계속 유지하거나 지역 활동에 참가하거나 자기 발전을 위한 노력을 계속할 것이다.

단, 이 조합의 사람은 언제나 사랑을 받으며 여자로서 제대로 취급받고 싶은 생각이 강하므로 가정을 꾸린 뒤에도 비밀관계를 만들어버릴 우려가 있다. 언제까지라도 싱그러움을 잃지 않고 독특한 개성이나 성격을 지닌 남성을 찾는 것이 행복의 지름길이라고 명심하기 바란다. 가능하면 빨리 아기를 갖는 것도 충실한 가정을 이루는 열쇠가 된다. 문자 그대로 아이가 복덩어리가 되어 찬바람이 불었던 쉬운 부부관계의 회복이나 원만함을 유지하는데 도움이 되어 줄 것이다. 구속이나 잔소리에 약한 성격이므로 부모와의 동거는 가능하면 피하고 물샐틈없는 부부화목의 관계를 만들어야 한다.

빠지기 쉬운 사랑의 함정
늘 좋은 여자임을 연출하며 러브 게임을 유리한 편으로 이끄는 것에만 신경을 쓰기 쉬운 당신은 정신을 차려보면 말을 걸어오던 남자가 한명이 줄고 또 한명이 줄어서 어느 새인가 외톨이가 되어 버리는 양상도 발생한다. 이상에 딱 맞지 않아도 조건을 70% 이상 만족하는 사람이 있다면 주저하지 말고 결단을 내리자. 밀고 당기다보면 자기 생각을 판단하기 어렵게 되어버리는 것도 있을 수 있는 양상이다. 사랑의 미궁에 빠지지 않도록 불장난이나 계략은 적당히 하자. 또 좋아하는 상대 앞에서는 왠지 모르게 작아져 버린다. 솔직해지지 못한 상태에서 이별을 통보받거나 다른 이성으로 옮겨가는 등 되돌리기가 어려워진다. 모양만 중시하지 말고 진심으로 대쉬하는 것이 행복을 붙들고 놓치지 않는 요령이다.

운명의 상대는 어떤 사람?

긴장감을 맛보게 해주는 상대에게 두근거리는 매력을 느낄 것이다. 백 팩 하나 매고 세상을 여행하거나 새로운 신규사업을 혼자서 생각해내고 회사를 세우거나 여러 가지를 늘 도전해 보는 남성이야말로 이상적인 상대이다. 그 사람과 함께 있음으로 당신 자신의 인생도 자극이 충만해지며 인간적으로도 성숙해 갈 수 있을 것이다.

외견적인 특징을 든다면 근육질이며 와일드한 체형에다가 깔끔하고 샤프한 얼굴, 그리고 반짝거리는 눈동자가 인상적인 타입이다. 그 눈빛으로 바라보면 가슴의 고동이 고조되어 더 이상 일거수일투족에 눈을 뗄 수가 없을 것이다. 만남의 장소에서는 모여 있는 이성보다 한 마리의 외로운 늑대에게 인연이 있다. 상대도 당신에게 흥미진진하게 되어 둘만의 에스케이프를 만들어 보거나 아니면 날짜를 바꿔서 데이트를 신청하면 반드시 두근거리게 될 사랑의 전개가 가능해진다.

단, 이 조합의 당신에게는 남의 물건에 탐을 내는 나쁜 버릇이 마음에 걸린다. 자기의 취향이 아닌데도, 친구에게 감이 들거나, 사귀고 있다고 듣는 순간에 매력적으로 느껴버리기 십상이다. 남자 그림자라고는 하나도 없는 매일을 보내고 있는 당신은 어렸을 적의 친구를 연인 후보로서 다시 한 번 체크해 보자. 이제 와서 다이아몬드 원석을 발견할 수 있을 것 같다. 수요일에 발생하는 유혹은 받아들여서 손해를 볼 일은 없을 것이다.

체크 포인트
● 자세가 바르고 시원시원한 말투로 말하는 사람
● 반짝거리는 눈동자를 갖고 있는 사람
● 스포츠 클럽이나 센터에서 자주 마주치는 사람
● 외국어를 잘하는 귀국교포나 유학경험자

O형 X 風

[럭키 러브 키워드]

행동
사람이 모이는 장소에 간다
잔뜩 치장하고 외출한다
남성을 의식적으로 칭찬한다
　사람이 많이 모이는 장소야말로 당신의 인기 아우라가 빛을 발산한다. 잔뜩 멋을 부리고 나가 볼 것. 칭찬을 잘하는 사람이 되는 것도 인기가 올라가는 비결이다.

장소
인기 레스토랑
파티 연회장
개방감이 있는 로비
　요리점이나 활기가 넘치는 장소가 인기가 생기는 곳이다. 특히 홀수날은 멋진 인연과 조우할 것이다. 넓은 공간에도 좋은 인연이 있을 것이다.

별자리별 럭키 아이템
쌍둥이자리

　가발
　스윙 피어스
　보트 넥 티셔츠

천칭자리

　니트 원피스
　콤비 구두
　배너티 백

물병자리

　컬러 타이츠
　승마용 데님 바지
　젤 네일

O형 × 水

사랑과 행복을 수호하는 파워, 육성력은 천하일품
그 사람에게 휘둘려 좌지우지되는 것에 기쁨을 느끼는 마조히즘적
기질도 있다.

천성적으로 갖고 있는 연애경향

O형의 누나 스타일로서 보살펴주기 잘하는 면이 강조되는 것이 이 水 엘레멘트 출신이다. 바다보다 더 깊은 애정을 갖고, 마음속에 결정한 남자를 자신의 컬러로 물들이는 것에 무엇보다 제일 가치를 둘 것 같다. 좋아하게 된 상대에게는 접근 단계부터 헌신적으로 최선을 다하고 가사에서 업무보조까지 모든 것을 잘 서포트한다. 그러한 가치있는 헌신이 두 사람이 서로 사귀고 있다는 오해나 억측을 불러오게 되고 사랑이 싹트는데 있어서 복선으로 작용될 수 있다. 처음에는 평범한 태도나 대응으로 임하여서 주변사람의 호기심어린 시선에 주저하기도 했던 그 사람도 어느 샌가 당신의 페이스에 동조되므로 이상하리만치 서서히 마음과 인생에 스며들어 갈 수 있을 것이다.

또 정이 많아서 분위기에 젖기 쉬운 당신은 좋아하지 않는 남성이라도 적극적으로 설득당하면 어느 사이 예스라고 고개를 끄덕일 가능성도 있다. 하지만 실제로 교제가 스타트되면 의외로 안정감이 충분하다. 시작은 어떤 형태이든 일심단편 진지한 애정을 바치게 된다. 남성이 제멋대로 행동함에 끌려 다녀도 왠지 모르게 그곳에 기쁨을 느끼는 마조히즘 기질이 잠재되어 있는 탓이다. 그 사람이 못되게 굴수록 더욱 빠져들 수도 있다.

잠자리에서는 상대의 모든 것을 받아들여 커다란 사랑으로 감싸 안는 것이 특징이다. 그 사람의 요구는 절대적이어서 농후한 서비스로 응하려 할 것이다. 당신에게는 섹스가 서로를 연결하는 끈의 증거이고 대화를 나누는 것 이상으로 깊은 일체감과 안심을 가져다주는 중요한 행위이다. 오히려 정사가 없는 데이트는 불안이나 시기심을 부채질하는 원흉이 된다. 그러나 사실은 플레이 그 자체보다 스킨십을 좋아하여 함께 샤워를 하거나 서로 터치하는 것에 기쁨을 느끼는 타입이다. 경험이 풍부한 것 같아도 의외로 숙맥인 사람도 있다.

O형x水

또 한 가지 덧붙이자면, 이러한 조합의 당신은 사랑을 오래 지속시키는 능력이 강하다는 사실이다. 왠만해서는 마음이 변하지 않으며 그를 중심으로 하는 생활을 영위하므로 이별에 직면하기 어렵기도 하다. 반대로 문제가 불거졌어도 O형 독특의 행동력으로 해결해 나가므로 오히려 사랑이 더욱 튼튼해지는 기회로 위기를 극복한다. 사랑과 행복을 지키는 파워와 육성력은 천하일품이라고 말할 수 있다.

결혼운
결혼이 빠른 운명의 소유자이므로 실제로 좋아하는 이성과는 온종일 찰싹 붙어 있고 싶은 타입인 만큼 곧바로 동거에 들어가거나 결혼으로 돌진하는 케이스가 많을 것이다. 주변의 반대나 장애물을 제치고 사랑의 도피를 하거나 와이프 역할을 자처하여 결혼을 기정사실로 만들어 그대로 호적에 입적시키는 등 파격적인 행동을 하는 사람도 있다. 어느 경우이던지 당신은 결혼을 함으로써 정신적인 안정감을 얻게 되고 운세의 변동도 이룰 수 있으므로 바로 이 사람이라고 생각되는 상대가 나타나면 함께 살아봐도 좋을 것이다.

결혼생활은 약간 파란만장하다. 그것은 당신이 혼자서 가사일이나 육아 등 모든 것을 너무 혼자 해결해버리므로 파트너에게 소외감을 줄 우려가 있기 때문이다. 남성에게 육아를 맡기는 스타일이라도 부부의 관계는 대등한 것이 기본이다. 너무 편하게 대해 준 결과 큰 아기나 폭군을 끌어안는 결과가 되지 않도록 조금씩이라도 역할분담을 해 나가는 방향으로 조정해 나가야 한다. 섹스가 없는 관계의 부부가 되면 사랑을 고갈시키는 원인이 된다. 출산 후에는 특히 육아에 지쳐서 남편을 곁에 오지 못하게 하면 바람을 피울 염려가 있다. 애정이 넘치는 관계를 유지하기 위해서는 여자로서의 위치를 잘 지키기 위한 노력을 하면서 항상 분위기를 조성해 놓은 것을 잊지 않도록 하자.

빠지기 쉬운 사랑의 함정
배려심이 좋고 통이 큰 당신은 불현듯 정신을 차려보면 주변사람을 위해 너무 정성을 다하고 있거나 서포트하느라 매일 바쁜 일상을 보내고 있을 것이다. 당연히 이성으로부터의 평판은 좋은 편이겠지만 어디까지나 그냥 좋은 여자 내지는 누님같이 푸근한 사람으로만 비쳐져서 여간해서는 연애대상으로 보아주지 않는 것이 고민의 씨앗이 되어 있을지 모른다. 좋아하는 이성에게는 확실하게 애인 모드임을 선언하거나 고백을 하여 선명한 여운과 인상을 남기는 것이 사랑을 낚는 포인트가 된다.

내 남자를 고르는 기준이 느슨한 점도 불행에 빠지는 원흉이 된다. 특히 금전이나 여성에게 너무 느슨하여서 자기에게도 잘 해주는 상대에게 기대치를 모두 맡기는 것은 문제가 있다.

그것은 자기의 손으로 갱생시켜보고 싶다는 잘못된 모성본능이 발동된 결과이다. 인생을 망치고 싶지 않다면 주위 사람이 말리는 이성에게는 다가가지 않는 것이 현명한 방법이다.

〔운명의 상대는 어떤 사람?〕
이 조합의 사람은 번득이는 감각이나 개성을 풍기는 이성에게 매료될 듯하다. 프로가 될 가능성이 높은 신출내기 아티스트, 자격증 취득이나 캐리어를 목표로 공부에 매진하고 있는 남자 등 타입은 다르지만 가슴에 품은 남자의 로망이 번득임의 원천이다. 그런 상대를 도와주는 것에 당신은 커다란 보람이나 환희를 발견해 낼 것이다. 업무 중에 파트너가 되어주거나 협력하면서 계획을 진행시켜 나가거나 한 것이 계기가 되어 이제 와서 끌리게 되는 케이스도 있다.

만남은 일생의 연장선상에 점재하고 있다. 어쩌다 놀러 간 친구 집에서 딱 마주치거나 단골 가게에서 몇 번인가 얼굴을 마주치는 동안에 자연스럽게 대화를 나누는 사이로 진행되는 식으로 사랑의 싹이 피어오를 것이다. 작은 우연으로 이끌리게 된 인연을 놓치지 않도록, 또한 당신은 포용력이 있으므로 이상하게도 연하의 남자에게 인기가 있다. 처음에는 생각지도 못했던 후배, 초식계 남자가 정신을 차려보면 의지하고 싶은 가까운 존재였다고 하는 일은 자주 있는 이야기이다. 반대로 연상과의 관계가 싹트고 있는 경우에는 상대가 섬세하고 예민한 심성의 소유자인 확률의 범위로 한정될 것이다. 뭔가 의지하고 다독거려 줄 수 있는 점이 교제의 조건이 된다. 그 밖에 호반의 호텔, 해수욕장, 수영장 등 물에 관련이 있는 장소에서 만나게 된 이성이나 술이 강한 남자하고도 좋은 궁합의 관계이다.

체크 포인트
● 아티스트나 신출내기 예술가
● 웃으면 보조개가 생기는 남자
● 음악이나 책의 취미가 맞는 남자
● 첫사랑과 닮은 남자
● 편안한 공간에서 만난 상대

O형X水

[럭키 러브 키워드]

행동
번개 데이트에 바로 OK한다
구애에 대해 한번은 거절한다
시간과 분위기에 맞추어 향수를 바꾼다
　　분위기 잘 타는 것이 제일 중요하다. 인연은 갑자기 들어 올 듯하다. 단, 열렬한 구애는 일단
　　거절하는 것이 여자로서의 가치를 높여준다.
　　향수는 비밀병기로 활용하자.

장소
호텔의 수영장
스카이라운지
힐링 센터
　　물과 빛의 파동이 연심을 증폭시킨다. 특히 수영장이나 야경이 멋진 곳에 감정이 꽂히는
　　인연이 기다리고 있다.
　　뭔가 따뜻함을 기대하고 나선 곳도 러브 존이 된다.

별자리별 럭키 아이템
게 자리
　　롱 파커
　　포셉
　　저지 스타일 스커트

전갈자리
　　오프 숄더 니트
　　핫 팬티
　　고딕풍 액세서리

물고기자리
　　샤링 브라우스
　　티어드 스커트
　　문 스톤

AB형 x 火

일편단심으로 사랑에 빠진 나 자신을......
상대보다 더 사랑하게 되는 자아도취적인 성향이 있다.

천성적으로 갖고 있는 연애경향

AB형의 자존심에 火의 성좌가 갖고 있는 정의감과 향상심 모두를 갖고 있는 당신은 품격과 고결함을 갖춘 자긍심 강한 여성이다. 덧붙이자면 날카로운 지성이나 감성을 맵시 있게 표현하는 자기연출가로서의 능력이 대단히 훌륭하다. 다른 말로 표현하자면 이지적이면서도 아름다운 재원이라는 인상을 풍긴다. 고상하고도 현명한 존재감 덕분에 주변사람들로부터 주목을 받는 반면 동세대의 이성들로부터는 접근하기 어려운 산 정상의 한 송이 꽃으로 여겨질 수 있다. 빈틈이 없어서 가까이 다가가기가 어렵고 어쩐지 내게는 너무 높을 것 같다는 인식을 갖게 하기 쉽다.

그러한 당신에게 있어서 사랑이란 자기 자신을 보다 한층 더 발전시키고 빛나게 할 수 있는 소중한 팩터이다. 그 사람에게 사랑을 받는 것이 나의 긍지라고 여겨지는 높은 수준의 남성만을 사랑의 파트너로 고른다. 존경이나 동경으로부터 사랑의 마음이 싹트는 양상이 많고 상대에게 어울리는 여성이 되기 위해 내면은 물론 외면도 연마하는 노력을 아끼지 않는다. 사실은 사랑을 할 때 일편단심이 되는 자기 자신이 상대방보다도 더 사랑스럽게 여겨지거나 하는 자아도취적인 일면도 있다. 단, 아름다운 여성을 연출하는데 열중하는 결과 너무 무리하여 맥이 빠져버릴 수 있는 점을 주의해야 할 필요가 있다. 접근과 공략은 품위와 대담함을 교대로 조율하는 탄력적인 작전을 사용하는 것이 주특기이다. 여자의 품격에 치중하므로 자신을 쉽게 보일 것 같은 행위는 절대로 하지 않는다. 승부를 걸만한 상황이 되면 정열적으로 승부에 나선다. 목표를 정하고 사랑이 성취될 때까지 그다지 시간이 걸리지 않을 것이다.

교제를 시작하면 서로의 개성이나 재능을 존중하고 북돋아서 상호 긍정적인 관계를 구축해 나간다. 업무나 활동을 서포트해주거나 동일한 목표를 향해서 함께 노력해 나가는 관계가 기본이 된다. 달콤한 속삭임이나 사랑만이 아니고 때로는 정열적인 토론을 주고받거나

함으로서 상대의 매력과 서로의 끈을 확인하는 장면도 많을 것이다. 반대로 아무리 깊게 사랑하고 있어도 정당하게 보상받지 못하는 일방통행적인 관계나 이기심에 휘둘리는 부당한 관계는 참지를 못한다. 비극의 여주인공 따위는 사절이라는, 비참한 결말로 자존심을 구길 바에는 당신에게서 떠나겠다고 이별을 통고하는 결단력을 발휘할 것이다.

결혼운
자기다운 삶의 방식에 집착하는 당신에게 있어서 결혼 최우선 순위는 결코 높은 편이 아니다. 다양한 연애를 경험하고 남자를 보는 눈이 높아져 가는 중에 비로소 결혼이라는 선택사항이 떠오르거나 떠오르지 않거나 하는 정도이다. 구체적으로는 당신을 전폭적으로 이해하고 업무나 생활양식 면에서 독신시절과 동일한 컨디션을 보증해주는 상대가 결혼의 대상이 된다. 그 결과로 결혼이 늦어질 가능성이 높고 40대까지 화려한 독신생활을 구가하는 사람도 적지 않을 것이다. 단 아기를 갖고 싶다는 명확한 목적이 싹트는 경우는 인생의 비전을 출산이나 육아로 돌리고서 빨리 결혼하는 케이스도 그 중에는 보일 것이다.

결혼에 골인한 뒤에는 가사나 육아도 완전히 분담하고 사회에서의 활동을 계속할 것이다. 경제력이 허락된다면 자신이 일하고 파트너에게는 가사를 맡기는 것에 저항감이 없을 것이다. 단지 정신적으로 자립된 관계를 추구하므로 남편의 나약함을 허락하지 않는 깐깐함도 있다. 그렇다고 보상을 외부에서 찾느라 한눈을 파는 양상에는 특히 주의를 해야 한다.

빠지기 쉬운 연애의 함정
전술한대로 이성에 대한 존경이나 동경이 사랑의 계기가 되기 쉬운 당신은 반면에 생각이 깊어서 상대의 이미지를 멋대로 이상화시키거나 일방적으로 숭배하기 쉬운 경향이 있다. 관계가 깊어져가면서 리얼한 모습을 알게 됨에 따라 이게 아니었다는 점을 느끼고 환멸에 빠져서 사랑이 식어가는 양상이 발생되기 쉽다. 인상이나 타이틀을 과대평가 하지 말고 연애 초기부터 결점이나 과거를 포함하여 비슷한 수준의 상대를 고른다는 점을 명심할 필요가 있다.

운명의 상대는 어떤 사람?
당신의 자존심과 향상심을 채우기 위해서는 어딘가 뛰어난 자질이나 일류라고 할 수 있는 요소를 갖고 있어야 하는 것이 필수조건이 된다. 재능, 인격, 지성 혹은 사회적 지위나 입장 등, 마음으로부터 대단하다고 감탄시킬 수 있는 상대만이 연애대상이 될 수 있다. 엘리트 캐리어, 유능한 실업가, 제일선에서 활약하는 전문가, 업계의 유명인사 등은 스트라익 존의 정중앙이 된다. 그들과의 연애에 의해서 자기 자신도 또한 파격적으로 향상될 수 있을 듯하다. 그 의미에서 학원이나 연수회의 강사, 강습 관계에서의 강사 외에도 당신이 강습을 요청하여 스승으로 모시는 존재 또한 유망한 연인후보라고 생각하자.

또 인생이나 연애에서도 경험이 풍부한 남성과는 기본적으로 훌륭한 결합이 된다. 성숙한 매력을 지닌 성인다운 그 사람에게 사랑을 받고 심신 모두가 여자의 행복에 눈을 뜨는 사회적 상위 클래스에 속한 사람과의 로맨스로 캐리어에 강력한 백업을 얻게 된 케이스도 적지 않을 것이다. 한편 연하남과의 인연은 연령을 쌓아감에 따라 깊어지는 경향이 있다. 멋지다거나 이지적이라고 하면서 당신에게 끌려 사모하는 귀여운 사람이 사랑의 사정권에 돌입한 것이다. 생기있는 자극과 눈부신 정열에 신선한 설레임을 재발견할 수 있을 것이다.

체크 포인트
● 핑크가 잘 어울리는 연상의 남성
● 주위에서 선생님이라는 존경어로 불리는 존재
● 파티 석상에 늦게 등장한 인물
● 휴대폰을 두 대 이상 지닌 사람
● 귀여운 부류의 미소년

[럭키러브 키워드]

행동
일에 몰두하거나 교류회, 친목회의 간부를 맡는다
학원에서 무언가 배우거나 공부를 시작한다
　당신이 일에 몰두하는 모습이 유능한 남성으로부터 주목을 받는 계기가 될 것이다. 간부역할은 사랑을 얻는 데 좋은 계기를 불러 올 것이다. 무언가를 배우게 된다면 선배나 강사와의 로맨스가 기대된다.

장소
호텔의 스포츠 센터
일류 레스토랑
국제적인 이벤트 행사장
　호텔의 스포츠 센터는 돈 많은 남성과 인연이 생길 것이다. 일류 레스토랑은 당신의 매력이 더욱 빛나는 무대가 된다. 국제 이벤트 행사장은 누군가에게 비로소 눈에 띄게 될 것이다.

별자리 별 럭키 아이템
염소자리
　헌팅 모자
　스키니 데님
　핀힐 뱀프스 슈즈

사자자리
　가디건 슈트
　열쇠가 달린 레더 백
　홀터 넷 톱

사수자리
　사르엘 팬츠
　샌들 부츠
　루즈 셔츠 원피스

AB형 x 地

묘하게도 달관된 구석이 있는 사랑의 리얼리스트
좋아하는 남자가 생기면 그 사람에게만 일편단심하는 여성으로 변신

천성적으로 갖고 있는 연애경향

문자 그대로 땅에 발붙이고 사는 삶의 방식을 좋아하는 地의 엘레멘트에, AB형의 합리주의가 조합된 당신은 냉정하고 침착한 현실주의자이다. 어릴 때부터 미묘하게 어딘가 달관된 구석이 있었고 연애에 대해서는 상당한 리얼리스트이다. 물론 낭만적인 사랑을 꿈꾸는 여성다운 생각이 마음 속 어딘가에는 잠재되어 있을 것이다. 하지만 현실을 현실로 직시하고 관념을 전환시키는 견고한 이성의 힘이 작동되는 점이 다른 여성과는 다른 특징이다. 당연히 남성을 보는 눈은 객관적이고 까다롭다. 결코 이상이 높은 것이 아니지만 조건이 구체적이고 세밀한 것이 특징이다. 게다가 비슷비슷한 상대와 사귀어서 잘못되거나 먼 길을 돌아갈 정도라면 혼자 사는 편이 훨씬 나을 것이라고 생각하는 성향이다. 바로 이사람이라고 확신이 드는 사람이 나타날 때까지는 적당히 타협하려고 하는 일은 우선 없을 것이다.

그렇지만 실제로는 그리 쉽게 이상대로 흘러가지 않는 것이 이 세상의 이치이다. 주변사람들은 애인이 있을 것으로 생각하지만 실제로는 독신으로 지내는 사람이 의외로 많거나 하는 것도 수긍이 되는 이야기이다. 실연이나 파국을 맞고서 타협을 배운 사람 중에는 타산적이면서 결단이 빨라지는 케이스도 적지는 않다. 돈이 많은 남성이나 지위가 높은 상대와 기브 앤드 테이크의 관계를 즐기는 등, 남녀관계를 자기 발전의 발판으로 삼는 현명한 사람도 드물게는 보이고 있다.

하지만 마음속으로부터 사랑하는 남성이 나타나면 완전히 일편단심으로 정성을 다하는 여자로 변한다. 의외로 소심한 면이 있어서 자신의 마음을 직접적으로 전달하는 것이 서툴다. 내 남자라고 생각되는 사람 앞에서는 이내 관심이 없는 척 행동하여 오해를 받거나 자신의 이미지와의 차이점을 발생시켜 손해를 보는 경우도 비교적 있는 편이다.

교제를 개시한 이후에는 서로 자연스럽게 지낼 수 있는 "공기와도 같은 관계"가 기본이다. 대화가 단절되어도 침묵이 어색하지 않고, 같은 방에서 각자 다른 일을 하면서 같이 지낼 수 있는 그러한 조용함은 왠지 모르게 부드러운 사랑의 존재로 기분 좋은 행복감을 느낄 것이다. 섹스 면에서는 다소 결벽성이 있어서 금기를 무시하면서까지 대담하게 쾌락을 탐닉하는 것에는 생리적으로 저항감이 있다. 때문에 신뢰할 수 있는 파트너와 정통적인 스타일로 경험을 쌓아가는 동안에 조금씩 성의 환희에 눈을 뜰 것이다.

결혼운

현실적으로 야무진 당신에게 있어서 연애와 결혼은 별개의 것이다. 연인으로 삼고 싶은 남성과 결혼하고 싶은 상대는 반드시라고해도 좋을 정도로 일치하지 않는다. 적령기가 가까울수록 선호하는 남성의 기준이 변하기 시작하여 파티나 미팅에도 자주 참가하는 등 결혼하기 위한 활동이 활발해진다. 이상적인 결혼을 추구한 결과, 기나긴 봄과도 같은 연인으로 깔끔하게 결정해버리고 이내 상대를 바꿔버리는 결단을 내리는 일도 있다. 어느 날 갑자기 다른 남성과 약혼을 하거나 아예 작심하고 중매로 결혼을 하여 주위를 놀라게 하는 양상도 드물지 않을 것이다. 반면에 너무 조건을 따지다가 혼기를 놓칠 우려도 있다. 타협은 할 수 없어도 타당한 상대와 타이밍으로 결단을 내리는 실행력도 필요하다. 또한 합리주의인 탓에 결혼식에 돈을 들이기보다 허니문이나 결혼 후의 생활자금으로 쓰려고 한다. 결혼식은 친척만으로 치룰 확률이 높다. 결혼 후는 갖고 있는 효율성과 계획성으로 집안을 제대로 일구는 슈퍼 주부가 될 것이다. 일과 가사를 공존시키고 출산이나 집장만 등 예정대로 착실하게 실행해 나간다. 남들도 부러워하는 패밀리 라이프를 만들어 나갈 것이다.

빠지기 쉬운 사랑의 함정

신중하고 이성적이므로 소위 사랑의 함정에 빠질 우려는 우선은 없을 것이다. 오히려 사랑을 하고 싶어도 여간해서 좋은 상대가 생기지 않는 것이 당신에게 있어서는 절실한 아픔일지도 모른다. "멋있는, 그리고 좋은 사람"이라고 생각되는 남성은 있어도 사귀어 보고자 하는 생각이 들지 않거나 한다. 내세우는 조건이 결국 성취를 이뤄내는 케이스도 있을 수 있다. 서로를 아는 것으로 보이는 매력이나 공감이 그런 고집스런 벽을 부수는 계기가 될 것이다. 그 사람이 접근해 온다면 어쨌든 데이트를 하고 함께 어딘가 나가보거나 하여 지긋이 서로 대화를 나눠 볼 필요가 있다. 또한 접근 단계에서는 솔직하게 기분을 표현하지 못하는 것이 약점이다. 편지나 이메일로 충분하게 생각을 정리하여 전달하는 것이 득책이다.

운명의 상대는 어떤 사람

당신이 사랑하는 상대에게 요구되는 것은 말 그대로 품격이다. 예의나 언행이 제대로 갖춰져 있고 품행이 단정해야 하는 것이 진정한 사랑을 키워나가는데 있어서 필요불가결한 요건이 된다. 모습은 현대적이라도 어디까지나 청결감이나 성장배경이 좋다고 느껴지는 사람이어야 한다. 그 다음에 중시해야 할 것은 사회적인 신망이다. 일은 물론 공중도덕이나 시간과 장소에 맞는 예절을 매끈하게 실천하는 타입에 이끌리는 경향이 있다. 종합적으로 보아서 귀공자풍이나 능력 있는 사업가가 이상적인 연인후보라고 할 수 있다.

게다가 생활양식이 일치하는 남성이 아니면 같은 일상이나 시간을 공유하고 싶은 생각이 들지 않는다. 취미나 감성에 공통적인 부분이 많은 것은 물론 경제 수준이나 금전감각은 당신에게 있어서 대단히 중요한 포인트이다. 표준이상의 수입이 있고 현명한 돈 씀씀이를 알고 있는 사람이라면 안정감 있는 관계를 만들어 나갈 수 있을 것이다.

또 이런 점이 맘에 안 들고 저런 점이 맘에 안 들어서 다양한 후보자를 저울질 했던 결과는 결국 마음이 통하는 남자친구나 어렸을 적의 남성에게 귀착되는 것도 의외로 있을 수 있는 양상이다. 새로운 만남만을 찾지 말고 근처에 있는 사랑의 씨앗에도 의식적으로 눈을 돌리는 것이 중요하다고 할 수 있다.

체크 포인트
● 감색 슈트가 어울리는 사람
● 넓은 이마와 시원한 눈매의 소유자
● 경제학과 출신이나 금융관련 종사자
● 독서나 영화의 취향이 비슷한 사람
● 비영리 사회단체나 사회사업에 관련된 사람

AB형X地

[럭키 러브 키워드]

행동
B형의 친구와 미팅에 참가
적당하게 술을 즐긴다
비영리 활동에 참가한다
　B형 옆에 있으면 당신의 매력이 향상되어 인기도 올라간다. 술은 이성을 풀어주는 미약이 된다. 비영리 활동에는 높은 수준의 인연이 기다리고 있다.

장소
오피스 빌딩가의 공원
유기농 카페
서점이나 도서관
　오피스 빌딩가의 공원은 사랑을 속삭이는 절호의 장소이다. 의식이 높고 교양이 풍부한 사람과의 조우는 자연이나 에코에 관련된 장소에 있을 것 같다.

별자리별 럭키 아이템
황소자리
　하이 넥 니트
　푸르츠 무늬 프린트
　우드 솔 샌들

처녀자리
　가는 주름의 브라우스
　그렌 체크 스커트
　유기농 코튼

양자리
　빈티지 데님
　리넨 쟈켓
　앤티크 쥬얼리

AB형 x 風

상대를 생각대로 주무르는 교묘한 전문가
복수의 남성에게 사랑을 쏟는 것도 비교적 자연스러운 행위

천성적으로 갖고 있는 연애경향

이 조합은 AB형과 風의 엘레멘트에게 공통의 특징이라고 말할 수 있는 좋은 사교성과 세련된
감각이 이중으로 강조되는 조합이다. 연애 면에서도 유행적이고 멋스런 분위기를 즐기며
풍부한 재치를 갖고 밀고 당기기도 잘 해낸다. 지적인 논의나 농담 사이에서 슬며시 사랑의
양념을 날리며 가볍고도 미묘한 사랑의 게임을 전개할 것이다. 결코 자기 먼저 굽히거나 먼저
호의를 베풀거나 하지는 않아도 어느 틈엔가 상대를 내 맘대로 만들어버리는 교묘한 연애의
고수이다.

또한 아무리 열애 분위기가 피어오른 때라고 하더라도 마음 한구석에는 다른 또 하나의
싹 터 오르는 자신이 존재하는 것도 이 타입의 특징이라고 강조해야 할 점이다. 사랑하는
자기 자신이나 상대의 거리를 항상 객관적으로 관찰하면서 정열의 수준이나 관계의
균형감이 무너지지 않도록 무의식의 자동제어 센서를 가동시키고 있을 것이다. 그 때문에
상대가 이성을 잃고 집요하게 접근하거나 찰싹 붙어서 기대거나 한다면 바로 그 사람에게
질려버리기도 한다. 관계가 꼬이기 전에 재빨리 빠져나가려고 한다. 교제가 귀찮아지면
의도적으로 자연적으로 시들게 하거나 슬그머니 자취를 감추려고 시도한 경험도 한 두 번이
아닐지 모른다.

그러한 당신에게 있어서 이상적인 연애관계란 서로의 개성과 자유를 존중하면서 지성이나
감성을 공유할 수 있는 적정거리를 유지하는 교제방법을 들 수 있다. 서로의 동료를 참여시켜
이벤트나 레저를 기획하거나 공통의 취미나 문화로 재능이나 논설을 서로 겨루거나 한다.
끈적이지 않고 시원하면서도 순수한 연애 스탠스는 소위 친구 같은 커플이라고 불리는데
어색하지 않다. 섹스에 대해서도 호기심이나 연구의욕은 왕성하지만 원래 욕구자체는
담백하다. 혼자만의 양상을 시도해보고 이내 싫증이 나서, 있거나 말거나 아무래도 좋다는
지경에 도달하는 케이스가 많을 것이다.

또, 한 사람에게 깊게 빠지지 않으므로 복수의 이성에게 애정을 동시에 쏟는 것도 당신에게 있어서는 비교적 자연스런 행위이다. 천성적인 요령과 유연성으로 빈틈없는 다중연애를 컨트롤할 수 있을 것이다. 다른 매력에서 필요한 부분만 취하는 등, 목적이나 용도별로 파트너를 골라가면서 사용하는 사람도 드물지 않다.

결혼운

진보적이며 인습에 얽매이지 않는 당신은 종래의 결혼이란 스타일에 연연해하지 않는다. 사랑하는 사람과 인생을 함께 하면서도 서로의 욕구를 억누르고 유연하게 생활양식을 선택한다. 동거에서 자연스럽게 이행하여 사실혼 관계로 발전하고 각각의 일이나 생활 사이클을 존중하기 위해서 주말결혼, 원거리 결혼 등 현대적인 결혼양상에 부담을 느끼기는커녕 오히려 자발적으로 실천할 것이다. 당신의 경우 상식적인 규칙을 그대로 답습하기보다는 어느 정도의 유연함이나 거리가 있는 파트너 쉽의 경우가 오래 지속됨에 틀림이 없는 것이다.

결혼 후는 완전히 가정에 몰입하는 경우는 드물다. 자기의 일이나 라이프 웍을 계속하여 가정과의 양립을 보기 좋게 성공시키는 능력도 일품이다. 파트너와 기브 앤드 테이크 관계를 철저히 유지하고 가사나 각자의 역할을 원만하게 나눠 가질 것이다. 상대 또한 틀리지 않는다면 결혼한 이후가 독신시절보다 자유로운 생활양식을 실현할 수 있는 케이스도 적지 않을 것이다. 늘 멋쟁이로서 발랄하게 살아가므로 가정주부로는 보지 않는 사람이 많은 것이 그 증표이다.

빠지기 쉬운 사랑의 함정

가뿐하며 친근감이 있는 연애 스타일 지향의 당신은 그만큼 다른 출신과 비교하여 사랑과 우정과의 경계선이 애매해지기 쉬운 경향을 부정할 수 없다. 당신은 친구라고 생각하는데 상대는 완전히 애인 모드로 대하다든가, 일단 연인관계가 되었지만 어느 샌가 친구사이로 다시 돌아가 버리는 따위의 양상이 많을 듯하다. 서로의 기분을 세밀하게 확인하여 오해를 미리 예방할 필요가 있다.

또, 섹스에 빠지기 쉬운 것도 함정의 하나이다. 나는 이 정도면 충분하다고 생각하지만 상대는 불만을 갖거나 아니면 그 반대의 양상도 있을 수 있다. 섹시한 연출이나 소품을 활용하여 게임 감각으로 사랑을 만들어 나가는 양상을 즐기거나 하여서 싫증이 나지 않도록 노력을 하자.

운명의 상대는 어떤 사람?

사랑에도 유행에 맞는 듯한 분위기를 추구하는 당신은 정확히 말한다면 상당한 외모 지상주의자이다. 키가 크고 용모가 준수하거나 감각이나 분위기가 특출하여 멋쟁이거나 할 것이다. 첫눈에 보면 멋있다고 생각되는 것이 연애대상의 제일조건이라고 할 수 있다. 게다가 당신과 서로 쌍벽을 이룰 것만 같은 날카로운 지성과 재능, 폭넓은 감성의 안테나를 겸비하고 있는 남성이 아니면 내놓고 진정으로 사랑하는 관계로는 발전하지 않는다. 각종 기획가나 프로듀서, 디자이너, 연구개발 직종 등의 창조적 두뇌 노동자나 광고 혹은 출판, IT, 의상 등 시대의 첨단을 걷는 업계에서 활약하는 남성이 후보로 떠오르기 쉬운 것도 그 때문이다.

또, 언어로서의 소통을 중시하는 당신의 경우 온라인 교류에서 사랑이 싹트기 시작하여 발전되는 케이스도 드물지 않다. 문장이나 언어유희의 감각이 느껴지는 블로거나 취미 동호회에서 의기투합된 멤버와의 동경은 유망시해야 할 가치가 있다. 한편 외국어 실력이 출중한 남성과도 감정이 맞는 케이스가 많을 것이다. 교포나 외국인이 로맨스의 상대로 부상할 가능성도 충분하다.

체크포인트
● 실제보다 다섯 살 정도 어리게 보이는 남성
● 2개 국어로 된 명찰을 갖고 있는 사람
● 인터넷 오프라인 모임에서 만난 상대
● 말이 빠르면서 톤이 높은 인물
● 수염이나 체모가 짙은 타입

[럭키 러브 키 워드]

행동
블로그 작성이나 SNS 가입
꼼꼼하게 여행을 가기
외국어 학원에 열심히 다닌다
　　온라인 네트워크는 멋진 인연을 불러다 주는 강력한 도구이다.
　　여행이나 외국어 능력 강화는 연애의 범위를 글로벌하게 해주므로 필수적이다.

장소
국제 이벤트 행사장
터미널 빌딩
박물관
　　다양한 세계의 사람들과 교류하는 국제 이벤트, 터미널 빌딩은 만남의 확률이 높다.
　　박물관은 정열과 감성의 공명을 도와준다.

별자리별 럭키 아이템
쌍둥이 자리
　　리버시블 코트
　　메시지 티셔츠
　　트윈 워치

천칭자리
　　프릴 컬러 브라우스
　　벨트달린 자켓
　　로즈계열 볼 화장

물병자리
　　팔부 데님
　　스퀘어 선글라스
　　금박이나 은박 등을 장식한 자켓

AB형 × 水

사랑의 센서가 남보다 더 민감한, 꿈꾸는 공주
진정한 자신을 남성에게 표현하는 방법이 서툴다

천성적으로 갖고 있는 연애경향

감수성이 풍부한 水의 요소에 AB형의 예민한 섬세함이 겹쳐져 있는 것이 이 조합이다. 표면적으로는 냉정하게 행동하지만 내면적으로는 대단히 다정다감하여서 유리로 만들어진 심장 같은 순진함을 감추고 있는 것이 당신의 특징이다. 덧없이 신비로운 요염함을 갖추고 있는 미녀가 많고 연애에 대한 동경도 남들보다 높다.

하지만 상처를 입는데 대한 공포나 불안감이 장애요소로 발동되어 이성에게는 여간해서 자기 속내를 내비치지 않는 경향이 보일 듯하다. 인기가 있음에도 의외로 짝사랑을 많이 하는 것도 그 때문이다. 마음속에 생각을 담아두고 달콤한 로맨스의 시나리오를 상상하는 것에 남몰래 희열을 느낀다. 진심이 발동할수록 생각이 내면적으로 흐르기 쉽고 자기완성으로 마치는 양상도 적지 않을 것이다. 한편 충족되지 않는 외로움을 잠재우기 위해 마음을 준 남성과 표면적으로만 정사를 즐기는 혼란스런 일면도 있다.
그러한 당신이기 때문에 일단 허락할 수 있는 남성을 만나면 억압되어 있던 마음의 유연한 부분이 그칠 줄 모르고 넘쳐흘러 나온다. 마치 어린이처럼 찰싹하고 붙어서 어리광을 피우거나 자기 마음대로 행동하거나 하여 로맨틱한 시인이나 꿈꾸는 공주처럼 변모하는 사람도 있다. 평상시의 인격과는 달리 연인의 앞에서만 보일 수 있는 달콤한 애교를 감추고 있는 사람이 많은 것이다.

또 비밀주의적인 성향도 이 타입의 특징이다. 예민한 프라이버시를 그 누구에게도 침해당하고 싶지 않은 것이 당신의 솔직한 본심이지는 않을지? 극히 친한 친구에게조차 마음속의 남자나 교제상대의 존재를 밝히지 않고 사랑의 모험을 시치미 떼고 끝까지 감추는 경향이 있다. 불륜이나 비밀 데이트의 대상이 되기 쉬운 것도 사실은 당신 자신에게 있는 그러한 비밀스런 점에 적성이 있기 때문이다.

섹스에 관해서는 서로 싫증나는 행위 그 자체보다도 분위기나 이미지를 중시하는 편이다. 조명, 음악, 향수, 란제리 등 주변의 소도구에서 풍부한 상상력을 가동하여 도취와 흥분을 높여나가는 타입이다. 코스프레, SM 등 연출이나 상황에 탐닉하는 도착적 플레이에도 빠질 것이다.

결혼운
정신적, 정서적으로 무른 면이 있고 혼자서 살 수 없을 것을 직감적으로 자각하고 있을 당신. 마음으로부터 신뢰할 수 있고 모든 것을 맡길 수 있는 상대가 나타난다면 연령이나 교제기간에 관계없이 자연스럽게 결혼을 의식할 것이다. 처음 사귄 상대와 20대 후반에 골인하는 식의 케이스도 드물지 않다.

그러나 사랑하는 상대에게 때로는 결혼의 의사가 없거나 불륜에 본격적으로 빠지거나 하는 경우는 질질 끌면서 혼기가 늦어질 가능성도 있다. 당신의 경우 교제가 깊을수록 헤어지기 어려워져서 그 충격도 클 것이다. 미움이나 애증을 만들고 싶지 않다면 조금이라도 빨리 결정을 짓는 용단이 필요하다.

예식은 해외의 교회나 성당, 휴양지 섬에서의 비밀 결혼 등 낭만적이면서 개인적인 분위기가 넘치는 스타일이 최고로 좋을 것이다. 결혼 후에는 상대에게 의지하여 일편단심으로 정성을 다 쏟는 귀여운 주부일 것이다. 실제는 어리광을 잘 부리는 면이 있으며 떼를 쓰거나 울어버리거나 하면서 상대를 잘 조종한다. 남편을 출세시키고 우아하게 취미를 즐기는 평온한 주부생활이 당신의 이상일지도 모른다.

빠지기 쉬운 사랑의 함정
작은 악마와도 같은 소질이나 마성의 매력은 충분하면서 완전한 악녀가 되지 못하는 것이 당신의 약점이다. 심심풀이라고 생각했는데 정에 빠져서 생각지도 못하게 깊은 관계로 발전되 버려서 마음과 몸의 분열에 갈등하고 허무함에 상처받는 경우도 자주 있는 이야기이다. 분위기나 기분에 흘러서 안이하게 불놀이에 손을 대는 것을 극히 피해야 함은 나 자신을 위한 것이다.

또 머릿속에는 사랑의 판타지가 피어오르기 쉽고 툭하면 망상으로 발전하기 일쑤이다. 좋은 상대의 이미지나 심정을 일방적으로 판단해버린 잘못된 접근방식이나 엉뚱한 반응으로 자멸할 수 있으며, 혹은 그 중에서 스토커가 되는 사람도 있다. 주위의 객관적인 의견에 귀를 기울여서 냉정함을 잃지 않도록 하자.

운명의 상대는 어떤 사람?

사랑의 센서가 남보다 민감한 당신은 생각지도 못할 사소한 계기로 능력이 향상되는 일이 자주 있다. 비교적 의외성이나 차이성에 약하여서 장난스럽거나 억센 남성으로부터 호의를 받거나, 시원스런 남성이 귀여운 취미를 갖고 있거나 한다면 일순간에 감이 피어오를 듯하다. 소위 말하는 페티쉬 경향이 있어서 남성의 신체 일부에서 사랑의 판타지를 자극받는 일도 있다. 길고 아름다운 손끝, 애수가 감도는 등과 어깨, 허스키하고 둔중한 목소리, 스쳐 지났을 때의 향기 등 당신 특유의 급소를 자극받는 것만으로도 흥분의 불꽃이 튀는 경우도 드물지 않을 것이다.

단지 순진하여 상처받기 쉬운 당신이 실제로 마음을 열고 사랑을 키워가려면 반드시 섬세함을 이해하는 감성과 풍부한 포용력을 함께 갖고 있는 남성이어야 한다. 강한 척하는 표정조차도 귀엽다고 웃어주거나 응석에도 싫증내지 않고 대해주거나 한다. 그 의미로는 정신적, 경제적으로 여유가 있는 연상의 남성이나, 어디까지라고 할 것 없이 아빠 같은 이미지가 겹치는 사람이 내 남자로서의 후보로 부상할 가능성이 높을 것이다. 또, 배려심이 좋아서 이야기를 잘 들어주는 서비스업이나 접객업에 종사하는 남성도 안심하고 사랑을 서로 이야기할 수 있는 상대가 된다.

체크 포인트
● 키가 크고 장발인 남자
● 가정환경이 비슷한 사람
● 회식자리에서는 눈에 띄지 않게 주변의 뒷마무리나 보호자 역할을 하는 사람
● 핑크 컬러의 옷이 튀지 않고 잘 어울리는 사람
● 의료나 복지관련 직종의 종사자

AB형 X 水

[럭키 러브 키 워드]

행동
댄스 학원
자원봉사 활동에 참가
나 홀로 식사나 음주
　댄스 연습은 내면에 감춰진 정열을 표출하는 훈련이 된다. 자원봉사는 상냥한 사람과의 만남이 이뤄질 확률이 높다. 나홀로 족은 몰래 데이트를 초래한다.

장소
레스토랑이나 바의 프라이베이트 룸
영화관
베이 에리어
　프라이베이트 룸이나 영화관의 어두운 분위기는 비밀스러운 사랑을 이야기하는 절호의 무대이다. 밤의 시가지는 천성의 신비한 매력을 증폭시킬 것이다.

별자리별 럭키 아이템
게자리
　두 줄로 된 목걸이
　엠파이어 브라우스
　에스파드리유 신발

전갈자리
　튜닉 드레스
　문양이 새겨진 가죽가방
　오리엔탈계 향수

물고기자리
　쉬폰 브라우스
　오픈 드 팸프스
　천사 모티프 비쥬

나도 모르게 맞아! 맞아! 하고 머리를 끄덕이는 혈액형 랭킹

중요한 이야기를 하지 않는 편이 좋은 것은?

1위 B 기본적으로 자기가 흥미를 갖고 있는 것만 듣고 멋대로 생각하기 쉽다. 이것은 다른 사람에게도 말해야 한다고 생각하면 주위에 줄줄이 말해버린다. 본인에게 악감정이 없었다는 점이 다시 민폐가 된다.

2위 A 너무 진지하게 생각하기 쉬우므로 남의 중요한 이야기를 들으면 자신이 동요하여 안절부절 한다. 입은 무거운 편이지만 정확한 대답은 그다지 기대할 수 없을지 모른다.

3위 AB 원래 남에게 흥미가 없으므로 그다지 친근하게 들어주지 않는다. 냉정하지만 사물에 대해서 비판적인 시각을 갖고 있으므로 아무래도 소극적인 어드바이스가 되기 쉽다.

4위 O 사회성이 좋고 좋은 방향으로 향하는 건설적인 의견을 준다. 한번 남에게 말하지 않는다고 결정하면 절대로 말하지 않는 강력함이 있으므로, 신뢰할 수 있는 사람이라고 생각되면 상담꺼리를 가져가 보도록.

좀 바쁘면 즉시 폭발할 듯이 되는 것은

1위 A 능력이 약하다고 자기가 생각하고 있는데 말이 쌓이면 어 이상 무리라고 거절하며 패닉상태로 변한다. 힘을 적절하게 빼지 못하는 성격이므로 스트레스가 폭발하기 쉽다.

2위 AB 정신적으로 자꾸 쌓이게 되면 포기해버리는 타입이다. 결국에는 상대가 잘못했다고 하는 등 주위 사람에게 안절부절 거리면서 수습이 어려워진다.

3위 B 한 가지에 열중하면 다른 것을 생각할 수 없는 B형은 상이한 것을 동시에 주문받으면 그 자리에서 항복해 버린다. 무리라고 생각하면 뭐든지 포기해버리는 대담함도 있다.

4위 O 세상사에 쉽게 동하지 않으므로 핀치에 몰려도 초조해 하지 않는다. 자기가 처리하지 못할 때는 주변사람에게 부탁하여 교묘하게 빠져 나갈 수 있다. 바빠지면 바빠질수록 불타오르는 타입이다.

마음 속에 아저씨 같은 존재가 숨어있는 것은?

1위 O형   목소리가 큼직하고 섬세한 면이 없는 것이 그야말로 아저씨 같다. 자기가 옳다고
         생각하고 있는 것만으로 좋겠지만 그것을 억지로 남에게 강요하는 것이 답답하다.

2위 B   자기로서는 로맨틱하다고 생각하지만 여자답게 처신하지 않으면 안 된다는 자기
         암시는 없다. 구이집이나 선술집에 혼자 가는 것도 아무렇지 않게 생각한다. 그러한
         점에서 행동 또한 아저씨 같다.

3위 A   여성으로서의 마음가짐이나 배려심이 있는 타입이다. 아저씨같이 변한 O형이나
         B형의 행동에 짜증나는 경우도 있다. 다소 가정을 갖고 있는 사람 같은 면이 있어서
         오히려 언니 타입일지도?

4위 AB   아저씨같은 분위기 따위는 아예 없다. 꽤 순진하고 아가씨 같은 점이 많으므로 약간
         구질구질한 음식점에 갈 바에는 차라리 편의점의 도시락이 날 거라고 생각한다.

어른스럽지 못하고 까탈스러운 것은?

1위 AB   반항기의 까다로운 어린이처럼 마음에 들지 않는 것이
         있다면 화를 낸다. 감정대로 하는 것이 아니고 화내는
         이유에 대해서 용의주도하고 이치정연하게 전하므로
         주변사람도 아연실색한다.

2위 B   상대를 공격한다기 보다는 토라져버리는 어린애 같은 면이
         있어서 달리 즐거운 일이 생긴다면 순식간에 분위기가
         바뀌므로 의외로 다루기 쉽다.

3위 O형   가끔 어른답지 못한 행동을 취하는 것은 그렇게 행동하는
         것이 이익이라는 지혜가 작동하고 있기 때문이다. 주위의
         반응을 보고 자기의 태도를 바꿔가는 요령이 대한히 훌륭하다.

4위 A형   자기 멋대로 행동하여 주위에 민폐를 끼치는 것은 보기 좋지 않다고 브레이크를
         걸기 때문에 비록 싫은 것이 있어도 늘 쿨하게 행동한다. 어느 의미에서는 가장
         어른답다고 할 수 있다.

옛 애인과의 관계가 원위치되기 일쑤인 것은?

1위 B 한번은 인연이 있었던 사람이므로 헤어져도 친구사이가 된다는 감각이 있기 때문이다. 휴대폰 번호도 지우지 않고 연락을 하는 것에 대해 저항감이 없다. 그러한 흐름으로 연인관계로 돌아가는 경우가 많다.

2위 A 헤어져도 어딘가 미련을 갖고 있으므로 상대로부터 다시 사귀자는 말을 들으면 비교적 간단하게 과거의 관계로 돌아간다. 수동적이므로 자기가 먼저 원래 애인에게 친구처럼 교제하지는 않는다.

3위 AB 인간관계가 건조한 AB형은 끝나버린 사랑에 대해서도 마찬가지이다. 길거리에서 옛 애인을 우연히 만나도 운명을 느끼지 않고 그냥 냉정하다. 단 드물게는 기분에 따라 옛 관계로 돌아가는 경우도 있다.

4위 O 남녀 사이의 우정은 있을 수 없다는 사고방식의 O형은 일단 헤어지면 완전히 인연을 끊는다. 자존심도 높아서 미련을 갖지 않으므로 과거의 관계로 돌아갈 가능성은 낮을지도 모른다.

짝사랑 기간이 길어지는 것은?

1위 AB 그 사람의 사진을 바라보면서 혹시 사귀게 된다면 어떤 특정한 "무엇을 해야지..." 라는 망상을 하고 있는 것만으로도 행복해진다. 행동으로 옮기지 않아도 문제없다고 생각하지 않으므로 정신을 차려보면 오랜 세월이 지나버렸다.

2위 A 헤어지자고 하면 어쩌지? 라는 불안 때문에 적극적으로 나서지 못한다. 좋아하는 그 사람과 행복해지지 못하고, 고백을 받았다는 이유로 좋아하지도 않는 사람과 사귀는 경우가 가끔 있다.

3위 O 좋아하는 그 사람이 꼭 관심을 갖게 만들 거라는 생각이 강하고 싫증내지 않고 노력하므로 짝사랑하는 기간이 다소 길어진다. 자신이 납득할 때까지 충분히 시도했다면 다른 사람으로 GO!

4위 B 맥이 빠진다고 다른 사람으로 바꾸려고 하는 포기심이 빠른 것이 B형이다.

남의 발목을 잡는 것은?

1위 O 자기의 출세를 위하여 수단을 가리지 않는다. 게다가 균형감각이 뛰어나므로 회사 내의 권력구도를 재빨리 파악하여 자신이 유리해지도록 모든 것을 선택해버린다.

2위 A 남으로부터의 평가를 너무 신경을 쓰므로 자신에게 방해가 되는 사람은 제일 먼저 배제해 두려는 약은 방법을 강구한다. 단, 교묘하게 처리하지 못하므로 탄로가 나기 쉽고 결국 실패로 끝날 가능성이 크다.

3위 B 회사 내의 정치구도에 그다지 흥미가 없는 B형은 남을 밟고 올라서서 출세하고 싶다고는 생각하지 않는다. 그러나 분위기를 느끼지 못하는 발언으로 무의식중에 주변사람의 발목을 잡는 경우도 있다.

4위 AB 자기만의 세계에서 살고 있으며 출세욕과는 무관하다. 주어진 일과 역할을 담담히 진행한다. 접근하기 어렵게 비쳐지므로 경원당하거나 질투를 당하기 쉽고 발목을 잡히기도 쉽다

회사 내에서 가장 정보통인 사람은 누구?

1위 A 붙임성이 좋으므로 자연스럽게 다양한 정보가 모인다. 게다가 남의 이야기를 잘 들어주므로 회사 내의 비밀사항도 어느새 손안에 들어온다. 입이 무거워서 신용도도 좋다.

2위 B 사내 불륜이나 좌천 정보 등의 소문을 좋아한다. 정보도 계속해서 들어오지만 소문을 듣고 호들갑떠는 반응을 보이므로 회사 내에도 곧바로 그 소문이 퍼진다.

3위 O 자신이 넘치고 태도 또한 당당하므로 정보가 잘 들어오지 않는다. 계산이 확실해서 중요한 정보를 악용당하지 않을까 하는 경계심 때문에 나중에 보니 자기만 따돌림 당하고 있더라는 상황이 발생할 수 있다.

4위 AB 소문 따위는 전혀 관심이 없을 뿐만 아니라 오히려 민폐가 된다고 생각하므로 불필요한 정보는 잘라버린다. 주변에서도 그 점을 알고 있기 때문에 일상적인 사내정보를 들려주려 하지 않게 된다.

근무 중 농땡이를 잘 부리는 것은?

1위 AB 자신이 지내기 쉬운 환경을 잘 정리하는 AB형은 잠시 한 숨 돌리고 휴식을 취하는 방법을 터득하고 있다. 게다가 포커페이스이므로 회사를 빠져나와 한숨 돌리는 것은 식은 죽 먹기다.

2위 O 거래처에 다녀온다고 하면서 마사지 점에 갔다 와도 아무렇지 않은 얼굴로 회사에 돌아 올 수 있다. 그러나 농땡이는 그다지 좋아하지 않으므로 빈도수는 적다.

3위 B 근무 중이라도 틈만 있다면 인터넷으로 휴가 때의 여행을 검색하려고 생각하는 성분이다. 하지만 태도나 얼굴에 나타나므로 쉽게 발각된다. 상사에게는 두드러지게 눈에 띄므로 생각만큼 농땡이는 쉽지 않다.

4위 A 근무 중에 농땡이 부리는 사람이 과연 있을까? 하는 순진한 발상의 소유자이다. 쉬지 않고 몰입하므로 스트레스가 많이 쌓인다. 일은 적당히 하는 것이 좋을 듯.

누구보다 자기 자신이 좋은 것은?

1위 O 자기 자신이 너무 좋고 주변사람도 당연히 자기를 좋아할 것이라고 생각하는 자기도취형이다. 그러한 미묘한 자신감으로 인해 나중에 보면 동료그룹에서 리더격이 되어 있는 경우가 많다.

2위 B 자기 자신에 대해 너무 사랑하고 있으므로 주변사람이 자기를 좋아한다고 생각하지 않는다는 겸허함도 겸비하고 있다. 자신이 좋은 만큼 자기 스타일로 자기가 좋아하는 세계에 몰두할 수 있다.

3위 AB 자기 자신을 싫어하지는 않지만 그다지 흥미가 없는 것이 실상이다. 때문에 상사나 선배에게 지적당해도 그리 마음에 두지 않지만 지적사항을 개선하려고 하는 기분을 갖는 경우는 적다.

4위 A 자신이 없고 자기 자신을 그다지 좋아하지 않는다. 혈액형을 질문하면, "늘 O형이라고 들어 왔는데요…".라고 다른 형을 강조하는 것은 강한 자기부정의 표시이다.

연인의 과거를 알고 싶어 하는 것은?

1위 O 일단 연인관계가 되면 상대를 자신의 소유물로 생각해버리는 O형은 과거의 여성에
대한 것도 모두 알고 싶어 한다. 뿐만 아니라 경쟁심마저 불태우는 경우도 있다.

2위 A 자기 외의 여성과 어떤 연애를 했는가에 관심을 두고 남성을 곤란하게 하는 것은
A형의 강한 질투심과 불안 때문이다. 후일까지 끌고 가므로 과거의 사실은 알려고
하지 않는 것이 좋다.

3위 B 질투심이 왕성하므로 그 사람이 지금까지 어떻게 살아왔는가 하는 점에 단순한
흥미를 느낀다. 그렇다고는 하지만 남성이 필요이상으로 과거의 사랑에 미련이
남아있음을 이야기한다면 질투를 하는 경우도 있다.

4위 AB 과거의 여성에 대해 물어보는 것은 바람직하지 않다고 느끼는 것은 물론 AB형에게
있어서는 현재의 그 사람이 더 중요하다고 생각하므로 더욱 더 과거에는 흥미가
없다. 너무 질투를 내지 않아서 상대가 불안하게 생각할지도 모른다.

한창 섹스 중에 돌연 자신을 돌아다보는 것은?

1위 B 특별히 섹스를 비밀스럽고 로맨틱하다고 가치를 두지 않으므로 혹시 별로 즐겁지
못했다면 끝나고 뭘 먹을까? 라는 전혀 관계없는 일을 생각해 버린다.

2위 AB 자신이나 남에게 차가운 눈을 갖고 있는 AB형은 한창 섹스 중에도 마음
한구석에서는 내가 지금 뭘 하는 중이지? 라는 객관적인 생각을 한다. 100%
받아들이지 못하는 부분이 있다.

3위 A 한창 중에 객관적인 상상은 실례라고 생각하는 것이 A형이다. 기분이 다운되어도
자기암시를 걸어서 마지막까지 불타오르려고 한다. 원래 조금이라도 불안하면 선뜻
그 일이 내키지 않는 타입이다.

4위 O 성애에 있어서 낭만주의자인 O형은 전력투구하는 타입으로서 마지막까지
일사불란하게 작업에 임한다. 상대에게도 같은 것을 요구하므로 연인의 긴장감이
처졌다고 느끼면 매우 실망한다.

바람기를 억제할 수 없는 것은?

1위 A　일상생활에서 스트레스를 받기 쉬운 A형은 그 반대현상으로 바람을 피우기 쉽다. 단, 가정을 소중히 생각하므로 불륜처럼 몰래 즐기는 연애로 빠지는 경향이 있다.

2위 B　뒷일을 생각하지 않는 B형은 그 분위기에 열중되면 비록 연인이 있더라도 충동적으로 바람을 피워버린다. 본격적으로 빠지는 경향은 적지만 깨끗하게 끝내버리지도 않는다.

3위 O　자존심이 강하므로 누구와도 좋다는 생각은 하지 않는다. 연인 이외의 사람에게 러브 콜을 받는다면 야무지게 저울질을 하게 되고 어느 쪽이 중요한가를 간파하면서 사귀어 나간다.

4위 AB　인기는 있지만 이성이 잘 발달된 AB형은 별로 바람을 피우지 않는다. 한 번에 여러 명을 사귀는 생기가 부족하므로 한사람으로 족하다고 생각한다.

실력이상으로 높은 평가를 받는 것은?

1위 AB　신비스러운 부분이 있는 AB형은 일을 야무지게 하지 않는다고 보여도 나름대로의 실적을 올리고 있다. 그러한 특별한 장점이 실력이상의 평가에 연결되는 경우가 많다.

2위 O　잘 보이고 싶다는 욕구가 강해서 다소 내실이 부족하더라도 자신을 크게 보이는 일에 열심이다. 그래도 알아차리지 못하게 하는 요령을 갖추고 있다.

3위 A　일은 열심이지만 자기주장이 약해서 좀처럼 상사의 눈에 띄지 않는 점이 문제이다. 그러나 착실한 타입이므로 일단 신뢰를 받으면 평가가 한층 높아진다.

4위 B　출세욕이 없는 B형은 실력이상의 평가를 얻기 위해 필요한 (나는 뭐든지 잘한다)는 자기 PR을 아무 것도 하지 않는다. 알아주는 사람이 알아준다면 그것으로 OK라는 입장이다.

남자의 자존심에 상처를 입혀버리는 것은?

1위 AB 자기 자신의 자존심이 높은 만큼 상대 남성에게도 시원하게 속마음을 털어 놓는다. 다투거나 해서 상처를 입을 것 같으면 두 배로 갚아주려는 무서움도 있다.

2위 B 자연파로 살아가므로, 예를 들어 후배가 직속상사였었냐고 아무 생각없이 물어보는 등, 깊은 의도를 갖고 말한 것이 아님에도 불구하고 상대에게는 상처를 주는 일이 있다.

3위 A 배려심은 있지만 상대의 속마음까지 헤아리는 능력이 부족하므로 상대에게 살짝 상처를 줄 수 있다. 이해도는 높으므로 남자가 지적한 부분은 고쳐나간다.

4위 O 허세를 부리는 버릇이 있는 O형은 남자 자존심의 급소를 이해할 수 있다. 의사소통의 능력이 좋고 마음을 잘 이해해주므로 남자의 기분을 잘 끌어내는 것은 식은 죽 먹기이다.

몇 번이나 남자에게 차여도 전혀 풀이 죽지 않는 것은?

1위 O 왜 이 몸을 차버리는 거야? 하는 심정으로 재기도 빠르다. 자기가 잘못한 것은 되돌아보지 않고 잘 생각해보니 별 볼일 없는 남자였더라는 생각으로 상대를 비판하기 시작한다.

2위 AB 소수파인 AB형은 자신을 특별하다고 생각하여 결국 나 자신을 이해해주기에는 무리가 있지 않을까하는 발상을 한다. 의외로 과거의 사랑은 깨끗이 잊어버리고 새로운 사랑으로 향하는 씩씩함이 있다.

3위 B 의외로 얌전한 면이 있어서 상처받고 이내 기분이 침체되지만 변화가 빠르므로 단기간에 부활한다. 다운되어 있어도 밝은 모습을 보이려고 하므로 새로운 사랑의 기회가 생긴다.

4위 A 10년 전의 사랑을 아직도 질질 끌고 잊지 못하므로 다음의 사랑으로 진행하기까지의 기간이 길어지는 경향이 있다. 부드러운 심성 때문에 상대방의 입장에서 생각하는 결과, 나에게 문제가 있었다고 생각하기도 한다.

혈액형 x DNA 타입으로 사랑을 능수능란하게 낚아채는 방법을 배워보자

태어날 때부터 갖고 있는 혈액형은 당신의 보편적인 특징 중의 한가지이며, 그것으로 기본적인 성질이나 행동양상을 알 수 있다. 한편, 아래의 테스트에서 명확히 판별되는 DNA 타입은 국가나 지역을 초월하여 유전이 되며, 인류의 기억이라고도 말할 수 있으며 당신이 태고부터 어떠한 기억을 물려받았는지를 알 수 있다.

순수한 동양인이라도 유럽이나 더운 지방의 직감력이나 감성을 갖기도 한다. 이것은 "동시성"이라고 불리며 태어난 장소와 지역을 넘어서 유전적으로 동일한 특징이 보이는 것을 나타낸다. 우선은 당신이 어느 민족성을 농도 짙게 지니고 있는가를 조사해보자.

DNA 타입과 혈액형, 이들 두 가지 유전자적인 요소를 엮어서 진단함으로서 알 수 있는 것은 "보다 정확하고 진정한 당신다움"이다. 긍정적인 연애를 내 것으로 하기 위한 비결도 도출할 수 있으므로 연인이 없거나, 만날 기회가 생기지 않거나 해서 고민인 사람에게는 행복한 사랑을 얻기 위한 힌트가 될 수 있다.

START ➡

1
10년 후에 갖추고 싶은 모습 등, 장래 비전을 구체적으로 갖고 있다.

YES → 3으로
NO → 2로

2
아래의 두 가지는 가격이 같다. 가질 수 있다면 어느 쪽이 좋은가?

다이어 반지 → 4로
금화 → 5로

3
어느 쪽인가 하면, 나는 아침에 머리가 잘 돌아간다.

YES → 5로
NO → 6으로

4
남의 눈을 의식하지 않고 통한의 눈물로 지샌 적이 있다.

YES → 7로
NO → 8로

5
월급날까지는 앞으로 1주일, 지갑에는 만 원짜리 몇 장밖에 없다면?

어떻게든 될 것이다. → 8로
어떻게 하지? 하고 초조해 한다. → 9로

6
어느 쪽 일이 더 자신이 없다고 생각하나?

자잘한 작업 → 9로
규모가 큰 일 → 10으로

7
잘 모르는 사이에 몸에 긁힌 상처가 생기는 일이 자주 있다.

YES → 11로
NO → 12로

8
최근 반년 사이에 전직이나 이사를 했다.

YES → 12로
NO → 13으로

9
밴드, 연극, 댄스 등 퍼포먼스 계통의 학원을 다니거나 활동한 경험이 있다.

YES → 13으로
NO → 14로

10
동료와 이벤트를 개최한다면 어떠한 스타일로 관여할 것인가?

기획이나 구성 → 15로
출연자, 출품자로서 관여→ 14로

11
인간관계에서의 호불호가 얼굴에 그대로 나타난다.

YES → 16으로
NO → 17로

12
패션이나 메이크 등은 두드러지는 컬러가 어울리는 편이다.

YES → 17로
NO → 18로

13
사람들과 무리 짓는 것은 싫어한다.

YES → 18로
NO → 19로

14
아래의 그림은 신진 기예 아티스트의 데뷔작이다. 딱 보고 제목이 뭘지?

카오스 → 19로
유토피아 → 20으로

15
연인의 충격적인 사실이 발각되었다. 순간적으로 상상되는 것은?

사실은 많은 빚이 있었다. → 21로
사실은 숨겨둔 자식이 있었다.→ 20으로

16
한 눈에 필이 꽂히는 이성에게는 적극적으로 대시하는 편이다.

YES → 22로
NO → 17로

17
언뜻 보통의 샐러드 이지만 사실은 특별한 비법이 있다. 그것은?

야채가 모두 무농약 → 23으로
오리지날 드레싱→ 22로

18
저혈압이거나 평상 시의 체온이 낮은 편이다.

YES → 24로
NO → 23으로

19
학생시절에는 필기노트를 제대로 챙기는 편이었다.

YES → 25로
NO → 24로

20
휴대폰을 두 대 이상 사용하고 있다.

YES → 25로
NO → 26으로

21
기회가 닿으면 스카이 다이빙을 꼭 해보고 싶다.

YES → 20으로
NO → 26으로

22
매달 일정액의 저축을 하고 있다.

YES → 23으로
NO → 27로

23
친구나 연인과의 약속을 급히 취소한 적이 있다.

YES → 27로
NO → 28로

24
유령, UFO, 예지몽, 이중에서 두 가지 이상 겪어 본 적이 있다.

YES → 28로
NO → 29로

25
남과 비교해서
손해를 보는 역할만
담당하는 경우가
많다는 느낌이 든다.
YES → 30으로
NO → 29로

26
검은 피부, 근육질,
큰 목소리 중에서 두
가지가 해당된다.
YES → 30으로
NO → Ⅲ으로

27
축제나 이벤트에서는
문자 그대로
피가 끓어오르는
타입이다.
YES → Ⅰ로
NO → 28로

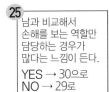

28
어느 쪽에 더
불편함을 느끼나?
YES → Ⅳ로
NO → Ⅰ로

29
두뇌 게임이나
크로스 워드 퍼즐을
좋아한다.
YES → Ⅱ로
NO → Ⅳ로

30
카고 백 등과 같은
등나무로 만든
소품이나 가구에
이상하게 끌린다.
YES → Ⅲ으로
NO → Ⅱ로

Ⅰ 의 당신은 라틴계 DNA

인생을 구가하고 싶은 개방적 기질의 소유자.

당신으로부터 뿜어져 나오는 그 번쩍이는 광채와 눈빛은 인생을 즐기고 싶어 하는 라틴계 DNA의 표출이다. 아름다운 것, 즐거운 것, 기분 좋은 체험을 매우 좋아하므로 생기발랄한 감각의 장식품으로 몸을 감싸고 뜨거운 사랑에 불타면서 자극적인 매일을 보내고 있을 듯하다. 기질로서는 개방적이며 분위기를 잘 타서 누구하고라도 사이좋게 어울리는 타입이지만 희로애락의 감정표현이 심해서 인간관계를 오래 지속시키기에는 애로가 있다.

Ⅱ 의 당신은 앵글로 색슨계 DNA

합리적인 사고는 승리에 대한 집착심이 강한 비결이다.

지적 호기심이 강하고 자존심도 남보다 높다. 뭐든지 합리적으로 추진해 나가므로 여간해서 실패하지 않을 것이다. 기분에 융통성이 있고 자제심도 갖추고 있으므로 평소는 농담과 유머를 좋아하고 인간관계도 잘 유지하며 환경에 대한 적응력도 뛰어나다. 하지만 일단 사소한 다툼이라도 호전적인 일면을 얼굴에 나타내기 때문에 앵글로 색슨계의 DNA 영향이 보인다. 이기기 위해서 모든 수단을 동원하고 마지막까지 포기하지 않는 강인함을 갖추고 있는 당신. 모험심이 왕성하여 프리 클라이밍, 스카이 다이빙, 나 홀로 비경을 탐험하는 여행 등을 갑자기 감행하여 주변을 놀라게 하는 의외성도 있다.

III 의 당신은 오리엔탈계 DNA

남의 마음 속 분위기를 읽어 낼 수 있는 세밀한 신경을 갖고 있다.

당신은 섬세하고도 세밀한 신경의 소유자이다. 사람의 마음을 정확히 파악하여 누구에게라도 친절하며 어울림을 존중하는 평화주의자라고 할 수 있다. 하지만 상처를 잘 입는 편인만큼 사실은 상당히 배타적이다. 온화한 미소의 이면에는 마음에 들지 않는 상대는 묵살하는 다소 음습한 일면을 감추고 있기도 하다. 또 집단행동을 좋아하여 고립되거나 환경이 바뀌는 것을 싫어한다. 권위에 약하고 윗사람에게는 철저히 순종하고 브랜드 제품을 숭상하는 경향이 있다. 인내심과 실무능력이 뛰어나서 주변에 신경을 쓰지 않고 철저하게 일을 매듭짓는 타입이다. 그 때문에 스트레스를 쌓아두기 쉬우며 분노를 느끼기 쉬운 점에는 주의가 필요하다.

IV 의 당신은 트로피칼계 DNA

뛰어난 본능에 의한 직관적 행동이 대단하다.

침착하게 보이지만 그 뿌리는 야성적인 당신. 동물적이라 할 만한 본능과 높은 신체능력, 신비스러운 파워를 갖추고 머리로 생각하기보다는 직관적으로 행동하는 타입이다. 거리낌없이 행동하는 타입이므로 주변에는 조금 무신경하다. 그 때문에 남의 마음 속 주름살이나 분위기를 읽지 못하여 말썽이나 분쟁을 일으키는 경우도 있다. 또 반골정신을 내면에 갖고 있어서 위로부터 압력이 가해지면 심한 저항을 보이는 일면도 갖고 있다. 단, 기본적으로는 뭐든지 운명으로 받아들이며 살아가는 타입이다. 순수한 감성을 갖고 있으며 자연에 대한 경외심과 동식물을 사랑하는 마음이 강하여 유아나 어린이들한테 인기가 있는 것도 그런 때 묻지 않은 마음이 이뤄내는 결과이다.

타입별 사랑을 얻는 방법

A x 라틴계 DNA

사랑도 인생도 게임 감각으로 말끔하게 즐기는 낙천가.
규칙적인 생활을 하면 연애력이 파워 업 된다.

당신의 진짜 모습

A형에 많은, 낮은 자기 평가치, 비관적인 경향은 일의 전개를 늦추며, A형에는 볼 수 없는 아우라 광채를 내는 것이 이 타입이다. 좋은 의미로 자기에게 자신이 있고 긍정적으로 사물을 생각한다. 밝고 명랑한 성격으로 주위를 건강하게 만들기도 한다. 인생을 게임 감각으로 즐기는 타입으로서 어떤 일에도 과감하게 도전하는 챌린저이다.

연애에서도 그 적극성은 건재하고 있다. 순진하면서도 순정파같지만 사실은 발전가인 당신. 좋아하는 남성에게는 몸으로 부딪치며 내 것으로 만들어버리는 대담함을 갖고 있다. 그런 겉모양과 다른 면이 남자의 마음을 긁어대므로 꽤 연심이 많은 타입일지도 모른다. 교제 중에는 천성적인 A형답게 한 번에 사랑을 쏟는 편이다. 그에 비해 어느 정도 교제하면 갑자기 열정이 식거나 인연이 오래 가기 힘든 경향이 있다. 자극이나 기쁨을 부여해주는 다채로운 매력을 지닌 상대를 고르는 것이 행복한 사랑의 지름길이다.

평소에는 이성으로부터의 유혹도 많겠으나 이성에게 자신이 쉬운 상대로 비춰지는 행동은 금물이다. 오히려 품위를 높게 갖추고 있는 것이 딱 좋은 수준이다. 때로는 여러 명의 이성을 경쟁시킬 정도로 콧대 높게 나가도 좋을 듯하다. 멋진 상대가 손에 들어 올 가능성이 한층 더 높아진다. 구애나 데이트 신청에는 한번 정도는 사양해 보는 것도 하나의 방법이다. 생일 등의 이벤트 날에는 과감하게 화려한 디너 등을 즐긴다면 매우 좋은 결과를 가져다 줄 것이다.

사랑의 긍정적 파워를 얻는 방법

A형 중에서 가장 터프한 당신. 잘 놀고 잘 움직이는 것은 잠재적인 파워를 불러 일으켜서 연애력을 향상시킨다. 그 때문에 우선은 빨리 자고 빨리 일어나는 기본적인 생활습관을 가지도록 하자. 아침 해를 맞으면 세포가 활성화되고 몸속에서부터 힘이 솟는다. 아침식사를 꼭 챙기는 것도 잊지 않도록 하자. 시간이 없다고 커피만 마시는 무성의함은 컨디션마저 다운시켜 버린다. 바로 이때라고 승부를 결정지어야 할 시기에는 빨간 내의를 입으면 긍정적인 힘이 향상된다. 겉으로 보이지 않아도 정열적으로 변하고 중요한 데이트 등에서도 마음에 드는 이성 앞에 주눅이 들지 않게 된다. 또한 0순위라고 생각되는 그 사람과 대화에서는 먼저 말문을 트면 주도권이 자기에게 돌아온다. 데이트에는 화제를 풍부하게 준비하여 활용하도록 하자.

A x 앵글로 색슨계의 DNA

사랑에는 소극적이어서
감정을 그다지 표출하지 않는 타입이다.

당신의 진짜 모습

당신은 앵글로색슨계 특유의 이상적이며 엄격한 경향이 높은 타입이다. 부모의 기대를 업고 살아 온듯하며 자립심이 높고 매우 분발하는 타입이다. 야심이 높고 파워풀한 것도 특징이다. 기가 약한 사람이 많은 A형에서는 특이할 정도로 지지 않으려고 하는 성격이 강하여 융통성이 결여되는 고집스러움도 갖고 있다. 좋거나 싫거나 직선적인 성격으로 남자를 이기려고 하는 것 같은 인상을 갖게 되는 경우도 있지만 좋아하는 사람 앞에서는 애교를 부리기도 한다.

평소에는 냉정하면서 포커 페이스적인 면 때문에 차가운 인상을 보이기 일쑤이지만 사실은 마음 속 뿌리 깊이 따뜻한 사람이다. 그러한 차이점 덕분에 매력을 느끼는 남성이 많을 것이다. 또한 당신의 사랑의 근저에 있는 것은 상대를 존경하는 모습이다. 눈앞에 있는 그 사람이 아무리 멋있고 핸섬한 남성일지라도 인간적으로 공감할 수 있거나 마음으로부터 존경할 수 있는 부분이 없으면 연애대상이 되지 못한다. 그 때문인지 기회를 내 것으로 만드는 능력은 떨어진다.

새로운 만남을 원한다면 연수회나 세미나 등 야심이나 지적 호기심을 갖고 있는 남성이 모이는 장소로 갈 것. 친절한 동창생이나 혹은 강사 중에서 운명의 상대가 나타날 가능성이 높다. 관계를 진전시키기 위해서 상대가 좋아하는 것을 조사하는 도중에 결정타를 날릴만한 포인트가 발견될 것이다. 사랑의 성공은 연구하기에 달려있다. 그 사람의 부모나 상사와 친해지는 것도 사랑의 방아쇠가 될 수 있다.

사랑의 긍정적 파워를 얻는 방법

연애에 있어서 모든 것을 비관적으로 생각하는 버릇이 있는 당신. 너무 부정적인 사고로 인해 만남의 계기가 될 만한 가능성의 싹을 스스로 잘라버리는 경우가 있다. 절호의 타이밍을 놓치지 않기 위해서 중요한 것은 우선 항상 발상의 전환에 유념해야 한다는 점이다. 어떤 일이 닥쳤을 때는 하고 싶지 않다고 생각하기 보다는 그 일을 해보자라는 긍정적인 사고방식을 갖추도록 해야 한다. 누군가를 만나거나 이메일을 보낼 때 등에도 이러한 점을 주의한다면 좋은 인상을 남길 것이다. 거울 앞에 서서 미소 짓는 연습을 하는 것도 효과적이다. 기분이 다운되어 있을 때에는 개그성 라이브나 재밌는 쇼를 관람하는 것도 권장할 만하다. 긍정적인 여성은 남성에게도 인기가 있다. 자주 웃어서 인기 파워가 충전되도록 하자.

A x 오리엔탈계 DNA

이성에게 헌신함으로서 기쁨을 느끼는 일편단형 성격

당신의 진짜 모습

순종, 온화, 화합을 중시하는 기질이 현저한 타입이다. 감수성이 예민하고 붙이성도 좋다. 현재 장소의 분위기를 읽어낼 수 있으며 상대의 기분에 대해서도 민감하므로 배려심 또한 좋은 편이다. 연애도 헌신성이나 일관성을 발휘하는 타입이다. 남성에게 헌신하는 것에 희열이나 충실감을 느낀다. 특히 연하의 남성 앞에서는 모성본능을 자극당하기 쉬운 성격이다. 믿음직스럽지 못한 분위기에는 매우 약하고, 의지의 대상이 되려는 것 같으며 왠지 모르게 갑자기 호의를 접어 버린다. 그 결과 분위기에 쓸려서 몸을 바치거나 돈을 줘 버리거나 하여서, 다루기 쉬운 여성으로 끝나는 양상도 많을 것이다. 동정과 애정을 혼동하지 않도록 평소에도 이러한 단점을 주의하도록 하자. 손해를 보는 것은 당신이므로 우선 남성을 보는 눈을 키우도록 해야 하겠다.

한 번에 사랑에 빠지는 케이스는 많지 않겠지만 사실은 꽤 남자에게 잘 반해버리는 기질이 있다. 남성의 작은 몸짓이나 말에 가슴이 두근거리기 쉽다. 당신에게 사실은 멋진 인연이 의외로 가까운 곳에 있다. 동창회나 어렸을 적 친구와의 재회 등이 로맨스의 전주곡이 되는 경우가 있다. 과거 끝나버렸던 사랑이 다시 시작되는 케이스에도 강하므로 한번 버림받았던 상대나 원래의 애인에게 연락을 취해보는 것도 하나의 방법이 된다. 메일이나 전화로부터 시간을 두지 말고 곧바로 다시 만나보는 것이 성공의 열쇠이다. 마음에 두고 있는 사람에게 가까이 다가가고 싶다면 집에 초청하는 것도 좋은 결과로 이어질 것이다. 음식을 직접 요리하여 그 사람에게 차려준다면 친밀도가 한층 향상된다.

사랑의 긍정적 파워를 얻는 방법

A형으로서는 면역력이 좋고 튼튼한 체질이지만 사랑을 하면 상대에게만 헌신하므로 자신도 관리해야 한다는 점을 잃어버리기 일쑤이다. 사랑을 하고 있는 동안에도 기력을 강화시켜야 한다. 매일 밤 5~6분이라도 좋으니 명상을 하는 것을 일과로 삼아보자. 자기가 편안하다고 느끼는 장소에 앉아서 조용히 눈을 감고 심호흡을 해보자. 그때는 커다란 나무가 대지에 깊이 뿌리를 내리고 뻗어나가는 모습을 그려보자. 플러스의 에너지가 흡수되어 좋은 사랑이 이뤄지는 체질로 다시 태어날 것이다. 사랑이 잘 이뤄지지 않는다면 녹차를 마시면 재충전이 된다. 사랑의 동기부여를 높이고 싶을 때에는 그린 계열의 아로마향을 태우면 연애력이 재차 몸에 들어 올 것이다.

A × 트로피컬계 DNA

늘 긍정적인 사고를 하는 독특하고 자유분방한 성격

당신의 진짜 모습

뭔가 고상한 성질이 많은 A형 중에서도 매우 독특한 성격을 갖고 있는 것이 트로피컬 타입의 DNA를 내장하고 있는 당신이다. 진지한 얼굴로 엉뚱한 말을 하거나 주위의 예상을 뒤엎는 일을 하거나 한다. 기본적으로 솔직하고 명랑한 성격이므로 문제발생이나 불운이 닥쳐도 그다지 흔들리지 않고 다음 단계로 넘어 간다. 본래 연애에 있어서는 프로세스 중심적인 A형이지만 이 타입은 그런 딱딱한 A형의 이미지와는 상당히 정서가 다르다고 볼 수 있다. 자기의 기분은 늘 정직하다. 마음에 들면 바로 행동으로 들어간다. 그 결과 만나자마자 바로 잠자리까지 가는 경우도 있다. 비록 상처를 입을 것이라는 예측이 눈에 보여도 자신의 현재 기분에 정직하게 행동하지 않으면 마음이 내키지 않는다. 도덕이나 규칙에 속박 당하지 않는 만큼 사랑을 많이 경험하는 인생을 보낼 것이다. 그렇다고 해서 연애 일변도로 살지는 않는 것이 이 타입의 매력적인 부분이다. 호기심이 강하므로 이성을 찾는 것에 머물지 않고 새로운 것에도 흥미를 많이 느낀다. 그런 당신은 사랑도 연애도 맘껏 즐기고 싶은 욕심형 인간이라고 할 수 있다.

그러나 피로나 스트레스가 쌓이면 점점 좋지 않은 일이 닥칠 위험성이 있다. 하루 종일 컴퓨터 앞에 앉아있거나, 연애는 뒤로 하고 엉뚱한 일에 몰두하거나 하는 무미건조한 생활을 한다면 당신이 본래 갖고 있는 전향적인 사랑의 파워가 꺼져버린다. 그럴 때는 공원을 산책하거나 의식적으로 자연의 냄새에 접촉해보자. 마음 속 깊이 잠자고 있던 사랑의 동기부여가 되살아날 것이다. 오렌지 계열의 루즈나 코롱도 연애력을 향상시키는데 빠뜨릴 수 없는 아이템이다.

사랑의 긍정적 파워를 얻는 방법

연애 감도가 뛰어난 당신은 사랑의 예감이나 만남의 기회를 놓치지 않고 알아 챌 수 있다. 그럼에도 불구하고 혹시 당신이 지금 외로운 생활을 하고 있다면 그것은 일상의 일이나 생활에 쫓기어 야성적인 연애본능이나 직감이 둔해져 있기 때문일지도 모른다. 일상의 소음을 멀리하고 과감하게 캠핑이나 트레킹에 나서 보면 좋을 것이다. 자연 속에서 지내면 둔화되어 있는 연애 파워가 다시 살아날 수 있다. 또한 마음에 드는 이성에게 적극적으로 데이트 신청을 해 보는 것도 플러스적인 결과로 이어진다. 당신의 꾸밈없는 몸짓에 상대는 완전히 당신의 포로가 될 것이다. 화장은 자연스럽게 마무리하는 편이 당신의 꾸밈없는 매력을 살릴 수 있다. 미팅에 나간다면 자리를 창가 쪽으로 고르면 인기도가 올라갈 것이다.

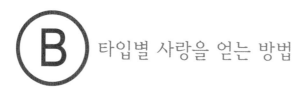

타입별 사랑을 얻는 방법

B x 라틴계 DNA

분위기를 잘 타고 대담, 사랑은 언제나 전력질주
가끔은 한 템포 늦춰 보는 것도 남성의 마음을 자극하는 요령이 된다.

당신의 진짜 모습

화려하고 밝은 라틴계의 기질을 갖고 있는 당신. B형 중에서도 가장 튀는 성격의 소유자이다. 늘 신명나게 분위기를 잘 타며 축제나 떠들썩한 분위기를 좋아하는 성격이다. 인생의 즐거움을 있는 그대로 추구한다. 그 반면에 지금 이 순간을 즐기는 것이 가장 중요하며 앞일을 꼬치꼬치 따지는 것은 별로 좋아하지 않는 편이다. 매 순간을 승부하는 마음가짐으로 행동하여 주변을 긴장시키는 경우도 많을 것이다. 원래 감정의 기복이 심한 B형이지만 라틴계 DNA에 의해 그것이 보다 더 두드러진다. 그것이 연애에서도 유감없이 발휘된다. 사사로운 일로 격해지기 쉬우므로 사랑이 생각대로 진행되지 않으면 대놓고 화를 내거나 사람의 눈을 의식하지 않고 눈물을 흘리거나 하여 감정을 숨기지 못한다.

모든 것을 던져서라도 상대에게 기분을 전할 수 있는 정열가이므로 자연적으로 사랑의 승률도 높은 편이다. 하지만 사랑이 잘 진행되지 않으면 너무 정열적이었거나 기백이 드세다보니 그 사람이 두려움을 느끼고 있을 가능성이 있다. 특히 마음에 두고 있는 상대가 체면을 중시하는 딱딱한 타입이거나 진지하고 신중한 남성이라면 일말의 조정이 필요하다. 자신의 감정을 느끼게 하고 자신의 매력을 강조할 수 있으면 과감하게 주도권을 상대에게 양보하자. 밀어보아서 안된다면 당겨보는 것도 중요하다. 신명나고 대담한 당신이니만큼 진심인데도 장난스럽게 비쳐질 수 있으므로 때로는 신중함도 필요하다. 한번 분위기를 뒤로 늦춰 보는 것도 사랑을 성취시키는 방아쇠가 될 수 있다고 명심하도록 하자.

사랑의 긍정적 파워를 얻는 방법

당신은 사랑을 하면 감정이 모든 것을 지배하는 타입이다. 기분을 밝게 하고 전향적으로 살아가도록 명심한다면 연애의 파워도 플러스 방향으로 움직여 준다. 석세스 스토리 계열의 영화나 연극을 관람하거나 업 템포의 음악을 들으면 연애의 긴장감도 향상된다. 실연을 당했거나 마음에 드는 상대와 진전이 잘 되지 않는다면 노래방에서 열창을 해보거나 스포츠로 체력을 맘껏 소모해보는 식으로 당신답게 화끈하게 발산해 버리도록 하자. 음울한 기분은 어느새 사라지고 예전의 정열이 다시 돌아 올 것이다. 사랑의 승부를 결정짓는 데이트 등 중요한 날에는 레드나 오렌지 계열의 따뜻한 색으로 코디해보도록 하자. 정열적인 매력을 한층 더 돋보이게 하여서 당신이 발휘하는 뜨거운 사랑의 에너지에 상대도 완전히 녹 다운 될 것이다.

B x 앵글로 색슨계의 DNA

속박이나 구속과는 일절 무관한 자유연애주의자
약한 모습을 보이고 응석을 부린다면 사랑의 기회가.

당신의 진짜 모습

B형의 자기본위성에다가 개인주의자적인 일면이 보다 더 강하게 나타나 있는 것이 이 타입이다. 자신의 확고한 신념과 가치관을 갖고 있고 웬만해서는 주위의 분위기에 휩쓸리지 않는다. 자기가 한 일에 대해서는 여하튼 뒷말을 듣는 것에 대해서도 싫어하며 자기 자신도 남의 일에는 관심이 없다. 때문에 주변 사람에게는 냉정하면서도 접근하기 까다로운 인상을 주기 일쑤이다.

연애 중에도 당신은 속박이나 간섭을 무엇보다 싫어한다. 그 때문에 연인 후보가 될 것 같은 남성이 나타나도 친구 이상에서 연인 미만으로 선을 긋거나 특정한 상황을 만들지 않는 자유분방한 연애를 즐기는 경향이 강하다. 그 때문에 당신은 남성으로부터, 혼자 지내도 문제가 없는 사람으로 보이기 쉬워서 사랑의 기회를 놓치기 일쑤이다. 늘 씩씩한 당신이기 때문에 마음에 두었던 남성 앞에서는 고민이나 불안을 털어놓고 응석을 부려보거나 약한 모습을 보여주거나 할 필요가 있다. 자기만이 알게 된 당신의 의외의 모습에 가슴이 동요되어 상대는 당신을 내버려 둘 수 없게 될 것이다.

접근할 때에는 마음이 맞는 친구라는 기준선을 돌파할 수 있는지 아닌지가 최대의 분수령이 된다. 우선은 상대에게 당신이 여자라는 점을 인식시키자. 카운터 쪽의 의자 등으로 좌석을 정하여 그 사람의 옆에 앉아 우연을 가장하고 아무렇지 않게 손이나 무릎에 접촉하여 자신을 의식시키는 것도 하나의 방법이다. 여하튼 평소와 다른 일면을 보인다면 서로간의 개성을 인정해주면서 무리없이 관계를 진전시켜 나갈 수 있을 것이다.

사랑의 긍정적 파워를 얻는 방법

당신의 정신은 강한 자아에 의해 지탱되고 있다. 연애의 행방도 당신의 마음 속 심지의 강도가 이끌기 나름이다. 사랑이 원활하게 진전되지 못하고 자기에게 방황이나 약한 모습이 발생된다면 혼자서 끙끙대는 것은 일단 중지해야 한다. 상담을 겸해서 누군가에게 자신의 연애관을 이야기해보자. 상대의 의견에 반발하고 지론이나 비판을 거듭해 나가는 동안에 자기에게 있던 절대로 양보 불가했던 연애 스타일이나 기분을 재인식할 수 있을 것이다. 의논이 무르익을 무렵이면 평소의 확고했던 자신감이 살아나고 연애 에너지도 가득히 충전된다. 또 혼자서 불쑥 여행을 해보는 것도 추천한다.

B x 오리엔탈계 DNA

B형임에도 사랑에 늦깍기인 수줍은 여성
사양심이 많고 얌전한 일면이 도리어 좋은 인상이 된다.

당신의 진짜 모습

개인주의자가 많은 B형에서도 이채로운 면이 많은 것이 이 타입이다. 오리엔탈계 DNA 특유의 유연함을 겸비하여 주위에 신중한 인상을 준다. 붙임성이 좋고 세심한 배려를 해주기도 한다. 다만 겉으로는 그다지 나타내지 않지만 내면에 감춰진 심지는 매우 강해서 서툴기까지 할 정도로 고집스러운 면도 있다. 자신의 주관이 뚜렷하여 삶의 방식이나 스타일을 바꾸지 않으며 가족이나 친구 등 잘 알고 있는 상대에게는 애정을 쏟는다.

애정 면에서는 인기가 있는 편이다. 언뜻 청초한 분위기를 지녔지만 발언이나 행동은 엉뚱한 면이 있다. 그러한 의외의 모습에다가 독특한 애교를 부리므로 이성들이 매우 귀여워 해준다. 또 이 타입은 B형임에도 연애는 수줍고 서툴기만 하다. 좋아하는 상대 앞에서는 하고 싶은 말도 못하고 왠지 쑥스러운 태도를 취하기 일쑤이다. 상대가 생각을 알아차려서 상처받을 것을 두려워하는 생각이 그렇게 작동시키는 듯하다.

당신의 경우 B형 본래의 정열을 어떻게 잘 표현할 수 있는지에 따라서 이성을 만날 기회나 접근할 수 있는 가능성의 분수령이 된다. 레저나 이벤트, 파티 등 일상을 벗어난 장소에서의 승부가 성공의 열쇠이다. 심리적인 억압에서 해방되어 솔직하게 액션을 취할 수 있다. 술의 힘을 빌려도 OK이다. 때로는 자기가 먼저 데이트를 신청해 보는 것도 중요하다.

당신이 먼저 행동을 취하면 그 가련함이 남성의 마음을 붙잡게 되어 생각했던 대로 진전되어 갈 것이다.

사랑의 긍정적인 파워를 얻는 방법

이 타입의 약점은 본래 B형이 갖고 있는 기질이 억압되어 있다는 점이다. 나는 강한데도 무엇인가를 참아버리거나 한다. 연애에서도, 좋아하는 상대에게 곧바로 생각을 전하고 싶은데도 뜻대로 되지 않는다. 잘 진행되지 않으면서 스트레스가 쌓이면 자신을 잃어버리고 연애력이 저하되어 버린다. 당신에게 있어서 연애 파워 부활의 최선책은 아무 것도 하지 않는 것이다. 며칠간 아무 것도 하지 않고 푹 자며, 누구하고도 만나지 말고 멍하니 지내보자. 꼭 그렇게 해야 한다는 무의식의 속박에서 해방되어 연애의 활력도 회복된다. 뷰티 마사지나 식도락 등 오감을 충족시키는 쾌락에 빠져 보는 것도 추천한다. 무의식중에 자신이 해방될 수가 있어서 마음에 드는 이성에게 접근할 수 있는 용기가 솟아오를 것이다.

B × 트로피컬계 DNA

연심을 숨기지 않는 직구 승부 타입.
자연 속에서 개방적이 되면 사랑의 에너지가 상승.

당신의 진짜 모습

야성미 있는 트로피칼계 DNA와 믹스된 당신은 B형 특유의 예민한 감각이 더욱 뛰어난 사람이다. 당신의 발상에는 억지나 맥락은 거의 존재하지 않고 대개는 감과 예상으로 행동한다. 따라서 말이 시도 때도 없이 바뀌거나 엉뚱한 행동을 하거나 하여 예측이 불가능하므로 주변 사람에게 이해하기 어려운 사람이라는 인상을 줄 수 있다. 하지만 동물적으로 뛰어난 당신의 판단력은 결과적으로 정확히 목표를 조준하는 경우가 많고 신들린 것 같은 직감이나 감성으로 주위를 압도하여 비즈니스 등에서는 성공을 거둔다.

연애에서도 억지를 뺀 직감력으로 승부하는 타입이다. 늘 있는 그대로의 자연스럽게 살아가고 있는 당신에게 있어서 사랑을 하는 것도 자연스러운 감정의 발로이다. 감정을 숨기지 못하므로 좋아하는 사람이 생기면 일목요연하고도 이해하기 쉽게 상대를 대한다. 몸짓이나 태도, 그리고 표정까지 상대를 좋아하는 기운의 아우라가 넘쳐서 주변은 물론 상대 남성까지도 그 분위기를 느끼게 되며 그 결과 자연스럽게 분위기가 진전된다. 당신에게 있어서 기분을 감춘다는 것은 무리이다. 마음에 드는 남성이 나타나면 직구 승부의 마음으로 직접 부딪쳐 보도록 하자.

사랑이 시작되는 상황은 매번 다르다. 동물적인 감각을 지닌 당신인 만큼 실로 감정과 신체의 상성에 따르게 된다. 좋아하게 된 상대도 그 때마다 다른 타입으로 언뜻 잘못 이어진 남성이 많을지도 모른다. 상대의 말을 액면 그대로 받아들이고 기회를 놓치거나 모르고 지나가지 않도록 주의하자. 0순위로 생각하던 남성의 친구를 아군으로 만들어 뭔가 있을 때마다 조언이나 정보를 구한다면 연애 성취의 확률도 높아질 것이다.

사랑의 긍정적인 파워를 얻는 방법

당신이 잠재적으로 지니고 있는 야성인 연애 파워를 높이기 위해서는 생명력을 향상시켜야 한다. 스카이 다이빙이나 번지 점프 등 자극이 강한 활동적 스포츠나 달리기 혹은 주말 단식 등의 금욕주의적인 관습에 도전해 볼 것을 추천한다. 자연과 접촉하는 것도 아주 좋다. 삼림이나 무인도 등의 개방적인 대자연 속에서는 사랑의 에너지가 최대한으로 증폭될 것이다. 반드시 아웃도어를 무대로 한다면 0순위로 생각하는 남성을 낚을 수 있는 확률도 상승된다. 헝클어진 머리칼이나 와일드한 복장 등 야성미를 방불하는 모습은 당신의 매력을 폭발시킬 것이다.

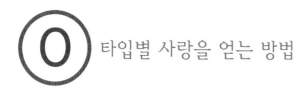

타입별 사랑을 얻는 방법

O x 라틴계 DNA

가장 쉽게 반해버리는 연애체질의 소유자
요리 솜씨를 높이는 것이 행복의 제일보

당신의 진짜 모습

당신은 O형의 기질에서도 특출하게 낙천적이며 성격도 오픈되어 있다. 감정표현이 풍부하므로 화려한 존재감을 발휘하며 인생을 맘껏 즐기려는 의욕에 넘쳐있다. 그러한 당신의 모습은 이성에게 있어서 매우 매력적이기만 하다. 또한 뿌리부터 페스티벌 같은 것을 좋아하므로 사교장에 나설 기회도 많을 듯하다. 교우관계도 넓고 함께 있으면 뭔가 즐거운 사건이 일어날 듯하다. 그러면 주변에 많은 사람이 모여들고 남성을 만나게 되는 기회도 자연스럽게 상승된다.

정열적인 성격은 연애에도 영향을 주고 있다. 연애체질로 좋아하는 남성이 생길 때마다 평범한 일상은 극적으로 끓어올라 갑자기 깔끔을 떨거나 잘못하는 부분에도 의욕적으로 덤벼보거나 한다. 자신의 기분에 정직한 만큼 호의를 감추는 것도 서툴러서 바로 액션으로 취해버린다. 일단 인연이 엮여지면 의외일 만큼 정숙함을 발휘하여 상대의 심장을 확실하게 붙들어 둔다. 또, 당신에게 있어서 섹스는 행복도와 사랑의 행방을 좌우하는 중요한 열쇠가 된다.

또, 스포츠 관전처럼 희로애락이 표현되는 장소는 당신의 건강한 매력이 최대한으로 상승된다. 이 점은 데이트 계획을 세우는데 참고할만한 가치가 있다. 단, 관계가 틀어졌을 때는 울고불고하거나 상대를 몰아치거나 하여 소동을 벌리기 쉬운 것이 단점으로 작용한다. 상대의 기분을 잘 몰라 초조할 때에는 우선 심호흡을 하여야 함을 기억해 두자.

사랑의 긍정적인 파워를 얻는 방법

당신의 연애활동에 있어서 약점은 사실보다도 화려하게 보이며 바람둥이라는 오해를 받기 쉽다는 점이다. 매사에 있어서 조연이나 조역 등, 남을 위한 점잖은 역을 솔선하여 맡아 보도록 하자. 이성으로부터 신뢰를 얻어서 마크해두고 싶은 존재가 될 것이다. 본래는 예술이나 스포츠를 좋아하는 성격이므로 예술이나 창작활동, 스포츠 등을 통해서 자기표현을 할 수 있는 장소를 확보하면 내면의 만족도가 깊어지고 일상의 안정감이 살아난다. 연애에 대해서 불타오르기 쉬운 당신도 냉정해질 수 있을 것이다. 차라리 눈물을 살짝 흘리며 잠수를 타는 등 사라짐의 미학을 명심하는 편이 유리한 전개로 향하게 된다. 접근할 때도 마찬가지이다. 상대가 자신의 호의를 느끼게 하면서 살짝 늦춰보는 것도 효과가 높다.

O x 앵글로 색슨계의 DNA

자존심이 높고 독재적 연애 경향이 강하다.
행복한 자기 자신의 모습을 구체적으로 이미지화 해보자.

당신의 진짜 모습

O형에게 현저하게 나타나는 상승지향을 순수한 형태로 지닌 당신. 자신감과 노력의 균형감이 좋고 자기주장이나 자기를 알리는 것도 강한 반면에 그 이상의 것을 실행하여 실력으로 주변을 잠재우는 유언의 실행파이다. 저절로 리더의 역할이 늘어나고 그것을 당연한 듯 받아들이고 있는지도 모른다. 사생활보다도 공적 생활에 중심을 두는 편으로 눈부신 캐리어를 쌓는 사람도 많을 것이다.

연애에 있어서는 자신 있는 당신답게 점찍은 대상물은 놓치지 않는다. 자기 자신을 높게 평가받는 솜씨가 좋고 함께 하면 메리트가 있다는 점을 점차로 실증하면서 의중의 남성을 포위해 간다. 경쟁자가 나타나도 상대 여성과 당당하게 다투며 이 방법 저 방법을 모두 동원하여 자기 생각대로 몰고 나갈 것이다. 지배욕이 왕성하므로 다루기 쉬운 연하의 남성을 선호하는 경향도 강하다. 교제 중에는 주도권을 쥐는 한편, 남성을 추켜 세워주는 배려심도 잃지 않은 점은 과연 당신다움의 증거이다. 다만, 자존심이 강해서 배신을 용서하지 않으므로 남성이 바람을 피우면 곧바로 단교를 선언한다. 덧붙여서 꼼꼼하게도 위자료 명목으로 보상을 청구하는 무서운 일면도 있다. 기본적으로는 공격이나 방어 모두에 능하므로 사각지대는 거의 만들지 않을 정도로 당신은 연애의 강자이다. 당신에게는 지는 것이 이기는 것이라는 생각이 필요하다. 때로는 무방비 상태로 응석을 부려보거나 여자다운 면이 느껴지도록 살짝 틈새를 보여주어야 한다. 상대의 감정이 높아지고 마음의 연계도 높이는 효과가 있다.

사랑의 긍정적인 파워를 얻는 방법

탁월한 실행력을 갖고 있는 당신에게 있어서 목표를 계속해서 유지시키는 것이야 말로 행복한 사랑이 이뤄지는 열쇠가 된다. 이상적인 연애를 평소부터 이미지화 해 두는 것이 중요하다. 근처에 이상적인 커플이 있다면 여러 가지 이야기를 들어두는 것도 이상적이다. 또 봉사활동 등 이해득실이나 효율적인 면으로는 계량할 수 없는 세계에 관여함으로서 인간으로서의 도량이 넓어지고 매력적인 여성이 될 수 있다. 자존심이 높고 무뚝뚝하거나 뾰로통한 이미지를 중화시키고 이성으로부터의 신뢰도 얻을 수 있고 인기의 아우라도 광채를 발하게 될 것이다. 나무, 조개, 돌과 같은 자연 소재의 장신구에는 사랑받는 공간을 만들어주는 효과가 있으므로 꼭 몸에 치장해 보도록 하자.

O x 오리엔탈계 DNA

사랑에는 오로지 정숙, 덧붙여 헌신을 좋아하는 성격
페트를 기르면 깊은 애정의 매력이 더 한층 상승된다.

당신의 진짜 모습

이 타입은 일반적인 O형의 특징인 적극성이나 투쟁심보다도 온후함과 협조성이 전면에 나타난다. 그것은 오리엔탈계 DNA에 인내와 복종의 정신이 강하게 주입되어 있기 때문이다. 평소에는 상당히 호인다운 모습을 발휘하여 부탁받은 것은 싫은 기색 하나도 없이 수용하므로 주위로부터 고마운 인사를 받는 경우가 많다. 단, 사고방식이나 지향하는 바는 보수적이므로 모르는 인물이나 일에는 남들보다 더 큰 경계심을 갖는다.

오로지 정숙, 덧붙여서 헌신적이기만 당신은 사랑의 시작도 그렇고, 힘들어하고 있는 남성에게 나도 모르게 손을 내밀어서 어느새 정이 샘솟게 되는 양상이 많을 것이다. 상대가 좋아지면 주변의 모든 관계나 세상의 연관도 함께 떠맡는다. 상대가 싫증내지 않도록 하고 사랑을 받고 싶다는 기분이 강하며 자기가 먼저 요구를 하는 것은 어려워한다. 결혼 욕구가 강하므로 점차로 상대의 얼굴색을 살피기만 하므로 타이밍을 놓쳐버릴 가능성이 높을 것이다. 단 교제가 안정적이거나 결혼이 결정되면 자신감이 붙어서 성격이 싹 변하게 되고 자기가 주도권을 쥐려고 하는 경우도 있다.

모성은 남들보다 훨씬 강하여 이성에게 안정감을 주는 것도 강하다. 언제나 웃는 얼굴을 유지하며 요리솜씨를 발휘하는 등, 말하자면 가장 효율적인 접근방식이 연애를 성공시키는데 있어서 결정타의 역할을 할 것이다. 사랑이 영그는 순간에 행복에 겨운 배부른 소리나 몸치장을 게을리 할 경향이 있는 점은 주의하여야 한다. 진행이 원활치 못한 사랑이 지속된다면 맞선을 보는 것도 하나의 방법이 된다. 의외일 정도로 화끈하게 골인으로 갈지도 모른다. 친구가 주선해 주는 소개팅에도 인연이 있을 수 있다.

사랑의 긍정적인 파워를 얻는 방법

애정이 깊은 당신이므로 애정을 쏟을 상대가 가까이 있는 것도 매력이 상승되는 열쇠이다. 그 때문에 좋은 연애를 하는 것이 이상적이겠지만 시작 단계에서 우선은 페트를 기르는 일부터 시작해 보는 것도 좋을 것이다. 당신의 내면에서 풍부한 모성을 끄집어내어 기분을 충족시켜 줄 것이다. 성실하고 온화한 당신은 신망이 두터운 사람이다. 평소는 자기주장이 적은 만큼 바로 이때라고 생각되는 순간의 발언에는 임팩트가 충분히 실려 있다. 그것은 연애에 있어서도 동일하다.

O x 트로피컬계 DNA

오는 사람 막지 않고 가는 사람 말리지 않는 연애의 자유주의자
파워 넘치는 곳 방문으로 사랑의 활력이 상승

당신의 진짜 모습

O형은 인류 중에서 가장 오래되었다고 알려진 원시적인 혈액형이다. 그것을 방불케 하는 야성의 늠름함과 느긋함을 현저하게 갖고 있는 것이 이 타입이다. 일상의 쓸데없는 얽매임이나 기성의 관념에 사로잡히지 않는 큰 그릇을 갖고 있다. 기본적으로는 평화주의자이지만 억압이나 규제에는 고집스럽게 저항하여 자유를 지킨다. 직감이 날카롭고 사물의 본질을 정확히 보는 것이 특기이다. 주변에는 보통사람이 아니라는 인상을 준다.

그러한 자유롭고 범연한 당신의 사랑의 본질은 인간애, 지구애와 같은 스케일이다. 일반적인 교제나 결혼의 관념에는 별로 해당되지 않는다. 만남이나 헤어짐도 물 흐르는 대로이다. 결과적으로 여럿의 상대와 동시 진행형으로 사귀게 되는 경우도 종종 있다. 그래도 주눅이 드는 모습은 전혀 없다. 그러한 속 다르고 겉 다른 점이 없는 정돈된 분위기가 남성을 끌어당기고 또한 커다란 매력으로 작용한다. 단, 때로는 비밀을 살짝 노출시키는 편이 상대의 마음을 끌기에 효과적이다. 내 남자라고 생각되는 상대 앞에서는 신비스러운 여성으로 보이도록 연출하도록 하자.

데이트에서는 목적지 없는 드라이브나 산책 등을 추천한다. 당신의 자유분방한 일면을 발휘할 수 있는 최고의 상황이 되어 그 사람을 매료시킬 수 있다. 단, 분방함이 매력이라고는 하지만 약속을 깨거나 양다리를 걸치거나 하는 것은 비난받아 마땅하다. 지금 약간의 배려를 유념하는 것만으로 좋은 사랑을 놓치지 않는 케이스가 압도적으로 증가될 것이다. 궁합이 맞는 남성과는 우정 반, 혹은 오랜 인연과 같은 형태로 지속이 된다. 또, 갑자기 결혼이나 출산으로 주위를 놀라게 할 가능성도 감추고 있다.

사랑의 긍정적인 파워를 얻는 방법

평소부터 의식적으로 행동범위를 넓히려고 행동하면 만남의 기회도 확대된다. 당신은 연애에 대해서 늘 문호를 개방하고 있는 상태이다. 그런 당신 마음의 심금을 울리는 남성이 없다고 한다면 그것은 환경이 좋지 않은 때문이다. 원래 인간적으로 뛰어난 남성을 찾아내는 후각능력은 훌륭하다. 특히 자원봉사 활동 등 이상이나 양심을 실천하는 곳에서는 첫눈에 이 사람이라고 생각되는 남자가 나타날 가능성이 크다. 특히 영혼적인 방면의 감성이 날카로우므로 파워가 넘치는 장소를 순례하는 투어는 권장할 만하다. 연애의 활력이 넘쳐흐를 것이다.

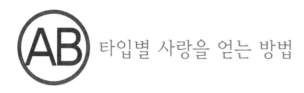

타입별 사랑을 얻는 방법

AB x 라틴계 DNA

일이나 놀이에도 다채로움을 발휘하는 시원함
진정한 사랑은 가깝지도 멀지도 않게, 그것이 행복의 지름길

당신의 진짜 모습

AB형의 다면성이 가장 강렬하게 나타나는 것이 라틴계 타입이다. 낮에는 야무지게 일을 처리하는 캐리어 우먼이고 일이 끝난 뒤에는 클럽이나 미팅 등에 나가며 일이 없을 때는 연인에게 온종일 봉사하는 여성이다. 상황에 따른 다양한 얼굴이 있을 것 같다. 어떠한 분위기에 스위치가 켜지면 성격이 일변하는 모습도 종종 있다. 생각지도 않게 용감하고 정열적으로 변하거나 시원스럽다고 생각했는데 갑자기 승부욕을 보여서 주변을 곤혹시키는 일도 있다. 만날 때마다 인상이 다른 것이 바로 당신인 것이다.

그러한 당신에게 라틴의 피를 솟구치게 만드는 가장 큰 것은 바로 사랑이다. 천부적인 쿨 뷰티에다가 때때로 보이는 요염함으로 남성을 포로로 만들어 간다. 그것은 바로 마성의 여인인 것이다. 좋은 남성 앞에서는 반사적으로 아양이나 교태를 부리는 등 가만히 있지 못한다. 때문에 남성에게는 인기가 있지만 동성은 싫어할 수 있다. 교제가 시작되면 사랑의 주도권은 당신이 쥔다. 연마하면 빛나는 원석 타입의 남자나 약간 순진한 연하의 남자를 갖고 노는 경향도 강하다. 남자에게 잘 반해버리는 성격에다가 세상의 도덕 따위는 별로 신경을 쓰지도 않는다. 사랑을 내 것으로 만드는 기술은 최고이지만 당신의 사랑의 문제점은 진심으로 사랑에 빠졌을 때에 나타난다. AB형은 본래 서비스 정신이 왕성하고 섬세한 성격의 타입이다. 거기에 라틴계의 정열이 더해지기 때문에 한순간도 떨어지지 못하고 철저하게 거들어 주는 여자로 일변한다. 처음에는 의외성이 먹히지만 나중에는 거리를 두려고 할 것이 뻔하다. 사랑의 불꽃도 빨리 타오르기 때문에 행복을 잡기 위해서는 진심으로 사랑하게 되었을 때, 적당한 거리감을 두어야 함을 명심해야 한다. 이것이 사랑을 오랫동안 유지시키는 포인트가 된다.

사랑의 긍정적인 파워를 얻는 방법

이 타입은 재능이 넘치며 사람을 매료시키는 신비한 개성의 소유자이다. 그렇지만 좋아하는 사람이 인정해주지 않으면 그러한 파워는 흙 속의 진주가 되는 셈이다. 우선은 상대에게 최저한의 예의를 지키는 것이 행복해지기 위한 조건이다. 또 실연 등으로 사랑의 목표를 잃게 되면 일이나 생활까지 무기력해지는 경향이 있다. 아무 것도 할 수 없게 되었다면 베이지나 카키색으로 몸을 감싸고 클럽이나 라이브 바에 가서 에너지를 발산해 보도록 하자. 그것이 사랑의 동기를 부활시키는 가장 빠른 지름길이다.

AB x 앵글로 색슨계의 DNA

**지적이며 합리적이지만 사실은 로맨틱한 일면도 있다.
내 남자라고 생각되는 연인 앞에서만 작심하고 응석받이가 되어보자.**

당신의 진짜 모습

냉정한 지성파인 AB형 중에서도 합리성이나 냉정함으로는 단연 돋보이는 타입이다. 일은 물론이고 요리나 청소 등 일상적인 것도 야무지게 처리하고 그 다음에 임하는 타입이다. 여러 가지 일을 동시에 처리하거나 효율적으로 모든 일을 다루기를 잘하며 조용하고 진지한 편이다. 다소 냉소적인 면도 있지만 우정을 소중히 하고 약속을 제대로 지키기 때문에 인망도 두텁다. 연애 면에서도 이성적이고 합리적인 정신이 뛰어나다. 그 때문에 이상도 높으며 보통 수준의 남성은 대상 이외의 사람으로 간주하고 있다. 사랑을 하고 싶어도 일이나 자신의 생활이 바쁘므로 적령기를 놓치는 경우도 많을 것이다. 다만 한번 이 사람이라고 정하면 상대의 모든 자료를 모아서 철저하게 공략하므로 접근단계부터의 성공률은 대단히 높은 급의 수준이다. 결혼 후에는 현모양처가 되는 것도 이 타입의 특징이다.

기본적으로 지성과 우아함이 넘치고 발군의 유머 감각도 갖춘 당신은 남성들의 동경의 대상이다. 그럼에도 불구하고 남성으로부터의 신청이나 접근이 조금이라도 없다면 앵글로색슨계 특유의 높은 자존심이 원인일 것이다. 온화하게 대화를 하고 있어도 상대를 다소 우습게보고 있는 것 같은 표정이나 태도가 무의식중에 나타났을 가능성이 있다. 그러한 마이너스 이미지를 불식하고 싶다면 내 남자라고 생각되는 이성 앞에서는 맘먹고 장난꾸러기 같은 행동을 해볼 필요가 있다. 그 사람에게만 어리광을 부리거나 어린이 같은 행동을 보이면 당신에게 몰입될 것이다.

사랑의 긍정적인 파워를 얻는 방법

이 타입의 강점은 뭐니 뭐니 해도 요령이 좋다는 점과 계획성을 들 수 있다. 구체적인 상대가 있으면 필요한 기술이나 대책을 꼼꼼히 강구해 보자. 높은 확률로 사랑의 열매를 맺게 할 수 있다. 상대가 무엇을 원하는지 어떤 기분인지를 네트워크를 가동하여 정보를 수집해 두는 것도 잊지 않도록 해야 할 것이다. 혹시 내 눈에 맞는 안경 같은 상대가 없다면 늘 안테나를 세워두는 것도 중요하다. 또한 타문화에 접근해 보는 것도 추천하므로 적극적으로 해외여행에 나서는 것도 좋을 것이다. 생각지도 못했던 운명적 만남이 있을지도 모른다. 데이트할 때에는 향신료가 강하게 들어간 음식이나 스파이시한 코롱이 효과적이다. 모험심을 자극하므로 당신의 매력은 한껏 발산될 것이다.

AB x 오리엔탈계 DNA

사랑의 행방은 흐름에 맡겨도 기본은 소극적이다. 강력한 육체를 유지하면 연애 파워가 상승

당신의 진짜 모습

옆에서 보면 무슨 생각을 하고 있는지 잘 모르게 보이는 사람이 이 타입이다. 두드러지는 것을 싫어하며 주변과 잘 어울리는 것을 중시하여 자기주장이나 감정표현을 억제한다. 남과 연관되는 것을 피하고 싶어 하는 경향이 강하고 자기에 대해 남이 이야기하는 것도 싫어한다. 연애에 관해서는 소극적이고 상처입기 쉬운 당신이지만 마음의 저변에는 온화하고 성실한 면이 있으므로 연인이나 반려자로서의 자질이 높은 사람이라고 할 수 있다. 다만 자기가 먼저 알리지 못하고 그 점 또한 상대가 잘 알 수 있게 하지 못하는 것이 최대의 난점이다. 쓸데없이 풍파를 일으키는 것을 두려워하여 가능하면 자연스런 흐름 속에서 사랑이 이뤄지는 것을 갈구하고 있다. 필연적으로 같은 직장이나 서클 동료 중에서 서로 잘 아는 남성이 연애의 대상이 되기 쉽다.

당신의 무기는 배려와 좋은 감각이다. 그렇지만 은밀한 연애 기술이나 왠지 모르게 부드럽기만 한 당신의 장점은, 특별함을 알아주는 상대가 아니면 통하지 않는 경향이 있다. 이것은 언뜻 손해 같지만 당신의 아름다움이나 남에게 없는 맛깔스러움을 알아차린 상대는 사실 대단히 뛰어난 사람이라고 할 수 있다. 여럿에게 인기를 얻어 성공하기 보다는 감사의 기분이나 칭찬의 말을 솔직하게 전해 주는 남성이 이상적인 상대라고 말 할 수 있을 것이다. 게다가 서비스에 정성을 쏟거나 만날 때마다 남성이 좋아하는 취향의 모습을 하고 나간다면 자기 주장력을 향상시킬 수 있을 것이다. 무리가 없는, 그 사람과의 접점이 탄생되고 더불어서 의중의 그 사람에게 빠르게 접근할 수 있는 기회가 배증될 것이다.

사랑의 긍정적인 파워를 얻는 방법

정신적으로도 체질적으로도 민감한 당신은 연애에 있어서도 임팩트가 결여되는 점이 안타깝다. 연애 파워의 향상에는 우선은 체력을 길러야 한다. 연습을 삼아서 몸매를 다듬거나 달리기로 지구력을 기르거나 육체적인 면으로서의 강인함이나 아름다움을 길러나가는 것이 연애 파워 향상의 지름길이 된다. 그러면 바로 이때라고 할 수 있는 연애의 기회를 내 것으로 만들 수 있을 것이다. 또 파워 요가나 태극권은 정신적인 면이 강해지도록 만들 수 있다. 다도나 꽃꽂이 등 전통적인 강습에 나가는 것도 좋다. 당신의 청초하고 여성다운 일면이 강화되기 때문이다.

AB x 트로피컬계 DNA

자신에 대한 호의를 예리하게 파악할 수 있는 연애 헌터.
빨간색을 지닌다면 연적에게도 지지 않을 정도의 연애 파워가 향상된다.

당신의 진짜 모습

AB형의 좋은 맵시와 트로피칼계의 네이처 지향성을 겸비한 것이 당신이다. 고집이나 집념과는 인연이 멀고 매사는 되는대로만 흘러간다는 인생관을 갖고 있다. 자기 혼자만의 만족을 위하여 뭔가를 하려고 생각하는 일은 거의 없다. 돈독한 우정을 키우는 타입이기도 하며 일단 마음을 허락한 상대와는 평생 사귀어 갈 것이다. 주의해야 할 것은 너무 솔직한 나머지 그것이 재앙이 되어 온갖 오해를 초래한다는 점이다.

연애 면에서는 트로피칼계 DNA 특유의 동물적인 직감이나 본능이 위력을 발휘한다. 자기에게 향하는 호의는 예리하게 파악하고 재빨리 상대의 가슴에 뛰어들어 보기 좋게 내 남자로 만들 수 있을 것 같다. 그 접근 방법은 어디까지나 자연적 스타일로 억지나 허세는 티끌만큼도 없다. 감이 들자마자 접근방법도 일변한다. 조건반사적으로 미소가 번지고 목소리나 몸짓도 한층 요염해진다. 다만 확실히 말하자면 무사안일주의의 당신이므로 사랑의 경쟁자가 나타나면 싸우지 않고 물러날 듯하다. 사람과의 다툼을 싫어하는 만큼 오로지 다투고 싶지 않은 일념으로 일단 손에 들어 온 연인까지 경쟁자에게 양보해 버린다. 그렇다면 언제까지라도 행복해질 수 없다. 비록 경쟁률이 높은 이성을 좋아하게 되었다고 해도 진퇴의 결단은 상대의 기분을 제대로 확인한 뒤에 내리도록 하자. 부모나 주위의 의견에도 쉽게 좌우되기 쉽고, 주선된 상대와 그냥 결혼하는 사람도 많은 것 같다. 꼭 자기의 기분이나 행복을 지키는 용기를 갖도록 하자.

사랑의 긍정적인 파워를 얻는 방법

본래 재능도 풍부하고 연애에도 높은 능력을 내장하고 있는 당신이지만 욕심이 없으므로 사랑의 기회를 놓칠 가능성이 있다. 사랑이 원활하게 진행되지 않으면 별 밤이나 흐르는 구름을 바라보면 의욕도 부활된다. 금붕어나 열대어를 기르면 자연스럽게 열애의 기운을 충전시킬 수 있다. 접근과 공략을 할 때는 빨간 루주와 팬티가 승부의 기운을 불러다 주어 의중의 상대를 함락시킬 수 있는 가능성이 대폭 향상된다. 자기를 위해서는 좀처럼 노력하지 않는 당신이지만 내 남자라고 생각되는 상대가 타나났다면 그 사람을 위해서 노력할 수 있을 것이다. 그 사람이 기뻐하는 얼굴을 상상하면서 메일을 보내거나 데이트 계획을 세워보도록 하자. 즐거웠다는 한마디나 마음으로부터의 감사는 의외일 정도로 당신을 용기있는 사람으로 만들어 주고 사랑의 동기도 향상시켜 준다.

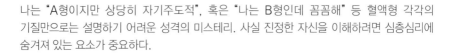

혈액형 X 전생 혈액형으로 그 사람과의 궁합을 조사하자.

나는 "A형이지만 상당히 자기주도적", 혹은 "나는 B형인데 꼼꼼해" 등 혈액형 각각의 기질만으로는 설명하기 어려운 성격의 미스테리. 사실 진정한 자신을 이해하려면 심층심리에 숨겨져 있는 요소가 중요하다.

여기서는 최면요법 등에서 사용하는 심리 테스트로 전생의 기억을 불러낸다. 전생 시대에 있어서도 그 때의 당신의 생활 양상, 직업 등에 혈액형 기질은 크게 작용하고 있었다. 혹시 당신이 자신의 혈액형답지 않은 점을 지적당한 일이 있다면 그것은 전생의 혈액형이 영향을 미쳤기 때문일지도 모른다.
현생에서 갖고 태어난 혈액형과 전생의 혈액형을 조합하면 자신도 몰랐던 연애 양상이나 약점을 알 수 있다. 또 자기의 연인인 사람에게 사랑받는 비결도 판명된다. 자! 지금 당장 심리 테스트를 시작해 보자.

〔검사 방법〕
Q1에서 Q20 까지의 질문에 대답하자.
당신이 고른 답변 ★와 ◆의 합계로 전생의 혈액형을 진단한다.

★의 수	◆의 수

START ⬇ 지금부터 다양한 질문을 하고 당신의 의식 깊은 곳에 잠자고 있는 과거의 기억으로 나누어 들어간다. 마음을 안정시킨 뒤에 느긋한 기분으로 정경을 떠올리면서 질문에 대답해 나가자.

Q1
당신은 그림과 같은 방에 다니게 되었다. 가장 안정이 잘 될 것 같은 장소에 앉아 보자. 자! 당신이 고른 것은?

a 창 옆의 소파 ...★◆
b 벽에 붙인 긴 의자
　...◆◆◆
c 방 가운데 놓인 러그 매트
...★★★

Q2
그러면 우선 당신의 생년월일 (서기)을 세어보자. ○○○○년 ○○월 ○○일 ○안에 숫자 8개를 모두 더하면 합계 숫자의 끝수는 어떤 것인가?
(예 : 1987년 06월 24일이라면
1+9+8+7+0+6+2+4
=37로 b가 된다)

a 1, 3, 9 ...★★★
b 2, 7 ...◆
c 4, 5, 6 ... ★★
d 8, 0 ... ◆◆

Q3
눈을 감고 귀를 귀울이자. 그렇게 해서 들려오는 것은 째깍거리는 시계의 희미한 소리였다. 드디어 잠으로 빠져든 당신... 그 때의 감각은 다음의 어느 것에 가까운가?

a 깊은 곳으로 떨어지는 듯한 느낌 ...◆◆
b 아무런 사전 느낌도 없이 갑자기 의식이 멀어 졌다
　...★★
c 어딘가 절박한 느낌으로 묘하게 답답해졌다 ...◆
d 하늘거리며 허공을 떠다니고 있는 듯한 기분 좋은 감각 ... ★

Q4 몽롱한 의식은 드디어
형상으로 맺히기 시작했다.
그것은 카페에서 사람을
만나고 있는 당신의 모습이다.
상대가 누구라고 생각하는가?

a 연인 ... ★★★
b 그냥 남자친구 ...★
c 친구 ...◆
d 가족 ...◆◆◆

Q5 주위는 다시 어둠에 쌓이고
드디어 캠퍼스에서 이야기
꽃을 피우고 있는 정경이 떠
올랐다. 그 화제의 중심은?

a 일이나 미래 ...★★
b 하찮은 일상사 ...◆◆
c 연애담론 ... ★
d 그 자리에 없는 누군가의
소문 ... ◆

Q6 기억을 거슬러 올라가서
당신은 지금 제 1지망교의
시험장에 있다. 지금부터
문제와 답안지가 배부될
것이다. 그 때의 심경을
생각한다면...

a 두근거려 심장이
고조되었다 ...◆◆
b 좋아, 해보자! 의기양양
...★★
c 비교적 냉정했었다고
생각한다 ...◆
d 빨리 문제를 보고 싶어
근질근질 ...★

Q7 다시 태어난 시기는 처음
사랑의 마음을 품었을 때이다.
의중의 그 사람에게는 좋아하
는 여자가 있다고 들었는데
당신은 어떻게 했을까?

a 사실을 확인하려고
이것저것 조사했었다 ...◆
b 왠지 모르지만 열정이
식어버렸다 ...★
c 어떠한 일이 있어도 내
것으로 만들겠다고
맹세하고 대쉬를 시작했다
...★★★

Q8 이것은 시간을 돌릴 수 있는
마법의 시계이다. 언뜻 보기
에는 보통 시계지만 사실은
어떠한 장치가 들어 있다...
그것은?

a 바늘이 반대로 돈다
...◆◆◆
b 문자판을 열어보니 다른
차원의 세계가 펼쳐
졌다...★★
c 바늘을 거꾸로 돌리면
과거로 여행할 수
있다....★★★

Q9 기억은 갑자기 중학교 수학
여행의 밤으로 날아갔다.
지금부터 일어날 것을 상상
하여 당신은 조금 들떠있는
모습이다. 도대체 뭐가
기다리고 있을까?

a 남자가 몰래 들어온다.
...★★
b 비밀을 하나씩 고백한다.
... ★
c 담력자랑하기 대회가
시작된다...★

Q10 여기서 초경이 있던 날을
생각해 보자.
그 거라고 알게 된 순간
당신의 솔직한 감상은?

a 창피했다 ...◆◆◆
b 뭔가 무서웠다 ...◆
c 울적했다 ...★
d 자랑스럽다 ...★★★

Q11 당신은 지금 초등학교 3학년
정도이다. 교실 복도에 혼자
서 있다. 도대체 왜?

a 숙제를 하지 안했으므로
...◆
b 장난이 심했다 ...★★★
c 지적당했지만 질문에
대답하지 못했다 ...◆◆◆
d 청소나 분담된 일을 하지
않았다 ... ★★

Q12 초등학교에 들어가서 처음으로
여름방학이 되었다. 가족이
해수욕장에 가던 날, 당신은
그림일기를 쓰는 중이다. 이
그림에 태양을 그려 넣어서
완성시켜보자. 그러면 태양의
위치는?
a 화면의 우측 구석 ...★★★
b 화면의 좌측 구석 ...◆◆◆
c 거의 중앙 ...★◆

Q13

아까까지는 칭얼대던 갓난 아기 당신도 새벽에는 드디어 잠들기 시작했다. 그리고 누군가가 살며시 갓난아기 당신을 침대에 누이려고 했을 때 당신은....

a 그 사람의 손가락을 꼭 쥐었다 ...♦♦♦
b 불이 켜지니 으앙~ 하고 울어 버렸다....★★★
c 천사처럼 미소지었다. ...★♦

Q14

「오늘 태어날 것이다」... 어디선지 명령하는 목소리를 따라 어둡고 따뜻한 물속을 밑으로 밑으로만 발버둥 치던 당신은 어머니의 절규가 울려 퍼지는 와중에 드디어 빛이 넘치는 세계로 나왔다. 그 때, 당신의 영혼은 이렇게 중얼거렸다.

a 자, 제로부터 시작하자 ...★★★
b 어디 보자, 또 이 세상에 와 버렸나 ...★♦
c 어떻게든 이번이야말로 행복해질 수 있도록 ...♦♦♦

Q15

조금 전에 전생의 천수를 누린 당신. 육체에서 영혼이 떠난 뒤에도, 한참동안은 한탄스럽고 슬플 정도로 소중한 사람들을 내려다보고 있었다. 마지막으로 뭔가 메시지를 전한다면 "고마워요"의 다음에 어떤 말을 하는가?

a 나를 잊지 마세요 ...♦♦
b 앞으로도 행복하세요 ...♦♦♦
c 또 만나요 ...★★
d 계속 지켜줄게요 ... ★★★

Q16

가장 오래된 과거의 세계에서 당신은 한번 고양이과 동물로 태어난 적이 있었다. 그것은 다음의 어느 것이라고 생각하나?

a 들 고양이 ... ♦
b 집고양이 ...♦♦♦
c 사자 ...★★★
d 검은 표범 ... ★

Q17

시간은 지구 탄생시기까지 거슬러 올라갔다. 당신이 창조주라고 한다면 우선 무엇을 만들 것인가?

a 공기 ...★★
b 물 ...♦
c 대지 ...★★★
d 인간 ...♦♦♦

Q18

눈앞이 갑자기 어둠에 묻히고 몸을 강하게 끌어대는 듯한 감각을 느꼈다. 당신의 의식은 지금 어디에 있을까?

a 300년 정도 과거 ...♦♦♦
b 어머니의 뱃속 ...♦♦
c 10년 정도 앞 ...★★
d 30분 쯤 앞 ... ★

Q19

그럼 지금부터 한 번에 현실 세계로 돌아가자. 당신을 과거의 세계로부터 다시 데려와 주는 것은 다음의 어느 것이라고 생각하나?

a 방울 소리 ...★★★
b 딱! 하는 손가락 튀기는 소리 ...♦♦
c 당신의 이름을 부르는 소리 ...★★
d 시계의 초침 소리 ...♦♦♦

Q20

마지막으로 연상 테스트이다. 과거 + 현재 = ? ?에 알맞은 말은 다음의 어느 것?

a 경험 ...♦♦♦
b 추억 ...♦♦
c 에너지...★★★
d 성장 ...★★

◆의 숫자가 25개 이상으로 ★의 숫자가 26개 이하

전생
A형

정주생활로 길러진 협조성과 자율적인 자세가 특징인 견실파
테스트 결과 당신은 성실하고 협조성이 높으며 윤리관이나 도덕관념이 발달한
타입으로 판명되었다. 이것은 A형에게 현저한 특질이다. 실제의 혈액형은
어쨌거나 DNA 속에 그 기억을 갖고 있는 것이다. 필시 전생에서는 정주형
질서의 사회 속에서 자신을 조율시키면서 살았을 것이다. 그 때문에 사랑도
수동형이며 균형을 제일 중요하게 생각하는 경향이 있다.

◆의 숫자가 20~24개 이고 ★의 숫자가 20~26개

전생
B형

자극 넘치는 사랑이 풍부하게 인생을 구가하며, 남으로부터의 속박을 싫어하는
자유인
이 타입은 자기본위적이고 남에게 지배당하거나 세상사에 속박당하는 것에
저항을 느끼는 성향이다. 그렇다, 당신에게는 자유분방한 B형의 피가 흐르고
있다. 전생에서는 나그네나 서커스 배우, 무희로서 자극과 모험에 넘치는 인생을
보냈을 것이다. 반하기 쉽고 협상을 잘 하는 면에 비해서 사랑이 오랫동안
지속되지 않는 것도 영혼의 버릇일지도 모른다.

◆의 숫자가 27개 이상으로 ★의 숫자가 24개 이하

전생
O형

자신을 믿으며 무슨 일에도 능동적이다. 본능적이고 정열적인 연애관도 매력적
이다.
당신은 자기 긍정심이 높고 자세도 능동적이다. 위기나 문제발생에도 용감하게
맞서나가는 그 늠름함은 전생이 O형이었던 점에서 기인되었을 것이다. 여전사나
헌터로서 산과 들을 뛰어다니며 살아가는데 필요한 식량을 얻었을 가능성이 높고
연애에 대해서도 본능적으로 정열적인 사람이었다. 한순간에 불타올랐고 또한
전리품을 내 마음대로 하지 않고서는 못 참기도 했을 것이었다.

◆★의 숫자가 모두 19개 이하

전생
AO형

우아하고 예술적인 생활이 영향을 미쳤고 천성적으로는 공주님 아우라의 소유자
이지적이고 자존심이 높아서 유행을 선도하는 생활양식을 좋아하는 당신. 그것은
전생에서 아름다운 가구와 세간과 음악에 쌓여서 우아한 생활을 보냈던 기억의
흔적이다. 예술가나 귀족으로서 혹은 당시에는 아직 적었던 AB형 특유의 아우라
덕분에 그 시대의 권력자에게 총애를 받았을 것이다. 그 때문에 현생에서도
어딘가 공주님 기분이 되어 상대에게 요구하고 있는 이상의 수준도 높을 듯하다.

※ 위에 해당되지 않을 때는 전생B이다.

전생의 기억에서 연인과의 궁합을 알 수 있다

현생 A형 x 전생 A형

전생에서 인내나 고생을 많이 한 경험과,
A형이기 때문에 가능한 헌신적 자세로 봉사하는 타입.

당신에게 맞는 남성은?
전생에서의 당신은 높은 사람을 시중드는 시녀나 세금을 바치는 백성으로서 인생을 보냈을 것이다. 말괄량이 공주나 임금님의 지배하에서 인내나 고생을 많이 한 경험에서 생긴 성질이 윤회를 거쳤음에도 불구하고 다시 계승되었다. 현생에서도 상대에게 시중드는 자세는 그대로이고 연애 면에서는 전형적인 봉사자 타입이다.

그런 당신과 궁합이 좋은 사람은 자기주장이 강한 파워풀 남성이다. 어딘가 지배적인 행동을 하는 타입인 사람에게 당신은 순종과 정숙을 맹세하고 성실하게 사랑을 바친다. 또 전형적인 막내처럼 자유분방한 남성도 궁합이 좋다. 전생의 경험에서 상대에게 시중을 드는 행동을 자연스럽게 하는 것이 당신의 성향이므로 서로 순수한관계로 지낼 수 있다.

그 사람에게 있어서 당신은 A형만의 세심한 배려나 헌신적인 태도 덕분에 실로 이상적인 연인상이라고 말할 수 있을 것이다.

사랑이 더 깊어지려면?
자유분방한 남성에게 끌리므로 군왕같이 행동하는 상대의 태도에 농락당할 수도 있다. 기분이 내키는 대로 요구한다면 제대로 화가 났음을 보여주고, 부당한 태도를 보이면 그 뒤의 이메일이나 전화를 자제하는 등 의연하게 대응하면 그 사람에게 단점을 고치도록 촉구하는 셈이 되어 두 사람의 관계는 발전될 수 있다.

또한 사랑을 깊게 만들고 싶다면 절이나 교회 등 영험한 곳을 데이트 코스로 선택할 것. 자제하거나 조심하는 성향의 당신 자신이 안정을 찾을 수 있게 되고, 자기답게 있을 수 있는 장소에서 그 사람과 온화한 한 때를 지내보도록 하자. 연인끼리라면 은신처풍의 온천장에 가는 등 부드러움을 테마로 한 여행도 딱 맞을 것이다.

[그 사람은 당신을 어떻게 생각할까?]

현생 A
그 사람에게 있어서 당신은 매우 편안한 존재이다. 작심하고 접근해 보자.
궁합은 최고급이다. 그 사람은 당신을 함께 있으면 마음이 편안해진다고 생각하고 있다. 단지 그 자제하려는 성격에서 행동으로 나오기가 어려워서 기다리고 있는 상태이다. 그런 그 사람의 기분을 살려내 주자. 회사 내에서의 사내연애의 경우는 비밀교제로서 그 사람에게 있어서 스트레스가 크다. 교제하고 있음을 당당하게 오픈하는 편이 좋다. 서로의 집을 방문하면 결혼도 빠르게 진행된다.

현생 B
예정된 조화로움 속에 사는 당신에게 그 사람은 어딘가 불만스러움이 있다.
독창성으로 승부를 짓자. 성질이 정반대여서 대화나 행동이 뒤죽박죽이다. 유감이지만 천적이라고도 할 수 있는 사이이다. 그 사람에게 당신은 전혀 다른 세계여서 본래 전혀 어울릴 수 없는 존재이다. 예정된 조화 속에 사는 당신에게「좀 뭔가 부족한데~」라고 느끼기 쉽다. 그를 포로로 만들고 싶다면 블로그나 트위터에 생각을 엮어내는 등 기발한 방법으로 나가서 오히려 독특한 성격을 확립시켜 보자.

현생 O
꼼한 면과 대충하는 성격의 조합이므로 다투기도 하지만 사이가 좋은 커플이 된다.
꼼꼼한 당신에게 대충하는 성격의 그 사람. 당신이 사소한 것에 대고 말을 하면 다투게 되기 쉽지는 않은지? 하지만 결정적인 순간에 도움을 받을 수 있는 존재라서 고맙다고 생각하고 있다. 그런 그 사람의 얼굴을 세워주고 순순히 따른다면 생명이 긴 커플이 될 듯하다. 데이트는 분위기가 고조되도록 연출을 중시하자. 금전 면에서 가치관의 차이가 생기므로 문제가 발생하지 않도록 주의하자.

현생 AB
민감한 그 사람은 당신의 세심한 배려로 안정을 찾는다.
외견이나 분위기가 어쨌든 내심은 매우 민감한 그 사람. 부드럽고 세심한 배려를 할 줄 아는 당신의 여신다운 태도에 그 사람은「낫는 것 같네~」라고 느끼고 있다. 데이트에서의 치장이나 화장은 가련한 소녀풍이라면 바로 반응이 올 것이다. 커플은 특히 정사 후를 소중히 여기자. 후회의 달콤한 말은 마음을 열어주며 그 사람에게 있어서 가장 마음이 안정되는 한 때가 될 것이다.

현생 A형 x 전생 B형

틀에 얽매이는 것이 무엇보다 싫다.
마음이 서로 통하는 사람과 자기다운 연애를.

당신에게 맞는 남성은?
전생에서는 B형 태생이며 모험가로서 세계를 여행하거나 신진기예의 예술가로서 자유롭게 살고 있었다.

그 경험을 과거사가 기억하고 있어서 현재의 A형 기질에 갖춰진 이성과 상반되고, 틀에 갇히는 것을 싫어한다. 주위에 커플이나 결혼 때문에 퇴사한 사례가 많아도 모르는 체한다. 교제하는 상대가 진정한 이해자가 아니면 교제의 의미를 발견하지 못한다.

개성적인 자기 방침을 갖고 있는 당신은 배우나 뮤지션을 지망하는 새끼 아티스트 같은 남성과 먼 과거에 숙명적인 인연을 약속했을 가능성이 있다. 마음이 반응되는 상대와 인연이 맺어진 순간 둘의 개성이 융합되는 독자적 행복을 추진해 나갈 것이다. 만난 연령에 관계없이 1년 이내에 결혼하는 스피드 결혼이 다수를 차지하고 있다. 서로 인정해주는 것이 마음의 거리를 가깝게 하고 사랑을 깊게 하는 열쇠가 된다.

사랑이 더 깊어지려면?
자신 이외의 색깔에 물들고 싶지 않은 기분은 이해하지만 끈을 깊게 하는데 있어서는 상대에 대한 이해와 타협이 불가결하다. 사랑하는 그 사람과 취미나 기호가 다르더라도 그 사람이 관심을 갖고 있는 대상에 신경을 쓰고 화제에 대해서도 보조를 맞출 수 있을 정도의 기초지식을 겸비해 두도록 하자.

데이트에서는 연극, 라이브 등 생생한 감동을 공유할 수 있는 이벤트가 동경하는 마음을 높이는 효과가 있고 그 사람과 공동 프로젝트를 시행하면 신선한 자극을 가져다주므로 타성을 극복해 갈 수 있을 것이다. 사랑을 나눌 때는 교활한 성격을 구사할 수 있는 최고의 무대가 된다. 기교는 물론이고 섹시한 팬티, 조명 등 연출에 공들일수록 그 사람의 심신은 당신의 포로가 된다.

[그 사람은 당신을 어떻게 생각할까?]

현생 A
당신의 강한 개성에 내심으로는 질려한다. 공통의 화제를 만드는 것이 좋다.

자아를 누르고 화합을 중시하는 A형의 그 사람은 개성이 너무 강한 당신에게 내심으로는 질리기 쉽다. 유일하게 취미의 친구로부터 시작된 관계라면 희망이 보이므로 그 사람이 접근하기 쉽도록 상대의 영역으로 들어가서 공통의 화제를 만들자. 원만하게 교제하고 있는 커플이라면 그 사람이 넓은 마음으로 당신의 튀는 언동을 이해해 주고 있는 덕분이다.

현생 B
왠지 감성이 맞는다고 느끼는 그 사람에게는 얌전해지는 자기 자신으로 승부를 걸자.

그 사람은 본래 A형을 꺼려하는 성격이지만 당신은 예외이다. 따지지 않으며 공감할 수 있는 부분이 있으므로 코드가 딱 맞게 의기투합할 수 있음에 감격하고 있다. 엉뚱한 짓을 하지 않고 얌전한 자신을 강조하면 OK이다. 다투면 장기화되기 쉬우므로 지속시키고 싶다면 참아야 한다. 잘못한 점이 없어도 부러질 때는 부러진다는 각오가 필요하다. 데이트는 저렴한 일정으로 짠다면 오래갈 수 있다.

현생 O
싫증이 나지 않으면 좋은 인상이다. 그 사람에게 있어서 당신은 자극적이고 신선한 존재이다.

감성은 높은 편이다. 그 사람에게 있어서 당신의 양면성은 신선하고 자극적이다. 함께 있어도 싫증나지 않는다고 매우 호의적으로 느끼고 있다. 행동파와 개성파 어느 쪽인가의 틀을 깨는 결합이고 좁은 국내의 개념에 구애받지 않고 느긋하게 사랑을 구가할 듯하다. 단지 그 사람은 선천적으로 바람둥이 기질이 있다. 그물을 느슨하게 해주면 쉽게 보고 바람을 자주 피우는 경향도 있다. 늘 그 사람의 호기심을 자극하여 사랑의 신선도를 유지해야 한다.

현생 AB
조언이나 의견을 주는 좋은 충고자인 그 사람. 솔직하게 받아들이면 OK.

낭만주의자이면서 취향은 현실파인 AB형의 그 사람. 지성파인 당신에게 이해를 나타내주면서도 이 세상의 상식이나 엄격함을 알려주려는 그 나름대로의 생각이 있다. 지남철과 같은 역할을 자처하려고 생각하고 있는 듯하다. 그 사람의 의견이나 어드바이스를 받아들이고 사랑과 자기의 발전을 위해서 도움이 되도록 하자. 일이 바쁠 때에는 데이트나 연락을 줄이는 것이 서로를 위하는 것이며 메일 또한 가능하면 줄이도록 하자.

현생 A형 x 전생 O형

적극적으로 남의 일을 잘 돌봐주는 와이프 타입. 연하의 남자를 잘 키울 듯.

당신에게 맞는 남성은?
비관적으로 자긍감이 약한 A형에게는 드물게도 능동적이고 자신만만하다. 필시 전생에는 영주나 여전사로서 방황하는 백성을 이끌고 혼란과 전쟁에 휩싸인 시대에 평화를 몰고 온 존재였을 것이다. 그 때문에 당신은 현재도 힘이 넘치고 공격적이다. 한번 상대가 좋아졌다면 가만히 있을 수 없고 정열이 솟구치는 대로 달려 나갈 것이다.

그런 당신에게 어울리는 것은 기대면서 의지하려는 연하의 남자이다. 스포츠 선수와 연상의 부인 관계가 이상형이다. 내조의 힘으로 그를 보살피고 입신출세할 수 있도록 이끌어 본다면? 당신이 믿음직한 누나같은 아우라를 발휘하면 설령 그 사람에게 파트너가 있다하더라도 포기할 필요는 없을 것이다. 그러나 뜨거워지기 쉽고 식기도 쉬운 O형 기질인 만큼 사랑의 싹이 터도 꽃피기 전에 시들어 버릴 우려가 있다. 늘 자극을 주는 듯한 남성을 고르도록 하자.

사랑이 더 깊어지려면?
자기 맘대로 기분이 흔들리는 O형은 사귀기 시작하고 나서도 갑자기 긴장감이 떨어지는 경우가 있다. 추억이 서린 장소를 찾는 등, 다시 한 번 사랑을 돈독히 하는 노력이 필요하다. 연인의 모습은 모성애의 발로에서 그를 칭찬하며 남자의 자존심을 세워주는 것이 가장 좋다. 행락 시즌에는 먼 곳으로의 여행이 사랑의 끈을 보다 깊게 해 준다. 스포츠나 게임에서 비슷한 경쟁을 한다면 갖고 있는 투쟁본능이 깨어나서 사랑의 에너지가 상승된다. 점찍은 남성을 공략중인 사람은 매일 발생한 일이나 그 사람의 반응 등을 자세하게 기록해 두도록. 나중에 도움이 되는 일이 있을 것이다.

[그 사람은 당신을 어떻게 생각할까?]

현생 A
분위기를 읽지 못하는 여자라고 생각되기 쉽다. 약속이나 시간을 엄수하자.
그 사람은 겉모습을 중시한다. 예를 들어 당신을 밉지 않게 생각하고 있어도 주위나 상황을 무시한 접근에는 "이 사람은 분위기 파악도 못하나"하고 내키지 않아할 것이 뻔하다. 시간과 장소, 그리고 힘 조절에 신경을 써서 둘만의 시간이 될 때를 노려서 공략을 해보자. 교제 후의 문제발생은 당신의 허술함이 주된 요인이 된다. 약속이나 시간을 잘 지키고 예정을 변경할 때는 연락도 미리하자.

현생 B
독특한 감각을 갖고 있으며, 당신은 자기본위적인 그 사람의 훌륭한 이해자
A형 중에서도 오픈 마인드인 당신은 그 사람의 독특한 가치관이나 감각을 받아들이는 사람이다. 그 사람에게 있어서 당신은 간신히 만나게 된 훌륭한 이해자이다. 그 사람의 자기본위적 성향에 안절부절하는 경우가 있어도 때때로 뜸을 들인다는 정도이고 보통은 느긋하게 살아가게 하는 것이 바른 조종법이다. 교제중이나 결혼 후 모두 싱싱한 관계를 유지시킬 수 있는 푸르름이 짙은 조합이다.

현생 O
정열가인 그 사람에게 있어서 운명의 여성이다. 한번에 사랑이 불타오른다.
정열가인 그 사람과는 과거 전생을 다해야 할 만큼의 격정적인 사랑에 빠질 것 같은 예감이다. 당신은 그 사람에게 있어서 운명의 여성임에 틀림없을 것으로 생각하게 하는 강력한 존재이다. 극적인 전개가 계속되어 주인공 기분도 만끽할 수 있을 것이다. 단, 사랑이 결실을 맺은 후에는 현실문제에 부닥칠 우려가 있다. 사랑의 힘을 상호이해로 바꾸고 끈기있게 걸어 나가도록 하자. 놀다가 혹은 내친김에 탄력이 붙어 시작된 관계라도 진심으로 전개될 확률이 농후하다.

현생 AB
내심으로는 마음에 들어가고 있는데, 본심은 감춘 채이다.
그 사람의 마음을 여는 연구가 필요하다.
가슴의 내면을 감추기 쉬운 사람이므로 당신이 마음에 들어도 본심은 간단히 보여줄 수 없다고 생각하고 있다. 매우 퉁명스럽고 포커 페이스이기도 한 그 사람의 마음은 장기전으로 파악할 필요가 있다. 끈기있게 마음의 장막을 걷어내는 노력을 계속한다면 행복의 징조가 보일 것이다. 단지 그 사람이 연하의 경우는 예외이다. 일을 가르쳐주거나 도와주는 등 행동을 통하여 신속하게 사랑이 싹트게 하는 기대가 있다.

현생 A형 x 전생AB형

우아한 매력이 풍기는 천성의 인기녀. 가부장적 타입인 그 사람에게 주도권을 맡기자.

당신에게 맞는 남성은?
끝없이 귀족같은 분위기를 풍기는 것은 전생의 경험에서 부터이다. 당신의 전생은 아름다운 궁전에서 매일 밤 파티가 벌어지는 양가의 아가씨 혹은 많은 남성에게 사랑받았던 절세의 미녀 등 여성이라면 한번은 꿈 꿔봤을 인물이다. 현생에서도 우아한 매력을 풍기며 얌전하고 귀염성이 있는 천성의 인기녀이다. 세상물정에 어두운 순수한 점이 매력이지만 주체성이 결여되는 면이 있다.

그런 당신에게 맞는 것은 차이가 많은 연상의 남자나 또는 가부장적 타입의 사람이다. 그 사람이 주도를 하면 오랫동안 사랑을 키워 나갈 수 있다. 회사의 선배가 연계되거나 그렇지 않으면 차라리 결혼상담소 등에서 조건에 맞는 상대를 찾는 것도 방법이 된다. 또한 사랑 자체에 사랑을 하는 여심을 갖고 있으므로 연예인 등 접근하기 어려운 상대에게 진심으로 끌리기 십상이다. 현실적으로 눈앞에 있는 사람이 당신의 장래 파트너가 된다고 마음에 새기도록 하자.

사랑이 더 깊어지려면?
남에게 신세져도 당연하다는 사고방식의 금전감각은 요주의이다. 상대의 주머니 사정과 피로 정도에는 배려를 아끼지 않도록 하자. 만남의 무대가 되는 미팅이나 파티 등에서는 사회비판이나 자잘한 이야기꺼리 등 의외의 발언으로 움찔하게 만드는 편이 내 남자 후보와의 거리를 좁히는 계기가 된다. 침대로 가게 되는 것은 숙녀스러움과 귀여운 악마를 연출하는 양면 공략이 핵심이 된다.

또한 마음이 통하는 데이트는 전람회나 콘서트 등이다. 원래 예술이나 음악 등의 감각이 뛰어나서 예술적인 분야에 적성이 있는 당신이다. 감상을 그 사람에게 설명하면서 지내면 당신의 매력이 한층 더 발휘될 것이다.

[그 사람은 당신을 어떻게 생각할까?]

현생 A
당신을 지켜주고 소중하게 생각해 주는 기사같은 그 사람.
헌신적이고 충성심이 왕성한 그에게 있어서 당신은 지켜주고 싶은 사람으로 생각되는 소중한
존재이다. 단, 연애에 있어서는 어딘가 단조로워서 로망의 향기나 드라마틱한 모습은 결여될지도
모른다. 설레임이 부족하다고 한탄하기보다는 당신이 먼저 두근거리는 순간을 만들도록 데이트나
이벤트를 부추겨보자. 견실파이면서 장래성이 있는 타입이므로 결혼상대에게는 적합한 존재이다.

현생 B
개인주의적인 그 사람은 적당한 거리감을 기분좋게 느끼고 있다.
개인주의적인 그 사람이지만 당신과의 관계에 대해서는 딱 좋은 거리감으로 기분좋게 느끼고 있다.
그에게 휘둘리거나 또는 소홀감을 느껴서 언뜻 불쌍하게 보여져도 본질을 파악하자. 끈적거리는
애증과는 관계없이 가벼운 감각의 사랑을 구가할 수 있는 것이다. 그 사람을 포로로 만들려면 조금
쌀쌀맞을 정도의 태도가 최선의 방법이다. 그 사람이 분발하여 당신의 손 안으로 뛰어 들어 올 것이다.

현생 O
그 사람의 악의없는 마음이 순수한 당신에게 상처를 줄 수도
섬세함이 부족한 O형의 그 사람은 어쨌든 좋다는 식으로 깊이 생각하지 않고 거침없이 말을 하므로
당신에게 상처를 주거나 당신을 휘두르거나 한다. 당신이 울거나 해도 뭐가 그리 슬프냐는 입장일
것이다. 본인에게 악의는 없으므로 원래 그런 사람이라고 생각하자. 찰나적인 사랑의 운명이
보이므로 짧은 사랑의 모험 상대라는 각오를 하자. 깊은 교제까지 이르면 스트레스를 쌓아두지
않도록 하자.

현생 AB
당신에게만 솔직한 얼굴을 보이는 그 사람. 마음을 허락하고 사귈 수 있다.
경계심이 강하고 같은 타입의 사람에게만 마음을 여는 그 사람. 전생이 AB형인 당신의 성격에
반응하여 이 사람 앞이라면 모든 것을 보여줄 수 있다고 생각하여 안정감을 갖게 된다. 당신의 지친
일상의 틈새에 있어서 그 사람은 살며시 한숨 돌릴 수 있는 마음의 항구가 된다. 남들 앞에서는
쿨하게, 두 사람의 시간에는 마음을 서로 엮어 나간다면 그 사람은 떨어질래야 떨어질 수 없게 됨이
확실하다. 기념일이나 이벤트는 무드있는 상황을 연출하자.

전생의 기억에서 연인과의 궁합을 알 수 있다

현생 B형 x 전생 A형

전생에서는 지배당하고 살았던 당신, 그 상처를 치유해주는 남성이 이상적이다.

당신에게 맞는 남성은?
A형이었던 당신의 전생은 강한 구속이나 지배하에서 살아 온 여성이다. 수도원에서 금욕적으로 신에게 의지했던 수녀나 본의 아닌 생을 강요당한 왕가의 왕후였을 가능성이 높다. 그런 전생의 속박에서 해방되어 이번에야말로 자유로워져야 하므로 이곳에 태어난 것이지만 당신의 영혼에 있어서 연애는 죄악이고 보상받지 못하는 고통의 기억이다. 현생에서도 연애에는 소극적이다. 하지만 일단 좋아하게 되면 사랑을 잃어버릴지도 모른다는 불안감에서 끝까지 최선을 다 한다는 면도 있다. 약삭빠른 남자에게 걸릴 우려도 있다.

그런 당신의 이상적인 상대는 마음속 깊은 곳의 상처를 치유하고 행복으로 인도해 줄 오빠같은 남성이 된다. 다른 여성들로부터는 아무 여자나 상냥하게 대해줘서 별로라고 평가받고 있는 인간성 좋은 남자를 발견하면 그 사람이 바로 운명의 상대일지도 모른다.

사랑이 더 깊어지려면?
부정적인 망상으로 인해 행복에 스스로 물을 끼얹기 쉬운 경향의 당신이다. 마음에 잠들고 있는 생각이나 진심이 팽창되기 전에 꼼꼼하게 상대에게 전하는 솔직함을 가지도록 하자. 대화를 나눠보면 깨끗이 의문이 해소되는 케이스가 많고 그 때마다 이해와 애정이 깊어질 것이다. 또 일방적으로 정열을 너무 쏟는 버릇도 애정의 불균형을 초래하는 원인이 된다. 그 사람을 위해서 뭔가를 해 주었다면 그 때마다 보답을 해달라고 귀염성있게 졸라대 보자.

보다 사랑이 깊어지게 할 수 있는 키 워드는 공동 프로젝트이다. 공유할 수 있는 블로그를 만들거나 그 사람과 동료들을 불러 모아서 프리 마켓에 출점 등을 한다면 사랑의 끈은 더욱 강력해 질 것이다.

[그 사람은 당신을 어떻게 생각할까?]

현생 A
그 사람에게 있어서 당신은 그냥 놔둘 수 없는 상대이다.
순수한 의사표시가 이상적이다.
성실한 그 사람은 당신의 소극적인 면에 반응되어 그냥 놔둘 수 없는 존재로 생각해 줄 것이다. 그 관계성을 잘 이용하여 고민이나 불만을 상담하는 동안에 특별한 관계로 진전된다. 하지만 교제 후에는 서로 순진한 탓에 상대의 기분을 읽지 못하여 불필요한 오해가 생기는 경향도 있다. 당신이 먼저 진지하게 의사표시를 하면 사랑이 원만하게 진전될 것이다.

현생 B
딱 맞는 궁합. 순간적으로 사랑에 빠질 예감이.
B형끼리 감성이 맞는다. 전격적으로 사랑에 빠질 예감이 든다. 그 사람도 일거에 불타오르며 이렇게 궁합이 맞는 여성은 더 이상 없을 것이라고 생각하고 접근해 올 것이다. 단 당신이 진심이 되면 될수록 변덕이 있는 사람에게 농락당하기 쉽다. 교제로 발전되면 상대의 태도에 안절부절 하기보다는 일이나 취미 등 연애 이외의 일에 의식을 분산시켜 균형을 맞추도록 하자.

현생 O
당신의 변덕을 귀엽게 생각하고 받아준다.
당신의 복잡한 양면성을 통째로 받아주는 것이 표현력 풍부한 O형의 남성이다. 변덕부리는 것도 귀엽다고 최대한으로 부드럽게 받아준다. 그 사람 앞에서 울거나 떼를 쓰거나 해도 괜찮다. O형의 천성적인 보호본능을 자극하여 안정된 관계로 발전되어도 더욱 사랑을 받을 것이다. 단 도에 넘는 뒷바라지나 간섭에는 반발할 우려가 있으므로 주의할 것.

현생 AB
당신은 그 사람에게 언제나 생각나는 존재. 영화관 데이트가 이상적이다.
이지적이고 맵시가 좋은 그 사람은 흔들리기 쉬운 당신의 정서를 능숙하게 보듬어 준다. 그 사람은 당신을 늘 생각나는 존재로 느끼고 따뜻하게 품어주려고 생각하고 있다. 그 사람에게 조언을 구하고 순진하게 따름으로서 둘 사이가 진전될 것이다. 서로가 의외로 낭만주의자 경향을 갖고 있으므로 영화나 음악을 함께 즐기고 분위기에 취한다면 보다 인연의 끈이 깊어질 것이다.

현생 B형 x 전생 B형

전생에 이어서도 자유분방하고 자기본위적인 자유인. 사랑의 파트너도 자유주의자인 남성을 소망한다.

당신에게 맞는 남성은?

전생에 이어서 현생에서도 B형인 당신은 자유분방하고 자기본위 기질이 가장 두드러진 타입이다. 필시 전생은 대지를 방랑하는 유목민내지는 로마민족이었을 것이다. 혹은 거리를 떠도는 유랑악단이나 서커스 단원 등이었을 것이다. 그 시대에 비해서 현생에서는 구속이 많은 사회 환경에 놓여있으므로 자유를 추구하는 욕망은 한층 왕성하다. 이성에게 첫눈에 반해버리는 경우가 자주 생기며 서로 알자마자 바로 침대로 향하고 결국은 교제 직후에 전격적으로 혼약이 이뤄지는 급진전 상황에 주위가 놀라기도 한다.

그런 당신에게 맞는 남성은 자유주의자이다. 최저한의 규칙이나 약속을 정하고 그 뒤는 서로의 자유를 존중하는 자유주의적 감성을 갖고 있는 상대이다. 당신이 존경할 수 있는 남성이라면 더욱 이상적이다. 그 사람과 함께라면 당신의 자유를 지킬 수 있으며 편안한 관계를 만들 수 있다.

사랑이 더 깊어지려면?

당신의 행복에 있어서 타성에 젖는 것이야말로 최대의 적이다. 데이트 코스나 섹스로 이어지는 상황을 매번 바꾸거나 동료나 친구를 사이에 넣은 데이트로 소통을 좋게 하거나 늘 신선한 관계를 유지하도록 하자. 또 당신은 속박 당하는 것을 무엇보다 싫어한다. 자유롭게 그 사람의 손바닥에서 헤엄칠 수 있어야만 느긋하게 발전하는 사랑을 만들 수 있다.

두 사람의 데이트로 특히 효과적인 것은 여행이다. 가본 적이 없는 장소는 정열을 고양시키고 사랑을 깊게 해주는 효과가 있다. 주말 등을 이용하여 잠깐 동안의 여행을 즐겨보자. 교제가 아직 깊지 않다면 당일치기의 원거리 데이트도 기대감이 크다. 고백이나 소중한 이야기도 여행지에서 꺼낸다면 이야기는 극적으로 전개될 것이다.

[그 사람은 당신을 어떻게 생각할까?]

현생 A
변덕스러운 당신에게 의심을 품기 쉬운 상대는 마조히스트 기질을 이용하는 것이 이상적
순진한 그 사람은 당신의 변덕이나 다정함에 대해서 자기를 정말로 어떻게 생각하는지에 대해서 늘 생각을 하고 있다. A형 남성은 마조히스트 (피학대음란증 환자) 기질이 잠재되어 있으므로 농락당했다고 생각하면 추격하는 예외적인 케이스도 있다. 가끔 상냥하게 대해주면 그 사람은 점점 붙이기 오로지 당신 한 사람만 향하게 된다. 상식이나 방침에 집착을 하는 편이므로 표면적으로라도 그 사람의 규칙에 따르는 노력이 필요하다,

현생 B
감정이 맞아서 만나자마자 사랑이 전개될 것 같다.
감각파인 B형끼리 그 때의 감정에 의해 사랑의 불꽃이 튀기 쉬운 관계이다. 그 사람도 당신을 왠지 감성이 맞을 것 같다고 생각해 준다. 곧바로 사랑으로 발전할 가능성이 크다. 하지만 서로 뜨거워지기 쉽고 식기도 쉬우므로 단발적인 로맨스로 끝나기 쉬운 것이 약점이다. 교제가 진전된 후는 서로 속박하지 않는 편안한 관계가 된다. 친구와 연인의 관계 사이를 왔다 갔다 하면서 오랜 기간 지속될 것이다.

현생 O
왈가닥인 당신을 부드럽게 지켜주는 그 사람, 주도권은 그 사람에게 넘기자.
모험심의 발로에서이건 아니면 잠깐 놀아보려는 심산으로 당신을 사귀어줄 수 있는 활력적인 그 사람은 왈가닥인 당신을 매우 좋아 한다. 정말 귀여운 사람이라고 생각하고 커다란 애정으로 지켜준다. 단 의외로 자존심이 세고 지배욕이 강하므로 먼저 마음에 있는 듯한 행동을 보여주고 최종적으로는 그 사람으로부터의 접근에 흐름을 맡기는 것이 이상적이다. 교제 후에라도 명심해야 할 중요한 점은 그를 치켜 세워주면 더욱 좋은 관계로 발전된다는 사실이다.

현생 AB
이론적인 그 사람, 생각대로 행동하는 당신을 존중한다.
이론적인 그 사람은 생각대로 살아가는 당신의 발상이나 행동력을 자신에게는 없는 또 다른 세계를 갖고 있는 멋있는 사람이라고 인정하고 받아들여 준다. 게다가 다른 관점에서의 조언도 이끼지 않는 등 마치 이상적인 안내자 같은 사람이다. 그 사람 앞에서는 얌전해질 수 있는 당신의 본연이 있다. 안정적인 관계가 되어도 서로 속박하지 않고 일정한 거리를 두면서 의견을 교환하면 자극적인 관계를 유지할 수 있다.

현생 B형 x 전생 O형

잠재적으로 얌전하지 못한 기질로 남성과 대결하기 쉽다.
순종하는 연하 남자나 의지할 수 있는 연상의 남성과 궁합이 좋다.

당신에게 맞는 남성은?

때는 전란의 시대이다. 잔 다르크처럼 체제와 싸우던 레지스탕스, 또는 민중을 이끌고 봉기한 혁명가. 그것이 전생에서의 모습이다. 직선적인 성격과 무엇이든 두려워하지 않는 의협심은 현생에서도 건재하고 있다. 대단히 남성적인 기질이므로 잠재적으로 이성에게 대한 대항의식이 뿌리 깊어서 정열적인 성격임에도 불구하고 고분고분하지 못한 모순을 안고 있을 것이다. 상대에게 끌릴수록 미움을 살만한 말을 하는 등 마음과 모순된 행동으로 나와 버리는 것이 바로 그 이유 때문이다.

동년배의 남성과는 뭔가를 놓고 대결하기 쉬우므로 순종하는 연하의 남자를 목표로 하자. 천성적으로 갖고 있는 지도력을 남기지 않고 발휘할 수 있는 상대이다. 거꾸로 훨씬 연상의 남성과도 원만하게 사랑을 키울 수 있는 예감이 든다. 이 경우는 자신의 영역 안에서 잘 보듬어주는 도량있는 그 사람에게 당신이 한 때 날개를 접고 쉬면서 응석부리는 관계성으로 사랑을 키워 나갈 수 있다.

사랑이 더 깊어지려면?

사랑이 더 깊어지게 하려면 적극적으로 대립을 피하고, 다툴 것 같은 구도가 되었다고 생각되면 당신이 아량을 베풀어 한걸음 양보하여 그 사람에게 꽃다발을 들게 할 것이다. 오히려 그 편이 상대보다 한걸음 앞서는 것이며 정신적 수준에서의 역학관계를 주도할 수 있다는 것을 기억해 두도록 하자.

또 섹스 어필의 요소가 결여되기 쉬우므로 사랑하는 사람 앞에서는 의식적으로 여자다운 교태를 부리도록 유념해 보자. 그것이 섹스가 없는 두 사람의 관계를 피하고 언제까지나 사랑받을 수 있는 조건이 된다. 데이트에서는 서로 대결하는 구도가 되기 쉬운 게임 등의 놀이는 피하도록 하자. 영화감상 등 두 사람이 같은 거리에서 즐길 수 있는 일정이 이상적이다.

[그 사람은 당신을 어떻게 생각할까?]

현생 A
다소 우유부단한 그 사람은 눈부시게 빛나는 존재의 당신에게 기대기 쉽다.
겁이 많고 소심한 A형인 그 사람은 도전적인 당신을 눈부신 기분으로 보고 있을 것이다. 의지할 만하다고 생각하며 고분고분하게 주도권을 넘겨주려고 한다. 단 세세한 것에 신경을 잘 쓰므로 당신의 덜렁대는 면은 약간 싫은 분위기이다. 교제를 지속시키기 위해서는 우유부단한 그 사람을 강제로 길들이는 것이 승리하는 것이다. 당신이 주도권을 쥐면 의외로 잘 맞는 커플이 될 수 있다.

현생 B
당신의 영역 안에서 잘 보듬어주면 쾌적감에 빠지는 사람.
B형끼리인 두 사람은 모험과 자극을 추구하는 비슷한 성향의 사람들이다. 비교적 O형적인 통제력과 보호본능이 잠재된 당신과 함께 있으면 그 사람은 왠지 모르게 당신의 영역 안에 있다는 느낌이 많이 들 것이다. 하지만 그것을 오히려 쾌적하게 생각하고 있는 것이 그 사람의 본심이다. 비록 다른 여성에게 한눈을 팔고 있을지라도 반드시 당신의 품으로 돌아온다. 공통의 취미나 목표를 갖고 인연의 끈을 깊게 하자.

현생 O
연애의 대상외? 남자 친구같이 편안하고, 쉬운 동료처럼.
야심가이며 스케일이 큰 O형의 그 사람은 당신의 내면과 통하는 것이 있어서 의기투합이 된다. 당신을 남자친구처럼 편하다고 생각하고 있다. 그러나 남녀의 벽을 넘는 친구로서 감성이 너무 맞는다면 그 사람은 당신의 여성다운 매력을 느껴주지 않는다. 여성성을 의식시키는 발언을 자주 흘리는 것이 연애가 지속되는 열쇠이다. 주도권 다툼에는 부디 신경을 쓰도록 하자.

현생 AB
자기와는 다른 성질을 신선하게 생각하면서 당신의 진심에는 주저한다.
무슨 일에도 뜨거워지기 쉬운 당신은 늘 객관적이고 냉정한 그 사람에게 있어서 신선한 존재이다. 반면에 거기까지 진심을 보여주는 당신에게 그 사람은 주저를 느끼기도 할 것이다. 양면성이 있는 그를 이해하려고 기세를 부린 나머지 당신의 정열은 공회전이 될 우려가 있다. 안정된 사랑을 만들기 위해서는 좋아졌을 때의 기분을 되살려 그를 믿고 이해하는 노력을 하자.

현생 B형 × 전생AB형

장대한 테마를 계속 쫓던 전생의 영향으로 세계를 넓혀줄 상대를 추구한다.

당신에게 맞는 남성은?

이 조합이 된 당신의 전생은 평생의 이상을 추구하여 사색에 빠지던 사상가 혹은 철학자이다. 그렇지 않으면 장대한 테마를 계속해서 추구하던 작가나 시인이었을지도 모른다.

당신에게 있어서 연애도 새로운 자신이나 미지의 세계를 발견하기 위한 자극적인 인생경험의 하나이다. 그 때문에 연애 상대에게 바라는 것은 탐욕적으로 뭔가를 배울 수 있고 촉발되듯 전혀 다른 세계관을 갖고 있는 남성이다. 구체적으로는 취미를 추구하고 있거나 일이 있는 분야의 전문가로서 활약하고 있다는 것이 절대 조건이다. 신선한 시야로 자신을 높여 줄 사람에게 강하게 마음이 끌린다. 또 차례대로 다른 타입의 남성과 다양한 형태의 로맨스를 쌓아 나갈 예감도 든다. 복수의 연애, 플라토닉, 불륜, 동성애 등 한번쯤은 경험했을지도 모르거나 혹은 하고 싶어 하는 진보파이기도 하다.

사랑이 더 깊어지려면?

지적으로나 정신적으로 존경할 수 있고 공명할 수 있는 남성이어야 싫증나지 않고 지긋이 사랑을 키워나갈 조건이라고 할 수 있다. 취미와 관련된 서클이 만남의 인연이 있는 장소로 딱 들어맞는다. 단기간에 헤어지지 않기 위해서도 상대를 찾을 때는 진심으로 임하도록.

지금의 상대와 인연의 끈을 더욱 깊게 하고 싶다면 취미나 생활, 사회활동 등 연애 이외의 접점이나 공유사항을 몇 개 정도 갖고 있어야 한다. 정신적인 연결이 강화되고 찰나의 정열이나 호기심에 농락되지 않는 사랑이 깃들 것이다. 데이트나 연락의 빈도는 과감하게, 그리고 부족하지 않을 정도로만 하고 적당한 거리를 두는 것도 사랑을 장기간 유지시키는 비결이다. 그리고 그 사람의 사적인 것이나 사생활 부분에는 간섭하지 않도록 하자.

[그 사람은 당신을 어떻게 생각할까?]

현생 A
당신의 양면성을 모순없이 이해하고 받아 준다.

정열가이면서 냉정하다는 양면성을 갖고 있는 당신. AB형의 그 사람은 어느 쪽이던 당신 그 자체를 생각하여 당신의 양면성을 모순없이 이해해 주는 사람이다. 사랑의 속삭임도 학문적인 논의도 시간과 장소에 맞춰서 즐길 수 있는 귀중한 상대라고 서로 생각하며 그 사람도 당신과 지내는 한 때를 즐기고 있을 것이다. 적정거리를 유지하면서 생명이 긴 교제가 가능한 두 사람이 될 것이다.

현생 B
자기 길을 가는 그 사람이 드물게도 귀를 기울여주는, 주목받는 존재.

편안하고 자극적인 관계를 즐길 수 있는 궁합이다. 독특한 발상이나 첨예한 감성을 갖는 당신은 그 사람을 촉발시키는 존재이다. 꽤 괜찮은 사람이라고 눈길을 보내면서 남의 이야기를 듣지 않는 그 사람도 당신의 의견만은 얌전히 자주 귀를 기울여준다. 앞일을 알 수 없는 자극적인 관계로 진전되어 싫증을 잘 내는 그 사람조차 몰입하게 된다. 커플이 되어서도 서로를 추켜세워 주는 발전적인 관계가 기대된다.

현생 O
지배욕이 강하므로 자기 것으로 만들고 싶다고 쫓아올 듯하다.

정복욕이 강한 O형 남성인 그 사람에게 있어서 잡기 힘들게 보이는 당신은 정복욕을 자극시키는 존재이다. 당신을 자기 것으로 만들려고 생각하고 있다. 당신이 변덕스러우면서 장난스럽다고 생각하면 그 사람은 안달이 나서 쫓아 오게 된다. 하지만 그 사람에게 붙잡히면 그 강력한 독점욕에 당신은 진정으로 도망치고 싶어진다. 나는 당신의 소유물이 아니라는 의연한 태도가 쾌적한 관계를 유지시켜주는 조건이 된다.

현생 AB
적극적인 자세에 주저하여 때로는 저항감을 보이는 그 사람.

매사에 있어서 다소 자제하려는 성격이며 깊이가 깊은 A형 남성인 그 사람은 자신의 영역에 들어오는 도전적인 당신을 보고 좀 뻔뻔스럽다고 생각하여 주저함을 나타낼 것이다. A형 남성은 뿌리가 보수적이므로 진보적이고 합리적인 당신의 감각을 이해하지 못할 가능성이 있는 것이다. 결코 궁합이 좋다고는 할 수 없으므로 진정으로 교제하고 싶다면 그 사람에게 적극적으로 다가가는 노력이 필요할 것이다.

전생의 기억에서 연인과의 궁합을 알 수 있다

현생 O형 × 전생 A형

전생에서 이어받은 봉사적 정신을 발휘하여, 가부장적인 그 사람과 궁합이 딱 맞을 것 같다.

당신에게 맞는 남성은?
전생에서는 무사의 딸이나 부인으로서 가정을 지키고 순종하면서 살았던가 아니면 기술직이나 학자의 길을 걸어야 했을 것이다. 때문에 정진에 정진을 거듭하는 것으로 매일을 지세웠을 것이다. 어느 쪽이던 타인에게 봉사하는 인생이다. 본래는 긍정적이고 대범한 기질임에도 불구하고 자기주장이 서툰 것은 이 때문이다. 단, 고난에 단련되어 근성과 더불어 남에게 지지 않으려는 기질이 강하므로 연적이 나타나도 포기하지 않고 끈기를 갖고 대처하여 상대가 백기를 들게 하거나, 혹은 불륜이나 양다리 걸치기 등의 그늘에서 벗어나 화려한 역전극을 연출하는 경우가 많은 것도 사실은 이 태생의 특징이다. 남을 잘 보살펴주거나 헌신하는 것에 매진하여 결국 그 사람의 아내 자리를 꿰차는 가능성도 높다.

그런 당신이 자신의 힘을 발휘할 수 있는 것은 가부장적인 남성과 정숙한 부인이라는 조합이기 때문이다. 외골수인 당신은 주장이 강하고 강요적인 남성과 절묘하게 궁합이 맞을 것이다. 가정에 안주한 뒤에도 남편이나 자식을 위해 헌신하는 현모양처가 될 것이다.

사랑이 더 깊어지려면?
천성적으로 모성애가 강해서 그 부분이 오히려 독이 될 수도 있다. 남자의 마음을 잡기 위해서는 헌신적인 시중이나 정성은 사실 유효하기는 하지만 교제 후에도 그러한 상황이 유지된다면 상대가 그러한 것을 당연시할 수 있으며 그것은 결국 두 사람의 관계를 비뚤어진 관계로 만들 수 있다. 때로는 내 맘대로 행동하거나 일이나 취미를 우선시 하거나 해서 당신만이 인생의 전부가 아니라는 점을 보여주는 편이 거꾸로 좋은 관계를 유지할 수 있다.

또한 사랑이 깊어지게 하려면 전통적인 분위기의 여관이나 복고풍 카페에서 데이트를 즐길 것을 추천한다. 또 온천장에 가서 탕에서 막 나왔을 때의 당신의 촉촉하면서 요염한 여인의 향기를 풍기는 것도 그 사람을 포로로 만드는 방법이다.

[그 사람은 당신을 어떻게 생각할까?]

현생 A
생각하면 생각할수록 사랑을 되돌려주고 있는 그 사람, 주저하지 말고 뛰어 들 것.
성실한 그 사람은 외골수인 당신의 성품에 공감하고, 이 정도로 자신에게 잘 해주는 것에 감격하여 예의상이라도 사랑을 되돌려 주어야겠다고 생각하고 있다. 생각하면 생각할수록 서로의 관계가 깊어지는 아주 좋은 조합이다. 주저하지 말고 그 사람의 가슴속으로 뛰어들어야 하는 것이 정답이다. 결혼으로의 골인을 위해서는 친구를 끌어들여서 외연부터 점령해나가면 간단하게 풀릴 것이다. 당신이 빠지기 쉬운 사랑의 함정을 들어본다면 부드러운 그 사람에 대해 약간 부족하다고 생각해버리는 당신의 착각 이외에는 아무 것도 없다.

현생 B
말을 잘 들어주는 쉬운 여자로 생각되기 쉬운 당신은 독특한 면을 보여주어야
사람을 휘두르기 좋아하는 그 사람에게 있어서 본심을 겉으로 표현하지 않는 당신이란 존재는 어딘가 다루기 쉬운 상대로 가볍게 취급당하기 쉽다. 그 사람의 페이스를 따라가지 못하여 매우 힘들어하는 당신이 결국은 포기해버리는 모습의 미래가 보인다. 기분이나 사랑을 전할 때는 암호문같은 분위기를 풍기는 편지나 메일을 보내는 등 독창적인 수단을 사용하여 그 사람의 호기심을 자극하자. 뒷바라지해주는 입장에서 공주님으로 전세가 역전될 가능성도 있다.

현생 O
지도자 타입의 그 사람은 내조의 공을 이룩한 당신에게 모든 힘을 쏟아줄 것이다.
내조의 여신을 자처하는 당신과는 이상적인 조합이 된다. 그 사람은 당신을 자신에게 모든 것을 바치는 귀여운 여자라고 생각하고 당신 앞에서는 천성의 지도력을 발휘한다. 그 사람의 성공이나 꿈의 실현을 의해 당신이 뒷바라지해주면, 그러한 당신을 행복하게 만들어준다는 각오로 그 사람도 모든 노력과 정성을 다 한다. 다만 거리가 먼 곳에 있거나 연령차이가 많이 나는 등의 경우는 세심하게 보아 줄 필요가 있다.

현생 AB
너무 그 사람의 뒷바라지를 하면 오히려 귀찮아 할 수 있다. 적당한 거리를 유지하자.
그는 언뜻 보면 부드러워도 사실은 냉정한 사람이다. 당신이 조금이라도 머뭇거리면 거추장스럽다고 생각하여 싫어할 수 있다. 뒷바라지가 필요한 태도를 보일 때도 피해야 한다. 이메일에 대한 답장같은 것은 아무 때라도 관계없다며 담담하게 대하는 편이 흥미를 끌 것이다. 안정된 관계를 지속시키기 위해서는 적당한 거리를 유지하는 인내가 필요하다. 푸념이나 불만은 관계를 험악하게 만드는 원흉이다.

현생 O형 x 전생 B형

잠재적으로 남성을 끌어당기는 작은 악마 타입. 화려한 남성과 전격적인 결혼의 예감이 든다.

당신에게 맞는 남성은?
밝고 활달한 라틴계의 O형 기질이 강화되어 사람을 즐겁게 해주는 것을 매우 좋아한다. 여배우나 댄서로서 활약한 전생 덕분인지도 모른다. 많은 이성과 함께 이름을 날렸던 경험은 현생에서도 그대로이다. 즉 당신은 절묘한 협상으로 상대를 쥐락펴락하는 작은 악마 타입이다. 그런 당신이 현생에서 O형으로 태어난 것은 영혼의 버릇을 고치도록 하는 하늘의 지시이다. 의식적으로 청초하게 보이고 한 가지만 강조하는 등 지금까지와는 다른 행동을 하자.

당신과 궁합이 맞는 것은 똑같이 화려한 분위기를 풍기는 사람이기 때문이다. 외국계 기업에서 열심히 일하고 있거나 접객업소에서 사람과의 소통에 익숙해져 대화가 능숙한 남성과 이상적인 조합이 된다. 협상력에 외골수적인 면을 플러스하여 상대의 연심을 엮어내도록 하자. 임신은 결혼으로 진입할 수 있는 좋은 신호가 된다.

사랑이 더 깊어지려면?
내 남자나 연인 앞에서도 청초한 화장과 치장으로 정숙한 분위기를 풍기면서 외골수적인 사랑을 알리자. 당신 자신에게도 자연스런 친숙감이 몸을 감싸게 되고 불륜이나 한눈을 파는 나쁜 버릇을 극복할 수 있다. 결혼은 타이밍이 생명이다. 지금이라고 생각한다면 바로 움직이는 것이 정답이다. 새로운 사랑의 기회는 놀이기구나 여행지에서 생길 것이다. 그 사람과 둘이서 여행을 가면 결혼의 동기가 생길 것이다.

사랑이 깊어지게 만드는 데이트는 낭만적인 순애보 영화 등의 감상을 추천한다. 영화의 주인공이 되었다는 생각으로 머릿속에서 드라마를 가상으로 체험하고 그 사람에게도 성격을 그대로 대입해보면 가슴이 설레거나 자극이 다시 불타오를 것이다.

[그 사람은 당신을 어떻게 생각할까?]

현생 A
매우 성실한 그 사람은 야무지지 못한 당신에게 싫은 표정을 지을 것이다.
신경질적이고 매우 성실한 그 사람은 전생 B형의 행동을 이해하지 못한다. 약속시간에 늦으면 느슨하거나 무르다고 싫은 표정을 감추지 못한다. 그 사람을 연애의 스타트 라인에 세우기 위해서는 우선 당신의 느슨함을 고치는 것부터 시작해야 한다. 연인이 되어서도 예의에 신경을 쓰면 소중히 대해 줄 것이다. 시간과 장소를 중요하게 생각하는 그 사람에게 사랑을 고백하는 타이밍은 그 사람이 혼자 있을 때를 노리도록.

현생 B
전생의 인연을 느끼고, 성격이 다른데도 이상하게 서로 끌리게 된다.
성격은 다른 듯이 보여도 사실은 닮은 사람이다. 전생에서도 연인관계였을 가능성이 높고 이상하게 인연을 느끼게 되어 곧 의기투합이 된다. 교제로 발전하는 것은 어느 의미에서는 필연에 가까울지도 모른다. 단, 둘 다 집착심이 강하므로 다툰 김에 쉽게 헤어져버리거나 자연적으로 관계가 시들어버리는 위험성도 있다. 과거의 전생에서 맺지 못한 사랑을 성취시키기 위해서도 끈기있게 인연의 끈을 강화하도록 하자.

현생 O
러브 헌터인 그 사람의 수렵 본능을 자극하는 매력적인 당신
러브 헌터인 O형 남성에게 있어서 플레이 걸 기질의 당신은 어떻게든 함락시켜보고 싶은 매력적인 대상이다. 뭔가 자잘한 대쉬가 줄을 잇거나 자주 가벼운 희롱을 당하는 것은 그 사람의 수렵본능을 자극하기 때문이다. 사귀고 나서도 비밀스런 부분을 남겨두는 등, 능숙하게 그 사람을 쥐락펴락하는 것이 자극적이고 행복한 관계를 유지할 수 있는 포인트가 된다.

현생 AB
정열적인 당신을 이지적인 그 사람이 능숙하게 콘트롤
이지적이고 페미니스트인 그 사람은 당신을 정열적인 사람으로 생각하고 좋은 인상을 품고 있다. 겉으로 감정을 나타내지 않은 사람이지만 사실은 능숙하게 당신을 콘트롤할 수 있고, 조용히 사랑을 키워나가는 아우라를 내뿜고 있다. 교제 후에 다투거나 문제가 적은 것은 그 사람의 덕분이라고 감사하도록 하자. 섹스 면에서는 입장차이가 발생하기 쉽다. 담백한 그 사람에게 순종하고 인내하지 못하여 바람을 피우면 파국을 맞이하게 된다.

현생 O형 × 전생 O형

전생에서는 마더 테레사같은 봉사형이었다. 큰 뜻을 품은 남성에게 마음으로 대쉬하자.

당신에게 맞는 남성은?
터프하고 긍정적인 아우라가 넘치며 주위를 건강하게 만드는 것이 당신의 재능이다. 전생에서는 양호시설에서 많은 어린이들의 어머니 대신 역할을 하는 사감이나 마더 테레사같이 봉사업무에 정력적으로 임했던 적도 있다.

평화가 당신 영혼의 핵심 단어이므로 연애도 인류애에 가까운 양상이다. 외모나 학력 등 조건적인 것은 놓아두고서 정신세계가 높은 사람과 온화한 사랑을 키워나간다. 현생에서도 꿈이나 큰 뜻을 품고 있는 타입이 딱 맞는다. 배우지망생이나 벤처기업을 목표로 하는 야심적인 남성에게는 정성을 아끼지 않는다. 협상이나 계산은 서툴며, 좋아한다는 뜨거운 마음만으로 대쉬해 가는 얌전한 당신에게 그들은 마음을 열어 줄 것이다. 일이나 취미에 있어서 사랑에 빠지는 일이 많을 것이다.

사랑이 더 깊어지려면?
사랑이 더욱 깊어지게 하려면 한 가지 방법으로만 공략하지 말고 다음에 연락할 때까지 시간을 두거나 때로는 냉정함을 보이거나 하는 작은 기술을 구사하여 공략의 완급을 조정하는 방법도 필요하다. 타성에 빠지는 상황이 되면 다른 남자친구와는 사이가 좋다는 모습을 보여서 그 사람을 자극하거나 두 번에 한번 정도는 데이트 신청을 거절한다면 두 사람의 관계가 재충전될 것이다. 잃어버린 사랑을 되찾으려면 오렌지 향기가 효과가 있다.

그 사람과 더욱 친밀해지고 싶다면 석양이 질 때가 기회이다. 애절한 기분이 일깨워져서 헤어지기 어려운 분위기로 바뀔 것이다. 상황이 허락된다면 그대로 키스까지 가고, 그리고 침대로 향하는 것도 상급 테크닉이다. 당신의 의외스러운 행동에 그 사람의 마음은 이미 녹아 있을 것이다.

[그 사람은 당신을 어떻게 생각할까?]

현생 A
남 앞에서 그 사람을 세워주고 자존심을 충족시켜주면 헤어질 수 없다는 생각이 든다.
둘의 궁합은 보통이지만 당신의 파워풀한 O형 기질이 만개되어 있다면 A형의 그 사람은 위축되기
쉽다. 남 앞에서 그 사람을 치켜세워서 남자의 자존심을 채워주면 당신을 함께 있으면 편안해지는
여자라고 생각하게 되고, 좋은 파트너로서 인정해 줄 것이다. 그렇게 되면 둘만의 시간에는 다소 내
맘대로 하고 싶은 것을 주장해도 아무 문제가 없다. 다투는 것은 장기화될 우려가 높으므로 먼저 한
수 접어주는 것이 정답이다.

현생 B
당신을 배려심이 약한 여자로 생각할지 모른다. 상대에게 배려를
일촉즉발의 모습이다. 한순간에 끌리고 사랑에 빠지겠지만 둘 다 자기중심적인 면이 있으므로
단명으로 끝날 위험이 있다. 그 사람은 당신을 배려심이 약하다고 생각하고 있을지 모른다. 상상력을
동원하여 상대의 기분을 알아주도록 한다면 관계는 양호하게 풀릴 것이다. 그 사람을 나의 사랑의
포로로 만들려면 우연하게 맞닥뜨리는 것 같은 재회의 장면을 연출하는 등의 「깜짝연출」이 주효할
것이다. 그 후의 원만한 관계는 당신의 배려심에 달려있다.

현생 O
전생에서는 부모자식 사이였다? 서로를 운명의 사람으로 생각하는 두 사람
사랑하는 사이로 발전되기 대단히 쉬운 조합으로 그 사람도 운명의 상대임에 틀림없다고 생각하고
당신에게 접근할 것이다. 또한 주위의 눈을 의식하지 않는 끈끈한 커플이 될 것이다. 단지 두
사람은 과거 생에서 부모와 자식지간이나 혹은 형제였을 가능성이 높으며 교제가 깊어질수록
가족적인 분위기가 될 것이다. 자극적인 관계를 계속 유지하기 위해서는 정열적이다 못해 튀는 듯한
공략보다는 적당한 거리를 두는 편이 좋을 것이다.

현생 AB
너무 직선적인 당신의 애정표현에 다소 물러서려는 분위기의 그 사람
그 사람은 폼 나는 연애 스타일을 원하는 타입이다. 기분대로 육탄전으로 대쉬해 오는 당신의 연애
양상에 대해서 너무 직선적이라고 생각하고 약간은 물러서려는 듯한 기미가 보인다. 그 사람을 내
것으로 만들고 싶으면 뭔가 말을 걸다가 그만두거나 의미심장한 시선을 보내는 등 두뇌전으로 상황을
몰고 가서 흥미를 갖게 하자. 이상적인 커플이란 속박이나 질투 등, 끈적이는 감정을 덮어두어야 한다.

현생 O형 x 전생AB형

전생에 이어서 비밀주의자인 성인 여성.
높은 이상과 연봉이 높아야 하는 등 까다로운 조건

당신에게 맞는 남성은?

뜨거운 O형에게는 드물게도 냉정하고 사려분별이 깊은 어른다운 여성상이다. 전생에서는 우수한 두뇌나 능력을 높게 인정받아서 유력한 인물의 참모를 지냈을 가능성이 있다. 여자 스파이나 저격수로서 적지에 잠입하여 기밀을 탐지하는 임무를 완수했던 적도 있을 것이다. 그 전생의 기억으로부터, 개방적인 O형으로서는 개인지향이 강하고 비밀주의자가 되었을 것이다. 게다가 사랑하는 이성의 앞에서는 완벽한 연인을 연출하려고 한다.

이 타입의 당신은 이상이 높아서 보통의 남성에게는 만족하기 힘든 경향이 강하다. 고학력에다 고연봉, 장래성이 좋아야 하는 등의 조건을 충족하는 남성이 딱 맞는다. 결혼상담소나 중매소 등 작심하고 만남의 기회를 확대하는 것이 이상형의 남성을 만날 수 있는 유효한 수단이 된다. 그 사람의 어머니 등 윗사람으로부터의 시선과 인상도 대단히 좋으므로 결혼으로의 골인이 빠를 수도 있다.

사랑이 더 깊어지려면?

돈 많은 이성과 사귀거나 훈남에게 구애를 받거나 한다. 하지만 첫눈에는 행복하게 보이지만 뭔가 부족함을 느껴버리는 것은 영혼이 새로운 사랑이야기를 갈구하고 있기 때문이다. 당신은 못 느끼겠지만 마음 한 구석에는 진정한 O형답게 정열적으로 추구하는 격렬한 사랑에 빠지고 싶은 욕구가 잠자고 있는 것이다.

그 사람과 둘이서 해외나 교외의 리조트에 여행하는 것을 추천한다. 일상에서는 피할 수 없었던 이성의 제어장치를 풀 수가 있고 작렬하는 사랑에 취할 수 있을 예감이다. 사랑이 깊어지도록 하려면 골드 메이크나 다이어 목걸이를 하도록 하자. 빛나는 미래를 열어주는 만능의 황금 열쇠가 된다.

[그 사람은 당신을 어떻게 생각할까?]

현생 A
만나기 시작한 초기에는 경계. 드디어 만난 소울 메이트의 인연을 실감한다.
경계심이 강하고 자기를 보여주고 싶지 않아서 방어가 단단한 그 사람. 당신을 그다지 마음을 열고 싶지 않은 상대로 보고 있다. 그 때문에 처음에는 꽤 거리가 줄어들지 않지만 한차례 마음이 통하면 둘 사이의 벽은 단번에 없어져서 그 사람은 당신을 이상적인 연인으로 생각하게 된다. 공통점을 찾아내어서 대화의 불을 당겨보자. 두 사람은 소울 메이트의 가능성도 높은 편이다.

현생 B
비밀스러운 점에 끌려서 접근하는 그 사람, 얌전히 기대게끔 만들자.
악착스럽고 자기본위인 그 사람도 비밀이 많고 신비스러운 당신에게는 흥미가 진진하다. 호기심으로 접근하면서 공략해 온다. 당신 앞에서 만큼은 응석부려도 괜찮을 것 같다고 애완견처럼 순순히 따라 올 것이다. 단 B형인 그 사람은 싫증을 내기 쉬운 것이 특징이기도 하므로 관계를 지속시키고 싶으면 간단히 맘대로 되지 않은 여자임을 계속해서 연출할 필요가 있다. 현명하게 작전을 세워보자.

현생 O
감성이 맞지 않으면 주저하는 그 사람. 전생의 인연을 끊자.
같은 혈액형은 원래 동지적인 애정을 품게 되는데 그 사람은 왜인지 감성이 맞지 않는다고 생각하고 있다. 그것은 전생의 인연이 있기 때문이다. 특히 전생 AB형으로 타산적인 당신에게 그 사람은 때때로 주저하는 모습을 보일 것이다. 그 사람과의 행복을 추구하고 싶다면 당신은 그러한 전생의 인연을 끊어야 한다고 생각하는 것이 중요하다. 자연 속에서의 데이트가 전생의 업보를 정화하여 인연의 끈을 강화시켜 줄 것이다.

현생 AB
공주님같이 꿈의 세계로 당신을 에스코트
예를 들어서 그 사람은 당신을 공주님처럼 생각하고 있다. 늘, 무엇을 해준다고 솔선해서 배려해주며 당신을 꿈의 세계로 인도해준다. 가끔은 입장이 역전될 경우도 있지만 그것은 그것대로 잘 진행되어간다는 암시이다. 때문에 매끄럽게 교제관계로 발전되어 갈 것이다. 반면에 섹스 면으로는 의견차이나 응어리가 나중에까지 여운으로 남을 것이다. 문제로부터 벗어나려고 하지 말고 진지하게 대화로 풀어나가야 한다.

전생의 기억에서 연인과의 궁합을 알 수 있다

현생AB형 x 전생 A형

정조관념이 강하고 플라토닉 러브가 이상적. 상사나 선배에 대한 존경심이 연애로 발전

당신에게 맞는 남성은?

전생의 당신은 훌륭한 참모로서 주군을 보좌하고 실력을 발휘하던 유능한 존재였다. 또 군주나 왕, 목사 등 일종의 신성한 존재에게 연심을 품고, 정열을 억누르고 살아온 경험이 있다. 이 때문에 금지된 사랑의 기억이 지금 다시 당신을 억눌러서, 여성이 먼저 적극적으로 나오는 것 자체가 멋쩍다거나 혹은 맺고 싶은 욕망은 죄가 크다고 무의식적으로 제어하고 있다. 그런 당신에게는 자기가 존경할 수 있는 남성이 이상적이다. 신뢰하는 상사나 선배 등에 대한 존경의 마음이 연애감정으로 발전하여 갈 것이다. 당신을 잘 아는 친구로부터 넓은 세계관을 갖고 있으며 믿음의 보람이 있는 남성을 소개받는 것도 만남의 기회를 넓히는 한 방법이 된다. 또한 섹스에 대한 혐오감이나 저항감이 있는 경우, 당신의 정조관념을 존중하여 무리하게 강요하지 않는 성의가 있는 남성을 고를 것.

사랑이 더 깊어지려면?

일상에서 사랑을 깊게 하기 위해서는 빈번하게 데이트를 되풀이하는 것이 요령이다. 저렴한 대포집이나 패밀리 레스토랑도 OK이다. 사치와는 인연이 없는 당신이므로 그 사람에게 있어서는 부담이 적을 것이며 또한 좋은 인상을 남기게 된다.

긴 봄에 결론을 보고 싶고 연인과의 거리를 좁히고 싶은 사람은 조그만 「깜짝 연출」을 준비해보도록 하자. 데이트 도중에 일부러 미아가 되고 그리고 부모와 딱 만나게 되는 상황을 세팅하는 방식 등으로 사랑을 키워 나가자. 또 여간해서 결혼이 결정되지 않거나, 인연이 먼 것 같은 문제를 해소하고 싶으면 맨 얼굴같이 한 자연스런 화장에 도전해보자. 숨어 있던 당신 본래의 매력이나 요염함을 이끌어 내어 결혼운이 단연코 향상될 것이다.

[그 사람은 당신을 어떻게 생각할까?]

현생 A
성실한 그 사람은 당신의 얌전한 면에 끌린다. 주위의 도움이 열쇠가 된다.

성실하고 외골수인 그 사람은 당신의 얌전한 면에 마음이 움직인다. 단지 경계심이 강하므로 그럭저럭 그녀 쪽에서 더 행동을 취했으면 하고 기다리는 자세로 있을 것 같다. 당신도 비슷한 상황이므로 서로 사랑하면서도 거리가 좁혀지지 않고 그다지 친밀해지지 않은 채로 끝나버릴 위험이 전혀 없는 것도 아니다. 주위의 친구나 동료에게 도움을 부탁해보자.

현생 B
그 사람의 연애에서 당신은 대상외가 된다. 역전의 요령은 당신의 이해와 성의이다.

접근할수록 서로 상처받는 두 사람. 전생에서 대립이나 인연을 남긴 채로 헤어졌기 때문에 그 업보를 해소하기 위해서 만났을지도 모른다. 그 사람은 당신을 연애의 대상으로서는 조금 다를 것이라고 생각하고 있으므로 당신이 먼저 접근하도록 하자. 서로 각각 다른 인간이라는 전제에서 접근해가면 이상하게도 마음의 공명이 울리기 시작한다. 다투는 것은 스킨 쉽이 부족한 것이 원인이다. 대화를 주고받을 때도 상대방과 접촉하면서 하자.

현생 O
범연한 그 사람은 세세한 지적을 거듭하는 당신을 귀찮아한다.

남자다운 O형 남성이지만 당신의 입장에서 보면 그 사람의 무신경함에 자주 입이 벌어진다. 거꾸로 그 사람은 당신의 지적을 시끄럽다고 생각할 것이다. 상대를 손바닥에 올려놓고 주무르려는 수준의 의도는 뜻밖에 잘 되어갈 것이다. 결정적인 말은 분위기가 넘치는 장소로 데리고 가서 넌지시 캐물어 상대가 먼저 말하도록 해보자.

현생 AB
함께 있고 싶은 그 사람의 기분을 소중하게 생각하고 서서히 진행해 나가자.

감성은 좋으며 만남에서 교제까지 순조로움 그 자체이다. 그 사람도 함께 있는 것이 자연스럽다고 생각하고 있으며 매끄럽게 골인할 가능성이 높다. 반면에 자기 나름대로의 방침이나 가치관에 고집스러운 그 사람은 무리한 강요를 무엇보다 싫어한다. 당신이 불평을 늘어놓거나 하면 그 한 순간에 관계는 어색해진다. 잠자리를 같이 하거나 가족한테 소개하는 등의 애정사도 서둘지 말고 천천히 하자.

현생AB형 x 전생 B형

안정을 두려워해서 일부러 소외당해보거나 ....
당신의 고독을 이해하는 남성이 최고이다.

당신에게 맞는 남성은?

여러 나라를 방랑하며 사람들에게 오락이나 치유를 주는 음유시인이나 연예인이다. 미적 감각이 뛰어나므로 아무 곳이나 지내지 않는 고고한 사람이다. 그것이 당신의 전생이다. 머리회전이 빠르고 말도 잘하므로 이성에게 인기가 좋았을 것이다. 하지만 속박을 싫어하므로 교제기간이 길어짐에 따라 안정보다는 불안이나 부자유스러움을 느껴버리는 경향이 있다. 그런 당신에게 맞는 것은 자신과 같은 사람과의 사이에서 적당한 거리를 유지하는 타입이다. 사람들로부터 그 사람이 무엇을 생각하고 있는지 잘 모르겠다고 여겨지는 남성과 궁합이 좋다.

또 안정을 두려워하는 나머지 스스로 다른 남성에게 작업을 걸거나 일부러 미움을 살만한 말을 해서 상대에게 소외당하는 것 같은 일을 하거나 한다. 당신을 그렇게 만드는 내심의 고고함을 이해하는 표용력이 있는 남성과 함께라면 깊은 사랑을 키워나갈 수 있을 것이다.

사랑이 더 깊어지려면?

매사의 본질에 대한 이해는 잘 하지만 그 뒤가 확실하지 않은 것이 약점이다. 교제하기 시작했다면 적어도 1년은 교제를 계속해보자. 사랑을 깊게 하기위해서는 스프가 식지 않을 정도의 적당한 거리를 두고 있는 것이 중요하다. 데이트는 주 1회로 한정하자. 그 이상은 메일이나 전화도 자제하는 등 서로간의 사생활을 존중하자.

또한 인연의 끈을 든든하게 하기 위해서는 변덕스러운 태도로 진심을 의심받을만한 상황에 빠지지 않도록 해야 한다. 같은 말이나 관용구를 거듭 쏟아내어 외골수라는 당신의 인상이 남도록 하자. 좋은 인연 찾기나 가장 좋은 데이트 장소는 미술관이나 극장, 예술의 향기가 나는 장소이며 그곳이 당신의 매력을 한층 높여 줄 것이다.

[그 사람은 당신을 어떻게 생각할까?]

현생 A
당신에게 눈이 끌리는 성실한 그 사람. 나의 내면을 잘 알리자.
사고방식이나 행동양상도 안 맞는 것이 많고, 그 사람은 당신에게 위축감을 느끼기 쉬울 것이다. 감각이 좋고 기지에 넘치는 대화를 펼치는 당신 앞에서 자기 자신은 그 정도도 안 되는 점에 부담을 느끼고 있을 것이다. 한번이라도 서로의 관심이 맞아 떨어지면 맹렬하게 끌어당기므로 우선은 당신의 내면을 잘 알릴 것. 애독서나 좋아하는 CD따위를 선물하는 것 등에서부터 시작해보자.

현생 B
개성적인 그 사람에게 있어서 당신은 이상의 연인이다. 전격적인 결혼도 가능하다.
악착같은 면이 그 사람의 매력이다. 상대 또한 건드리면 터져 나오는 대화나 주고받기가 가능한 당신과의 만남에서, 실로 이상적인 여성과 만나게 되었다고 감격한다. 최초에는 서로 견제하지만 한번 마음을 허락하면 그 사람은 정지할 줄 모르게 된다. 전격적으로 맺어져서 주위를 깜짝 놀라게 하는 경우도 있다. 결혼에 조금이라도 흥미가 끓어오른다면 앞으로 나가도 좋다. 교제 중에는 즐겨보겠다는 마음을 가미할수록 오랜 기간 지속할 수 있다.

현생 O
파장이나 화제가 딱 맞는 관계. 그 사람의 속박이야말로 사랑의 깊이라고 명심할 것.
밝고 명랑한 그 사람은 함께 있으면 즐거운 상대이다. 파장이나 화제도 맞고 곧바로 의기투합이 될 것 같다. 단지 그 사람은 애증에 의한 질투가 심하고 자기만을 보고 있어주기를 원하며 당신을 독점하고 싶어 한다. 속박을 싫어하는 당신은 그 사람의 독단에 싫증이 날 수도 있다. 그 사람에게 이러쿵저러쿵 말을 듣는 것은 사랑받고 있는 증거라고 생각을 바꿔보자. 짝사랑의 경우는 갑자기 고백을 하면 효과가 있다.

현생 AB
냉정하지만 당신이 기뻐하는 얼굴이 보고 싶어서 노력하는 그 사람.
냉정한 그 사람과 예술가 기질의 당신은 물과 기름같이 보이지만 사실은 좋은 궁합이다. 기뻐하는 얼굴을 보고 싶어 하는 상대로서 그 사람은 몰래 즐거운 데이트를 계획하고 있다. 둘의 관계에서는 철저하게 당신이 분위기 메이커 역할을 하는 것이 중요하다. 다투는 일이 줄어들고 분위기는 배로 고조된다. 단지 성적결합이 약한 것은 난점이다. 섹스가 없는 관계가 지속되면 마음까지 떠나버리기 쉬우므로 주의해야 한다.

현생AB형 × 전생 O형

냉정한 내면에 뜨거운 피의 물결이 흐르는 양면성. 과감하게 공략하여 수준이 높은 그 사람을 함락시키자

당신에게 맞는 남성은?

활력과 재능이 넘치는 여걸의 모습이다. 일찍이 대해원을 주름잡던 여도적 혹은 장사를 위하여 위험한 모험도 불사했던 상인이었을지도 모른다. 언뜻 냉정하게 보여도 내면에는 뜨거운 피의 흐름이 파도치고 있는 것이 당신의 본질이다. 연애 면에서도 이름난 러브 헌터이므로 장벽이 있을수록 불타오르는 타입이다. 사랑이 순조로운 동안에는 비교적 담담하지만 경쟁자가 생기거나 하는 등 곤란한 상황이 발생한 순간에는 여전사로 돌변한다.

당신에게 맞는 남성은 어쨌든 교양 수준이 높은 사람이다. 특출한 재능으로 주위에서 최고로 인정을 받고 있는 뛰어난 남성이다. 그런 상대를 좋아하게 되었다면 과감하게 공략해나가며 동시에 자기 자신의 계발도 아끼지 않으므로 연애와 함께 인간적으로 대성해 나간다. 사랑의 열매가 맺어진 뒤에는 현모양처가 된다. 점점 두각을 나타내는 그 사람을 내외조로 지원사격해 나갈 것이다.

사랑이 더 깊어지려면?

고고한 에이스 타입의 남성을 좋아하기 쉬운 성향이므로 당연히 목표로 하는 그 사람을 점찍는 여성은 많으며 사랑의 자존심 싸움도 치열하다. 줄을 잇는 경쟁자와 경쟁하면서 여성상을 갈고 닦아 자기가 성장하는 모습에 스스로 눈을 뜨게 될 것이다. 그 사람의 눈에도 당신의 매력이 눈부시게 비쳐져서 그 상승효과에 의해 좋은 결합이 될 것으로 기대된다.

사랑이 깊어지게 하려면 일이나 취미에 관한 화제를 메인으로 하는 대화가 의미가 있다. 서로의 이해가 깊어짐에 따라 인연의 끈도 강해지고 서로를 높여주는 이상적인 관계로 전개될 수 있을 것이다.

[그 사람은 당신을 어떻게 생각할까?]

현생 A
강인한 당신에게 주저하고 있을지도 모르는 그 사람, 사랑의 작전은 천천히.
인내심이 강하고 협조형인 그 사람은 투지를 내면에 감춘 당신의 강인한 접근에 주저하는 모습을 보일지도 모른다. 더욱 서로 대화를 나누면서 이해해가고 싶어 할 것이다. 단지 그 사람의 성실함과 당신에게 있는 치유의 원천력으로 인해 궁합 자체는 나쁘지 않다. 한발씩 양보해야 함을 명심해야 하며 스피드를 내서는 안 된다는 점 또한 명심하자. 느긋하게 우정을 키워가면서 신뢰를 쌓아가는 것이 종착점에 골인할 수 있는 지름길이다.

현생 B
당신의 모든 것에 마음을 빼앗긴 그 사람. 하지만 최적의 관계는 다른 스타일이다.
당신의 이지적인 미모와 지성, 우아함에 도리없이 마음을 뺏기게 된다. 당신도 그 사람의 독특한 개성과 재능에는 호감을 품을 것이다. 다만 그 사람은 변하기 쉬운 기질로 감정의 흔들림이 심한 타입이다. 늘 냉정한 당신은 그 사람과 사귈수록 주저함을 감출 수 없을지도 모른다. 단기간으로 결정이 된 한정적 연인이나 즐기기 위한 관계의 친구로서만 사귀는 편이 좋을 것 같다. 진심을 바란다면 일말의 각오도 필요하다.

현생 O
냉정스런 표면에 잠자는 당신의 정열에 그 사람은 감전된 듯 다가 올 것.
전생의 혈액형이 서로 감응되므로 순간적으로 사랑에 빠질 가능성이 있다. 그 사람은 당신의 양면성에 일찍이 눈을 뜨며, 의외로 정열적이고 귀여운 본성을 간파하여 마음의 빗장을 열어 줄 것이다. 한편 당신도 활력과 지도력이 넘치는 그 사람에게 강력한 섹스 어필감을 느끼고 마음은 달아오른다. 애정표현은 당연히 직선적으로 생각을 전하는 등으로 진전하여 교제 후에도 정열적인 관계가 될 것이다.

현생 AB
인간적으로 서로 존경하는 관계를 만들지만 사랑의 불꽃은 타오르기 어렵다.
재능이 넘치는 당신은 그 사람에게 있어서 멋있는 사람으로 동경의 대상이 되고 있을 것이다. 남녀라기보다는 인간으로서 존경하고 서로 추켜 세워주는 관계를 만들 수 있다. 하지만 당신 쪽에서 연애관계로 발전시키려고 정열적으로 대쉬해도 여간해서 타오르지 않는 것이 이 타입의 남성이다. 고백을 하거나 데이트하는 장면에서는 낭만적인 연출을 자주 펼치고 분위기에 취하게 하여 그 사람의 마음에 불을 당겨보자.

현생AB형 x 전생AB형

이상이 높고 눈앞의 행복을 느끼기 힘들다. 순수하게 당신을 생각해주는 남성을 고를 것.

당신에게 맞는 남성은?

속세에서 헤어진 분위기가 농후하게 감도는 당신. 전생에서는 왕궁의 깊은 곳에서 소중하게 키워졌을 공주나 심리의 추구에 몸을 바친 학자 등, 오염되지 않은 인생을 보낸 사람인 듯하다. 그 아름답고 맑은 모습에는 뛰어난 플레이 보이조차 감히 접근하지 못했음에 틀림없었을 것이다. 그런 당신에게는 지극히 높은 이상에 비하여 눈앞의 행복이나 만남에는 어두운 것이 문제점으로 대두된다. 이상적인 상대는 외모나 조건에 약간 문제가 있어도 순수하게 당신을 생각하고 가족이나 친구까지도 소중히 대해주는 남성이다. 연애경험이 적은 당신의 마음을 천천히 시간을 들여서 열어주고 서로를 감싸주는 관계를 만들 수 있을 것이다.

또 그중에는 자기 이상에 맞는 상대가 없으니까 2차원적 성격으로 부활하는 경향도 있지만 그렇게 해서는 진정한 당신 자신을 꽃피우게 할 수 없다. 현실로 눈을 돌리자.

사랑이 더 깊어지려면?

연애경험이 별로 없는데도 너무 앞서나가기 쉽다. 멋있는 사랑을 하고 싶다면 첫 번째도 두 번째도 경험을 쌓는 일이다. 친구와의 교제도 좋으니까 여러 타입의 남성과 데이트를 해보자. 남성에 대한 이해가 깊어지고 당신의 마음에도 사랑과 정열의 자각이 찾아 올 것이다.

교제 중에는 섹스가 너무 담백하여 상대에게 뭔가 부족한 느낌을 주는 경향이 있다. 장벽을 털어내고 얌전한 자신을 보이는 각오로 도전하도록 하자. 사랑이 더 한층 깊어질 것이다. 또한 빈혈이나 저혈압에 시달리기 쉬우므로 장시간의 옥외 데이트에는 불안감이 생긴다. 카페 등에서 휴식을 잘 취하면서 즐거운 한 때를 보내도록 하자.

[그 사람은 당신을 어떻게 생각할까?]

현생 A

이상주의인 당신에게 차이점을 느끼는 그 사람, 접근은 당신이 먼저.

성실도 넘버 원인 그 사람. 따뜻한 애정에 감싸여 행복을 느끼는 관계이다. 단 장래의 설계나 금전적인 면, 그리고 생활면에서 확실한 태도를 보이는 그 사람은 당신을 이상만 앞서고 현실은 보지 못하는 타입이라고 생각한다. 때문에 서로의 입장차이가 크게 느껴질 것이다. 어디까지 그 사람에게 맞춰줄 수 있는지가 행복한 교제를 지속시키는데 중요한 과제가 된다. 가족 단위로 교류를 갖으려면 빨리 시작하도록 하자.

현생 B

자유분방한 그 사람을 너무 속박하다보면 잔소리꾼으로 끝나버린다.

자유분방하고 개성적인 그 사람. 당신은 쉽게 변하고 변덕스러운 언동이나 희로애락에 좌우되어 그 사람의 성의를 의심해버리는 일도 자주 있다. 그때그때 지적을 잘하는 당신을 그 사람은 잔소리가 심하고 시끄러운 사람이라고 생각하고 멀리할 수 있다. 이렇게 되면 그 사람에게 있어서도 매우 답답한 관계가 된다. 기분대로 행동하는 것은 그 나름대로의 애정표현이다. 이해만 할 수 있다면 신선하고 즐거운 관계를 유지할 수 있을 것이다.

현생 O

과연 미녀와 야수이다. 당신의 기품이 그 사람의 마음을 흔들어 댄다.

생명력과 행동력이 출중하고 왠지 모르게 수컷의 이미지를 연상시키는 그 사람과 무기질의 분위기를 풍기는 당신은 말 그대로 미녀와 야수의 커플이다. 당신을 정말 기품이 있는 사람이라고 생각하는 그 사람은 마음이 흔들리고 있을 것이다. 단세포적인 사람이므로 조종하기는 간단하지만 복잡한 사고체계를 갖고 있는 당신에게 있어서 그 사람의 단순함은 실격의 대상이다. 그 사람이 귀엽게 보이는 동안은 즐겁고 행복한 관계이므로 앞날을 생각한다면 시간을 들여서라도 그 사람을 정확히 간파하도록 하자.

현생 AB

친구같은 감각으로 편안한 느낌이 최고이다. 담백하고 오랜 교제가 될 것이다.

성격이나 생활양식이 닮은 점이 많은 두 사람. 그 사람은 당신과 함께 있으면 기분이 편해지고 친구처럼 안정감이 든다고 느끼고 있다. 서로 담백하므로 불꽃놀이처럼 화려한 관계는 되지 않지만 우애가 풍부하고 담담한 교제가 지속될 것이다. 단 낭만적인 꿈을 쫓기 쉬우므로 끝까지 관계가 진전되지 않을 가능성도 있다. 아예 작정을 하고 주도권을 쥐어서 그 사람을 이끌어 나가 보도록 하자.

혈액형별 기질은 다양한 모습으로 타나난다. 복권에 당첨되거나
남에게 도움을 받거나 하는 행운의 혈액형은 누구?

많이 먹어도 살이 찌지 않는 것은?

1위 O 생기가 왕성하고 활동적인 O형은 꽤 대담하게 먹는다. 그러나 소비하는 칼로리도 많으므로 살이 찔 염려는 그다지 없을 것이다.

2위 AB 외형이 나빠지고 건강에도 해로우므로 비만은 자존심이 허락하지 않는다. 너무 많이 먹어도 초과된 분량은 노력하여서 정확히 소비할 것이다.

3위 A 자제심이 약한 점이 불리하게 작용하여 좋아하는 음식을 거절하기 어렵다. 좋지 않은 것은 알면서도 이내 과식이 이어지는 경우가 많을 듯하다.

4위 B B형은 그 자리에서의 감정에 충실하므로 먹을 때는 아무렇지 않게 먹고, 다른 것에 흥미가 바뀌면 그에 몰두하여 침식을 거르거나 하므로 영양의 편중이 생기고 그 때문에 살이 찌는 경향이 많다.

잘 얻어먹는 것은?

1위 A 남에게 상냥하고 배려심도 좋은 A형은 윗사람이 총애를 한다. 간단한 다과에서 호화로운 디너까지 기회도 많을 것이다.

2위 O 분위기를 잘 만들어내며 재밌는 이야기 상대가 되므로 여기저기서 많이 찾을 것이다. 빈틈없이 얻어먹는 기술도 있다.

3위 B 남의 속셈에 관심이 없으므로 비록 순수한 호의거나 아니면 어떠한 의도가 있더라도 별로 통하지 않을지 모른다. 반응이 둔하면 상대도 깨끗이 포기할 것이다.

4위 AB 한턱내겠다는 사람은 많으나 상대에게 흥미를 갖지 못하면 아무렇지 않게 거절해 버린다. 기분이 내키면 횟수도 증가할 것이다.

복권에 잘 당첨되는 것은?

1위 B 계산이 정확하므로 돈을 더 걸 수도 없지만 욕심을 내지 않을 때는 발군의 적중률을
보일 것이다. 남에게 얻은 복권이 당첨되는 케이스도 있다.

2위 AB 복권이나 현상공모에서도 현실적인 확률이나 규모에 주로 목표를 맞추므로 크게
빗나가는 경우는 없을 것이다. 가끔 승부를 걸고 도전하면 행운의 여신이 다가
온다.

3위 O 대담한 베팅을 하고 싶어 하는 경향이 있으므로 낙첨되는 액수도 커지기 일쑤이다.
허세도 적당히 부리지 않으면 자기의 목을 조를 수 있다.

4위 A 넝쿨째로 호박이 굴러 오는 방식의 행운과는 인연이 없다. 대담한 승부에 집착하기
보다는 위험성이 적은 것으로 한정을 짓는 편이 좋을 것이다.

빙고 게임에서 마지막에 행운이 들어 있던 것은?

1위 A 자기주장이 약하므로 뭐든지 손을 대는 것은 나중으로 늦춰지기 일쑤이다. 그러나
일단 부딪쳐 보는 정신이 거꾸로 행운을 가져다주는 경우가 자주 있다.

2위 B 다른 일에 정신이 팔려 있는 동안 순번이 마지막으로 되어 있을 때, 의외로 빙고를
뽑을 경우가 있을 듯하다.

3위 AB 행운을 기대하는 듯한 표정을 보이지 않으며 어디까지나 냉정한 태도로 일관한다.
행운의 빙고가 들어 올 확률은 50:50 정도일 것이다.

4위 O 선두를 개시하지 않으면 마음이 내키지 않으므로 선택의 여지는 많지만 빗맞기
일쑤이다. 게다가 그저 그런 수준의 빙고로는 만족하지 못하는 것도 곤란한 점이다.

부잣집으로 시집가는 것은?

1위 AB 모양도 내면도 항상 상위 수준을 지향하며 노력을 게을리 하지 않는 AB형은
　　　　의식하지 않아도 그 쪽에서 다가 올 것이다.

2위 O 사교성이 뛰어나고 교제의 폭이 넓은 O형에다가 자신의 능력을 알리고 인정받는
　　　　재주도 좋으므로 부잣집으로 시집갈 기회가 생기면 놓치지 않을 것이다.

3위 A 개성을 잘 나타내지 못하므로 대중 속에 묻혀버리기 일쑤이다. 상대가 보통
　　　　예리하지 않은 관찰력이 없다면 곤란할 것이다.

4위 B 자기 주장대로 행동하지 않으면 마음이 내키지 않는 B형은 속박을 제일 싫어한다.
　　　　부잣집이라고 불리는 상대와의 결혼은 숨막히므로 사양할지도 모른다.

좋은 날씨의 혜택을 받는 것은?

1위 AB 날씨에 좌우되는 일이 있을 때는 일기예보 체크를 빠뜨리지 않는 계획성이 모든
　　　　것을 대변해 준다. 좋은 날씨의 혜택이 많은 운이다.

2위 B 세세한 것에는 신경을 쓰지 않는 천진난만함 덕분에 다소의 악천후 등은
　　　　아무렇지도 않다. 또 날씨 정도로 B형의 행동력은 흔들리지 않는다.

3위 A 뭐든지 틀에 맞춰 생각하므로 기대하는 날씨가 조금 달라지는 것만으로 낙담할
　　　　듯하다. 너무 마음에 두지 않는 편이 좋을 것이다.

4위 O 행동범위가 넓고 날씨가 영향을 주는 일이나 놀이 등에 참가하는 기회가 많은 만큼
　　　　악천후를 만나는 횟수도 자연적으로 늘어날 것이다.

늘 남의 도움을 받을 수 있는 것은?

1위 O 남을 잘 보살펴주는 언니같은 O형에게는 열렬한 팬이 많다. 그녀를 위해서라면 기쁜 마음으로 뭐든지 할 수 있다는 사람이 줄을 짓고 있을 것이다.

2위 A 늘 남을 위해 최선을 다하므로 힘들 때는 자연스럽게 주변에서 도와준다. 감사함을 잊지 않는 겸허함 때문에 한층 더 호감을 산다.

3위 B 자신의 주관이 중요한 B형은 남이 손을 내미는 것은 싫어한다. 다만 싫은데도 그렇게 하지 않으면 안 되는 경우는 기꺼이 받을지도 모른다.

4위 AB 무엇이든지 자기가 해버리며, 다소 접근하기 어려운 냉정함이 화근이 되기 쉬우므로 도와주려고 나서는 사람은 많지 않을 것이다.

철야를 해도 전혀 지치지 않는 것은?

1위 B 의욕이 넘칠 때의 B형은 발군의 집중력과 행동력을 발휘한다. 철야 따위에 전혀 힘들어하지 않고 다음 날도 아무렇지 않다.

2위 O 왕성한 활력으로 약간의 철야 정도는 아무렇지도 않다. 자기는 이 정도는 문제없다고 강조하는 것이 되니 반대로 기뻐할 듯하다.

3위 AB 철야라는 꽤 막다른 지경까지 몰린 것은 AB형에게 있어서 본의 아니게 다소 굴욕적일지도 모른다. 몸의 문제가 아니라 정신적인 피로가 더 강할 듯하다.

4위 A 철야는 아무 문제가 안 된다는 자세이지만 사실은 상당히 부담이 클 것이다. 특히 누군가와 함께하는 철야라면 정신적으로 더 피곤하여 회복에 더욱 시간이 걸릴 것이다.

혈액형 x 형제 타입으로
성공적인 연애의 비결을 알 수 있다.

연애의 스타트는 우선 상대의 특징을 알아내는 것에서 시작된다.
여기서는 그 사람의 혈액형에 성장 환경을 더해서 12타입으로 분류했다.
그 사람의 기본성격에서 섹스 경향까지 당신의 사랑을 잘 진행시키기 위한
비책을 전수한다.

혈액형 특성을 알면 그 사람과의 연애대책도 보다 확대된다.

그 사람과의 관계를 잘 이끌어 나가기 위해서 커다란 도움을 받을 수 있는 것이 혈액형이다.
네 개의 혈액형 특징을 파악하면 효과적인 작전을 세울 수 있다. 우선 혈액형별 연애경향을
알아 두자.

A형은 연애에 있어서도 소극적이 되기 쉽고 자기를 알리는 것도 사양하는 편이다. 시간을
들여서 신중하게 사랑을 진전시켜 가려고 한다. B형은 좋아하게 되면 직선적으로 대쉬하는
타입이다. O형은 정열적이고 격정적인 연애에 이상적이다. 남성이 주도해 가며 강하게
진전시켜 나갈 것이다. AB형은 수준이 높은 여성에게 끌리기 쉽지만 한번 좋아하게 되면 깊고
오랫동안 생각하게 된다.

형제 타입을 추가하여 12 타입으로 나누면 더 상세히 알 수 있다.
다음으로는 혈액형에 세 가지의 형제 타입을 추가한다. 즉, 독자, 형제자매가 한 명,
형제자매가 두 명 이상 있는 경우의 3가지 양상을 고려한다면 12 타입으로 나눌 수 있는 것을
알 수 있다.

선천적인 혈액형과 후천적인 형제 타입을 조합하면 그 사람의 성격이나 사고방식이 보다
현실감 있게 떠오른다. 이번에는 기본성격, 섹스경향, 연애에 있어서의 지뢰와 함께 사랑이 잘
되나가게 하기 위한 어드바이스를 한다.

형제여부 세가지 타입의 특징

독자인 남자
천성적인 기질이 억눌리지 않고 잘 성장하고 있다. 주변에 부딪치는 상대가 없어서 경쟁에 익숙하지 않으므로 어리광쟁이거나 다소 독자같은 일면이 있다. 기본적으로는 온화한 성격이라고 할 수 있다. 그러나 그것이 너무 지나치면 자신의 세계에 갇히기 쉬운 경우도 나타난다.

형제자매가 한 명인 남자
그 사람이 맏이인 경우는 그 혈액형의 특징이 현저하게 나타나기 쉽다. 장남다운 책임감이나 참을성이 강하므로 결점을 자력으로 극복할 수 있는 사람이 많을 것이다. 동생의 경우는 형만큼 엄정한 이미지는 없고 오히려 느긋하게 보인다. 하지만 사실은 여러 가지 사항을 면밀하게 생각하여 행동하는 능력가 타입이다.

형제자매가 두 명 이상 있는 남자
형제 순으로 다소의 차가 있지만 대체적으로 사교적인 성격이다. 친구가 많고 폭넓은 행동범위를 갖고 있다. 형제자매의 성공이나 실패를 보고 있으므로 유연한 사고방식이 가능하고 뭐든지 요령있게 처리할 것이다. 사귀기 쉬운 사람이지만 주체성이 강하므로 정말로 친해지기에는 시간이 걸리는 경우가 있을 것이다.

당신과의 궁합도 중요한 포인트이다. 자, 멋진 사랑을!

그 사람의 혈액형과 형제 타입을 알면 그 사람에 대해서 꽤 상세하게 알게 될 것이다. 하지만 여기서 잊어서는 안 되는 것이 당신 자신의 성격이나 사고방식이다. 아무리 상대를 연구해도 당신과 너무나 사고방식이 다르거나 연애에 대한 이상에서 차이가 난다면 멋진 연애는 이뤄질 수 없다.

12 타입의 그 사람과 당신의 혈액형과의 궁합표 (P236)를 참고하기 바란다. 그 사람과의 궁합이 훌륭하다면 구체적인 접근과 공략 작전을 세우면 된다. 그리고 비록 서로 맞지 않을 가능성이 높은 그 사람이라도 방법을 개척해나가는 길을 찾아 나가자.

독자인 남자

A x 독자인 남자

얌전한 인상의 노력가, 사랑에는 필요이상으로 신중하다

그 사람의 기본성격과 연애경향

남에게 맞춰 주기를 잘하는 A형의 그 사람은 독자에게 있을 수 있는 어리광의 이미지는 그다지 강하지 않다. 오히려 남에게 의지하려 하지 않고 뭐든지 자기가 해버리는 경향이 강하고 행동도 틀에 얽매이지 않고 자유스럽다. 그렇지만 꼼꼼하고 근면한 점은 아직도 건재하고 있으므로 총명하고 얌전하며 성실한 사람이라는 인상의 소유자이다.

그러나 그 반면에 형제자매가 없는 환경에서 성장했으므로 매우 섬세하다. 예를 들면 주위가 약간 시끄러우면 그 것만으로 전혀 일에 집중할 수 없는 등 신경질적인 일면이 있다. 그 때문에 모처럼 적극적으로 행동하고 있어도 뭔가에 맞닥뜨리면 갑자기 거기에 끌리게 되는 경우도 나타난다.

연애에서는 특히 그 경향이 강해지기 쉽다. 좋아하는 사람이 생겨도 잘못될 것을 두려워해서 필요이상으로 신중해지고 구체적인 행동이 늦어져 버린다. 수동적인 연애를 하는 사람으로 사랑하기보다 사랑을 받는 것을 강하게 원하고 있는 쪽의 성격이다.

연애경험도 풍부한 편이지는 않을 것이다. 그 사람이 좋아한다면 우선 그 기분을 확실하게 전하고 강경하게 대쉬하는 것이 최선책이다. 기본적으로 사랑의 주도는 당신이 하는 편이 좋을 것이다. 단, 그 사람은 남의 눈에 띄는 것을 그다지 좋아하지 않으며 매우 소심한 편이므로 주위가 전부 알 수 있을만한 접근을 하다가는 역효과가 날 것이다. 이메일을 주고받는 것부터 시작하여 조금씩 진도를 나가고, 자극이 부족하다고 여겨질지라도 데이트는 영화나 쇼핑 등 표준적으로 여겨지는 코스부터 시작한다면 매끈하게 진전되 나갈 것이다.

사랑이 잘 되기 위해서는

심정을 고백했다하더라도 둘의 사이가 부동의 관계가 되기까지는 주위에 비밀로 하고 둘만의 비밀을 공유하고 있는 것을 강조하는 것이 효과적이다. 그렇게 하면 소심한 그 사람도 두려워하지 않고 마음을 열어줄 것이다. 거기에다 불안감을 느끼지 않도록 하기 위해서 예를 들면 다음에 만나는 일시 등은 말로만 약속하지 말고 나중에 확인 메일을 보내어 그 때마다 두 사람이 늘 끈으로 연결되어 있다는 점이 강조되는 한 마디를 반드시 추가로 써넣도록 하자.

그 사람의 섹스경향
그 사람은 늦깎이면서 극히 표준적인 양상의 섹스 감각을 지니고 있다. 섹스는 연인끼리 자연스런 흐름에 의해 진행되는 것이 이상적이므로 너무 적극적인 여성은 어려워 할 수 있다. 섹스는 담백한 편이지만 분위기를 중요시하여 낭만적인 한 때를 만끽할 수 있을 것이다.

연애에 있어서의 지뢰
독자는 형제자매가 있는 사람과 비교해서 양친과의 끈이 강하다는 점이 특징 중의 한가지이다. 특히 그 사람은 보수적인 A형이므로 연애에 있어서 양친은 관계가 없다거나 피해버리는 사고방식은 위험하다. 최저한 모친에게는 빨리 확실하게 인사드리지 않으면 불만스럽게 생각할 것이다.

첫 데이트는 가능한 은밀하게 행동하자.

B x 독자인 남자

내향적인 초 집착파, 마음을 열면 원숙한 사랑이 시작된다.

그 사람의 기본성격과 연애경향

대단히 고집스러운 자신의 세계를 갖고 있다. 원래 자기 주장이 강한 B형이며, 그 사람에게는 뭔가에 대해서 의견을 내는 사람이나 행동을 방해하는 사람 자체가 거의 없었으므로 독창성이 그대로 발전되어 왔다. 그 사람이 진심으로 뭔가에 집중하면 그 길의 전문가가 되는 것도 어렵지 않을 것이다.

그러나 극단적인 집착 체질은 동시에 시야가 좁아져서 폐쇄적으로 흐르기 쉬운 결점으로도 연결된다. 잘 하는 분야에서는 훌륭한 실력이 있고 큰일도 할 수 있지만 까다롭고 약간 사귀기 어려운 사람이라는 이미지가 주변으로부터의 대체적인 평판일 것이다.

혼자서는 절대로 성취되지 않는 연애라는 감정을 의식한 때에도 그 사람은 주저하지 않고 자기의 정열을 상대에게 대쉬해 간다. 열심히 그리고 강경하게 접근할 것이다. 그것이 상대 여성의 감성에 맞는다면 잘 풀리겠지만 일방적으로 편향된 인상이 강해서 멀리하게 되는 경우도 많을지 모른다.

이 경향은 그 사람이 접근이나 공략을 당하는 경우도 같은 양상이 된다. 여성이 아무리 진심으로 사랑을 고백해도 흥미를 갖고 있지 않으면 완전히 무시해버린다. 남을 이해하려는 생각이 근본적으로 낮으므로 의식하게 만드는 것이 대단히 어려울 것이다.

그 사람을 연인으로 만들고 싶다면 시간을 들일 각오가 중요하다. 세심한 사전공작이나 조사도 많이 필요하다. 그러나 그 사람이 기꺼이 연인으로써 수락해준다면 당신이 경험한 적이 없는 자극적이고 농후한 하루하루가 시작된다. 그 사람은 자기가 염두에 둔 대상에게는 하염없는 사랑을 쏟아 붓는 사람이기 때문이다.

사랑이 잘 진행되기 위해서는

그 사람이 나를 쳐다보게 할 수 있는 작전은 면밀한 조사부터 시작된다. 자기에 대해서 적극적으로 말하지 않으므로 행동을 관찰하거나 가까운 사람의 이야기를 물어보거나 할 필요가 있을 것이다. 그 사람이 가장 흥미를 갖고 있는 것을 알아냈다면 그 다음으로는 철저하게 연구에 들어가자. 그리고 예를 들어 프로 스포츠 팀의 팬이라면 그 팀의 기념품이나 용품을 지니고 나가는 등, 한눈에 보고 알 수 있는 시각적 자극으로 나에게 관심이 끌리도록 해 보자.

그 사람의 섹스경향
독특한 기호를 갖고 있으므로 처음에는 조금 놀랄지도 모른다. 하지만 그 사람에게 있어서는 기묘하지도 이상하지도 않고 자연스럽게 추구하는 섹스인 것이다. 당신도 도전 정신을 발휘하여 새로운 세계를 개척해 나간다는 생각으로 응해주면 좋을 것이다.

연애에 있어서의 지뢰
그렇지 않아도 독창성이 강한 B형인데다가 양친으로부터도 까다로운 제한을 받지 않았던 그 사람은 상대가 의견을 제시하는 것을 매우 싫어한다. 당신의 연애철학과 다른 요소가 있어도 몰아세우듯 부정해서는 안 된다. 다가선다는 자세를 늘 잊지 않도록 조금씩 대화를 하는 것이 필수적이다.

그 사람이 좋아하는 팀의 유니폼 등으로 관심을 끌어보자.

O x 독자인 남자

강한 자기 주장력은 천하일품. 연애에는 접근도 필요.

그 사람의 기본성격과 연애경향

독자가 갖기 쉬운 고집스런 면으로 흐르기 쉬운 점에 O형의 박력이 가미되어서 그 사람의 강한 자기주장은 상당한 수준이다. 행동력이나 활력도 뛰어나므로 매우 활동적인 성격이지만 생각한 것은 보류하지 못하며 충분한 준비나 검증작업도 거치지 않고 행동해버리므로 잘못되는 경우도 자주 있다. 강하게 의견을 주장하지만 잘 들어보면 이론이 허점투성이인 경우도 많을 듯하다. 그렇지만 하고 싶은 만큼 움직였다는 사실이 남으면 세세한 것은 염두에 두지 않는 그 사람은 나름대로는 만족을 느낀다.

또 남과 함께 있는 것을 좋아하는 O형 중에서는 개인행동이 많은 것도 특징이다. 협조성이 높다고는 할 수 없지만 주위도 귀찮게 할 때가 있음에도 왠지 미움을 받지 않는 것은 사람이기 때문에 어쩔 수 없다고 남들이 생각하게 만들어 버리는 불가사의한 애교 덕분인지도 모른다.

강한 자기주장과 행동력은 연애애서도 발휘된다. 내가 좋아하게 된 여성이 나를 사랑하지 않을 리가 없다는 이론으로 접근하고 접근하며 또 접근을 한다. 역겨운 대사도 특기이다. 반대로 여성으로부터 연모를 받을 때는 취향에 맞는지 안 맞는지를 꼼꼼히 체크하고서 자기 타입이 아니라면 확실하게 거절할 것이다.

그러나 뭐든지 자기의 생각대로가 아니면 내키지 않으므로 교제가 시작되고 나서의 문제점 발생은 자주 있다. 열심히 접근과 공략을 했는데 교제기간은 짧은 방향으로 흐르기 쉽다. 대화나 접근을 잘 해나가는 것이 그 사람과 행복한 연애를 하기 위한 중요한 과제라고 할 수 있다.

사랑이 잘 진행되기 위해서는

그의 강한 자기주장을 돌파하기 어려우므로 나에게 관심을 갖게 하기 위해서는 그 사람이 선호하는 장소로 결정하거나 흥미를 갖는 화제를 꺼내는 것이 제일 좋다. 또 그 사람과 이야기할 때는 「이것과 저것, 어느 것이 좋다고 생각해?」 혹은 「이 의견과 저 의견에서는 어느 쪽을 찬성해?」 등 구체적인 선택조항을 설정하면 그 사람이 생각하고 있는 것을 알게 되어 자연스럽게 대화가 진행되고 이해도 깊어진다. 사귀기 시작했다면 스킨 쉽도 유효하다.

그 사람의 섹스경향
정열적이고 둘이 맘껏 고조될 수 있는 섹스를 좋아한다. 솔직히 말해서 상당히 농후하다. 하지만 역시 그 사람은 자기가 주도권을 쥐고 싶기 때문에 당신은 몸과 마음을 맡긴다는 생각으로 임하면 자연스럽게 흘러 갈 수 있을 것이다. 어느 정도 체력이 부담될 것이라는 각오를 해 두자.

연애에 있어서의 지뢰
그 사람이 기분이 나쁠 때 잡일을 도와주거나 말 걸거나 하는 것에는 주의가 필요하다. 당신으로서는 당연한 걱정이라고 생각하고 행동했더라도 그 사람은 화가 난 원래의 원인을 잊어버리고 당신에 대한 평소의 불만과 뒤바꿔져 버릴 듯하다. 잠시 그냥 내버려 두는 것이 정답이다.

그 사람이 좋아 하는 장소로, 졸라대듯 러브 콜을 보내보자.

AB x 독자인 남자

마음이 상냥하고 고고한 사람. 감정표현이 서툴고 연애에는 고전.

그 사람의 기본성격과 연애경향

그 사람은 단체행동이나 적극적인 의견 교환도 서툴다. AB형다운 점잖은 면도 작용하여 늘 혼자 묵묵히 행동하는 사람이란 이미지가 정착되어 있을 것이다. 그러나 그 사람이 남에게 의지하지 않는 것은 무엇이든 자기가 할 수 있기 때문이며, 할 수 있는 것은 야무지게 해 내는 책임감도 충분하므로 주위의 신뢰도는 높을 것이다.

또 실제의 그 사람은 주위의 기분을 민감하게 관찰할 수 있는 부드러운 사람이다. 그럼에도 불구하고 단독으로 행동하기 쉬운 것은 자기의 그러한 본질을 겉으로 나타내지 않기 때문이다. 게다가 통찰력이 뛰어나고 남에 대한 배려심도 있으면서 동시에 두려워하는 경우도 자주 있다는 복잡한 요인마저 겹쳐있다. 그 사람에게는 혼자서 자기의 기분을 정리하는 시간도 중요한 셈이다.

연애에서는 그 경향이 점점 강해진다. 수준이 높은 것에 강하게 이끌리는 AB형 기질인데다가 연인도 범접하기 어려운 고고한 꽃이라고 불리는 여성이라면 반대로 심정이 활활 불타오르게 된다. 그리고 남보다 더 깊이 연모하고 접근하려고 하지만 감정표현이 서투를 뿐 만 아니라 여간해서는 그 마음이 전달도 잘 안 된다. 때문에 결과적으로 짝사랑이 줄줄이 이어지기 쉬울지도 모른다.

또 그 사람이 여성으로부터 연모를 받는 경우에는 꽤 냉정해질 것이다. 그 사람이 추구하는 수준급의 여성이라면 교제를 생각해보지만 함량 미달이라면 생각할 것도 없이 거절해 버린다. 그렇다고 하지만 상대에 대한 배려는 확실히 하므로 상처를 주는 말투를 피하고 예의를 갖추어서 대해 줄 것이다.

사랑이 잘 진행되기 위해서는

그 사람은 남에게 맞춰 주는 것이나 남으로부터 의견을 제시받는 상황에 대해 서툴다. 뭐든지 혼자서 할 수 있지만 뒤집어 말하자면 남과 함께 행동해야 된다면 어떻게 움직여야 좋을지 모른다는 의미이다. 의외로 귀여운 면도 갖고 있다. 우선 그 사람의 매력이나 뛰어난 감각을 행동이나 말로 이끌어내어 칭찬해 주고 당신을 이해해주는 사람이라는 점을 알려서 그 사람이 긴장하지 않게 되었을 때 드디어 둘이서 할 수 있는 스포츠나 그림을 그리는 등 공동작업의 즐거움을 느껴가도록 해보자.

그 사람의 섹스경향
그는 언변이 좋은 편이 아니므로 정사 후의 달콤한 언어 등은 기대할 수 없다. 그 대신 무뚝뚝한 표정에서는 상상할 수 없을 정도로 부드럽고 상냥하게 자기의 기분을 행동으로 표현해 줄 것이다. 어느새 스스륵하고 깜박 선잠이 들 것 같은 기분 좋은 한 순간이 될 것이다.

연애에 있어서의 지뢰
그 사람은 당신에게도 높은 수준으로 변화하기를 요구할 것이다. 그러나 일방적으로 이상을 강요당하는 것이 아니라 당신에게라면 가능할 것이라고 믿어주고 있기 때문이다. 비록 무리한 요구라도 노력해 보지도 않고 포기한다면 그 때문에 마음이 떠나버리게 될 것이다.

함께 이룰 수 있는 것에 도전하자.

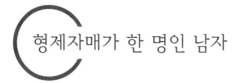

형제자매가 한 명인 남자

A x 형제자매가 한 명인 남자

A형 기질이 농후한 타입.
연애에서는 박력이 약한 것이 불리하게 작용한다.

그 사람의 기본성격과 연애경향

그 사람이 맏이인 경우는 전형적인 A형 기질의 소유자가 된다. 견실하고 성실하며 어렸을 때부터 자신의 감정을 억제하며 누이나 동생을 우선시해 왔기 때문에 야무지고 인내심 강한 믿음직한 남성이라고 할 수 있다. 그러나 동시에 보수적인 경향과 융통성 결여의 결점까지 힘을 받아서 다소 재미있는 면이 덜한 성격일지도 모른다.

연애에 대해서도 교제는 이렇게 해야 한다!, 여자다움이란 이런 것이다!, 남자다움이란 이런 것이다! 등 이미지나 세상의 일반적인 상식 등을 중요시하기 쉽다. 남에게서 손가락질 당하거나 험담의 대상이 되는 일은 당치도 않은 일이다. 누구의 눈으로 보더라도 공명정대한 연애를 지향하고 있을 것이다. 바람이나 양다리 걸치기 등의 불성실한 행동도 용서하지 않을 것이다.

그 사람이 동생에 해당되는 경우는 가족에게 보호받으면서 의젓이 성장해 왔으므로 A형의 장점이나 단점 모두가 그 정도까지 현저하게는 나타나지 않는다. 상식적으로 꼼꼼하면서 나이를 먹어도 어딘가 어린이 같은 면이 남아 있는 매력적인 남성이다. 특히 누나가 있는 경우는 그런 경향이 보다 강하게 나타나 있을 것이다.

그렇지만 기본적으로는 신중하고 도전정신이 약한 A형이다. 사랑을 해도 좋아하는 여성 앞에서는 방긋거리고 웃기만 하는 경우가 많을 것이다. 적극적인 여성에게 사랑을 받으면 뜨거운 커플이 될 수 있지만 자신이 정열적으로 접근해 가는 일은 거의 없을 것이다.

사랑이 잘 진행되기 위해서는

그 사람이 맏이인 경우는 우등생일 가능성이 강하므로 인사를 확실하게 나누거나 시간을 정확히 지키는 등 기본적인 생활태도에 신경을 쓰면 좋은 인상을 얻을 수 있다. 또 청초한 아가씨에게 점수를 많이 줄 것이다. 동생에 해당하는 경우는 우등생의 분위기는 약하지만 역시 성실한 태도로 임하는 것이 정답이다. 복장이나 화장도 섹시함보다는 청결감을 중시하고 딱딱하게 보이지 않게 싹싹한 태도로 접해보도록 하자.

그 사람의 섹스경향
여성을 매우 소중하게 생각해주므로 사귀자마자 즉시 섹스로 연결되기는 어려울 것이다. 오히려 서로의 성격이나 사고방식을 충분히 이해하고 정말로 두 사람의 기분이 고조되지 않으면 시도하지도 않을지 모른다. 행위 자체도 극히 표준적이므로 도를 벗어나는 행위는 없을 것이다.

연애에 있어서의 지뢰
기본적으로는 사귀는 여성은 장래의 부인 후보라고 생각하고 있으므로 자기 집에 관한 내용을 알고 있기를 희망하거나 당신의 마음에 들지 않는 점을 지적하는 일도 있을 것이다. 무조건 순응할 필요는 없지만 무시나 반항만 한다면 실망할 수도 있다.

정숙한 노선이 그 사람의 마음을 잡는다.

B x 형제자매가 한 명인 남자

균형 감각이 좋으면서 연애로의 집착은 건재

그 사람의 기본성격과 연애경향

B형 중에서는 그런대로 균형 감각이 있다. 독창성이나 행동력은 확실하게 갖추고 있으면서 협조성이나 계획성의 B형에게는 결여되기 쉬운 능력 또한 갖추고 있는 매력적인 남성이다. 특히 그 사람이 맏이의 경우는 책임감까지 겸비하고 있으므로 B형이라고 생각되지 않는 경우도 있을 것이다. 개성적이고 독단적으로 행동하기 쉬운 것은 변하지 않지만 어떤 장면에서도 무난하게 사람을 사귈 수 있다.

또 형제 순서를 따지지 않고 한 가지에 대해 파고드는 능력이 뛰어나므로 취미나 강습 등의 특별한 환경에서 생긴 친구나 아는 사람도 많다. 취미가 맞는 상대라면 연령이나 국적 등 전혀 신경 쓰지 않고 거침없이 교류할 것이다. 그 사람의 개성은 이러한 방면에서 더욱 광채를 발하게 된다.

그런 경향의 사람이므로 기분이 연애로 쏠려있을 때에는 멋진 능력를 발휘한다. 무엇보다 자기가 연애를 충분히 즐길 수 있도록 철저하게 조절하므로 여성에 대한 세심한 배려에 멈추지 않고 예를 들어 데이트 하나를 위해서도 상세하게 정보를 모아 주기도 한다.

그러나 흥미를 갖지 않는 경우는 180도로 태도를 바꿔버린다. 취향이 아닌 여성으로부터 어떠한 접근과 공략을 받아도 쳐다보지 않을지도 모른다. 상대가 주위 사람에게는 동경의 대상이라도 자신이 끌리지 않으면 전혀 의미가 없다. 때문에 그 사람의 심장을 겨냥하기 위해서는 마음을 움직이는 특출한 무엇인가를 갖고 있지 않으면 안 될 것이다.

사랑이 잘 진행되기 위해서는

평범한 것을 싫어하는 B형이므로 접근과 공략은 처음에 가한 일격의 인상이 크게 영향을 끼친다. 놀라게 하거나 또는 많은 의견들과는 다른 시각을 보여주는 등 그 사람의 눈에 끌려야 한다는 점을 의식하자. 또 오랫동안 관계를 유지시키는 비결은 그 사람이 맏이의 입장이면 여동생처럼 어리광을 부리면서 당신의 장점을 항상 강조해 가는 방법이다. 동생에 해당되면 그를 추켜세워 주는 것이 효율적이다. 우선 그 사람의 의견을 듣고 반대의 경우라도 존중하는 태도를 잊지 말도록.

그 사람의 섹스경향
균형 감각이 좋고 배려심도 좋은 그 사람은 자신만이 쾌감을 추구하는 듯한 섹스는 하지 않을 것이다. 두 사람 모두 만족할 수 있는 이것저것 심층적인 것 까지 연구해 줄 것이다. 당신도 부끄러워하지 말고 여러 가지를 제안하는 편이 분위기를 고조시킬 수 있을 것이다.

연애에 있어서의 지뢰
B형에게는 드문 사람이지만 역시 기본은 독창적이고 자기본위적인 타입이다. 부드러운 사람이니까 무리해서 자신의 생각을 강요하면 갑자기 냉랭해지는 경우가 있다. 늘 감정의 움직임을 관찰하여 뭔가 잘못되었다고 생각될 때는 곧바로 사과하는 것이 제일 좋은 방법이다.

연애를 시작하려면 인상에 남는 모습으로

O x 형제자매가 한 명인 남자

파워풀한 자신가. 연애는 빼놓을 수 없는 중요 이벤트.

그 사람의 기본성격과 연애경향

그 사람은 매우 파워풀하고 활달한 사람이다. 남과 함께 있는 것을 좋아하고 마음의 근저에는 늘 남에게 신뢰를 받고 모두가 입을 모아 칭찬해주는 사람이 되고 싶다는 욕망이 있다. 그 때문에 뭔가 부탁을 받으면 기꺼이 받아들이고 남을 위해 일하는 것도 싫어하지 않는다. 어떤 장소에서도 사람에게 둘러 쌓일 것이다. 그 사람이 맏이인 경우는 침착하고 야무진 사람이라는 이미지도 있지만 동생의 경우는 많은 사람 속에 있어도 금방 알 수 있을 정도로 활달하고 화려하다.

그러나 언제나 자신이 중심으로 있지 않으면 맘이 내키지 않으므로 때로는 필요이상으로 고집스러워지거나 지론을 펼쳐서 남의 이야기를 무리해서 중지시키거나 하는 경우가 있다. 게다가 매사가 애매하다고 생각하면 기분 나쁘게 느끼고 뭐든지 흑백논리로 보고 싶어하는 경향도 강할 것이다.

연애는 그 사람에게 있어서 특히 중요하다. 멋진 여성과 남들도 부러워하는 멋진 연애를 하는 것이 그 사람의 인생에 있어서 빠트릴 수 없는 중대 이벤트인 것이다. 그러한 사람의 접근은 화려하고 오로지 정열적이다. 남에게 알려지는 것도 신경 쓰지 않고 돌진하는 것은 곤란하지만 거기까지 생각해 주고 있다면 거절할 수 있는 여성은 적을지도 모른다.

또 자기의 매력에 절대적인 자신을 갖고 있는 그 사람은 상대에게 고백을 받는 것도 대환영한다. 자신은 인기가 있다고 진심으로 생각하고 있다. 물론 취향에 맞지 않는 여성과 무리해서 사귀거나 하지는 않지만 마음의 근저에서는 매우 기뻐하고 있다. 거절당해도 자기의 팬으로 받아들이고 솔직하게 대해 줄 것이다.

사랑이 잘 진행되기 위해서는

그 사람은 늘 주위에 사람들로 둘려 쌓여있으므로 당신을 알리는 노력을 꽤 적극적으로 하지 않으면 눈에 띄지 않을 것이다. 어느 경우도 가능한 한 그 사람에게서 가까운 장소를 확보해 보자. 나는 바로 옆에 있는 여성이라는 인상을 그 사람에게나 주변에도 심어 두는 것이다. 그 사람이 좋아하는 패션도 연구해서 자신에게 시선이 향하기 쉽게 만드는 것도 잊지 말도록. 계속하다 보면 자연스럽게 대화가 늘고 두 사람만의 시간도 갖게 될 것이다.

그 사람의 섹스경향
그 사람은 정열적인 O형의 기질 그대로 자기가 주도권을 쥐고 여성을 대하려고 생각하고 있다. 그 때문에 다소 무리할 때가 있을지도 모른다. 그 사람의 격정을 받아들일 수 있는지 아닌지에 의해서 사랑의 행방이 좌우된다고 말해도 과언은 아닐 것이다.

연애에 있어서의 지뢰
자기에게 절대적인 자신을 갖고 있는 그 사람 앞에서 다른 남성을 칭찬하는 것은 최대의 금기사항이다. 예를 들어 그 사람의 결점을 고쳐보고자 다른 남성의 좋은 점을 말하거나 친구의 남자는 이렇게 해주고 있다는 등의 이야기는 그 자리에서 이별을 선언 당할지도 모른다.

남자가 좋아하는 복장으로 그 사람의 시선을 독차지

AB x 형제자매가 한 명인 남자

지적이고 냉정한 엘리트. 연인의 이상은 어디까지나 높다.

그 사람의 기본성격과 연애경향

그 사람은 매우 이성적이다. 뭐든지 직감에 의지하지 않고 논리적으로 생각하고서 행동하므로 성공은 하지 못더라도 크게 벗어나지도 않는다. 예절이나 윤리를 확실하게 가리므로 윗사람으로부터의 평가는 단연 앞서나가고 있다. 동작도 점잖으면서 정중하고 무엇을 하고 있어도 어딘가 우아한 분위기를 풍기고 있는 사람일 것이다.

그러나 개인주의이어서 적극적으로 남과 관련되고 싶어 하지 않는 AB형의 기질은 건재하고 있다. 같은 연령대 이하의 사람에게 있어서는 접근하기 어려울 것이다. 사이좋게 되고 싶어도 차갑게 대할 것 같아서 두려운 것이다. 한번 친해지면 그 사람에게 잠자고 있던 부드러움도 느낄 수 있을 것이지만 거기까지 나설만한 사람은 많지 않아서 친구는 소수정예일 것이다.

연애도 화려하게 편력을 쌓는 사람이 아니다. AB형은 이상이 높고 연인의 조건이 엄격한 것이 특징이다. 그러한 사항들을 충족시키는 여성이 적은 것이 사랑의 횟수를 감소시키고 있다. 겨우 이상적인 여성을 발견해도 감성보다는 이성이 먼저 작용하여 솔직하게 감정을 전하지 못하여서 사랑을 완성하기에는 남름대로 고생을 한다.

또 여성으로부터 접근이 있는 경우는 남이 대쉬해 오는 것에 약한 사람이므로 거절반응을 나타내기 쉽다. 그녀가 이상에 맞는 상대라면 진전을 기대할 수 있지만 그 가능성이 그다지 높지 않은 것도 사실이다. 그러나 다수의 난제를 극복하고 마음이 통할 때, 지적이고 감각이 좋은 그 사람은 더 이상 말이 필요 없는 연인이다. 마음을 열은 상대에게는 세심한 배려를 하고 부끄러워하지 않고 약간 어리광쟁이의 본질도 보여주어서 두 사람은 깊은 끈으로 맺어질 것이다.

사랑이 잘 진행되기 위해서는

그 사람은 지적이면서 빈틈이 없으므로 언뜻 접근하기 어렵게 보이지만 사실은 남에게 응석을 부리고 싶은 강한 욕망을 갖고 있다. 특히 여성의 온화한 배려나 부드러움을 나타내는 사람에게 연모를 느낀다. 예를 들면 사무실에 꽃을 장식하거나 점심은 외식만 할 것이 아니라 직접 만든 도시락으로 해결하게 하는 등으로 노력하면 주목을 받을 것이다. 반대로 유치한 언동이나 너무 시끄러운 말투 등에는 감점이 매겨진다.

그 사람의 섹스경향
그 사람은 이성적이지 못한 행동에 대해는 창피하게 생각하고 있다. 때문에 섹스를 할 때도 냉정한 척 할 것이다. 그것을 뭔가 부족하다고 생각하지 말고 당신은 되도록 많은 스킨 쉽을 염두에 두면 OK이다. 그렇게 함으로서 그 사람도 자연스럽게 장난치거나 어리광을 부리거나 할 수 있게 될 것이다.

연애에 있어서의 지뢰
말수는 적어도 그 사람은 연인에게 커다란 애정을 쏟아 준다. 그러나 사려심이 깊지 않게 그 사람의 사적인 부분까지 넘어 서서는 안 된다. 물어봐도 이야기하고 싶어 하지 않는 화제는 피하는 것이 철칙이다. 끈질기게 물고 늘어지면 그 사람은 불쾌하게 생각하고 거리를 두려고 할 것이다.

도시락을 갖고 와서 그 사람의 마음을 잡자

형제자매가 두 명 이상 있는 남자

A x 형제자매가 두 명 이상 있는 남자

사람과 사귀는데 있어서는 전문가.
사랑도 능숙하게 잘 한다.

그 사람의 기본성격과 연애경향

협조성이 높은 A형 기질이 여러 형제자매와의 교류에 의해 힘을 얻었으므로 그 사람은 인간관계를 매우 솜씨 좋게 영위해 나간다. 뿐만 아니라 A형에게 있기 쉬운 특징으로 소극적으로 상대에게 맞춰주는 성향을 들 수 있는데 그와는 관계없이 상황별로 요령있게 그리고 늠름하게 세상을 헤쳐 나갈 수 있는 것이다. 특히 그 사람은 현 장소의 분위기를 잘 읽는 재치 덕분에 문제점이 미연에 방지되는 것도 적지 않을 것이다. 그러나 상황을 무난하게 극복하려는 나머지 팔방미인인 척하는 말이나 행동은 너무 임기응변적으로 보여서 약삭빠른 사람으로 비추어지는 하는 경우도 있을 것이다.

교제술에 뛰어난 그 사람은 연애도 능숙하게 전개해 가는 타입이다. 좋아하는 여성의 기분을 민감하게 살피고 그녀에게 무엇을 말하면 기뻐할까, 어떤 행동으로 자신을 바라보아 줄지를 정확하게 파악하여 A형답게 그것을 확실하게 실천한다. 때문에 그 사람이 고백하는 시점에서는 상대 여성은 거의 그 사람에게 호감을 품게 되고 거절하는 일이 거의 없을 것이다. 비록 연인으로 수락하지 않아도 당신은 그 사람에게 줄곧 좋은 사람이라는 이미지를 유지할 것이다.

또 그 사람이 여성으로부터 고백을 받는 경우는 자기의 취향이라면 물론 OK하고 교제를 시작한다. 취향이 아닌 경우라도 시간을 들여서 진지하게 검토해 준다. 그리고 거절하겠다고 결정한 때는 상대의 성격에 맞춰서 정중하고도 신중한 대응을 하여서 결코 상처를 주는 일은 없을 것이다.

사랑이 잘 진행되기 위해서는

그 사람은 사람에 대한 통찰력이 뛰어나므로 당신의 연심에 대해서 금방 눈치를 챈다. 여럿이 있을 때도 반드시 그를 최우선시하자. 예를 들어 모임에서는 누구보다도 제일 먼저 말을 걸거나 요리된 음식을 집어주거나 한다. 또 헤어질 때도 "안녕" 하고나서 다시 한 번 불러 세워서 내일 또 봐! 등, 다음을 기약하는 말을 덧붙이면 솔직한 접근을 거듭하게 되는 셈으로 그 사람의 마음을 끌어당길 수 있을 것이다.

그 사람의 섹스경향
형제자매에게 둘려 쌓여서 성장한 그 사람은 남들과 자연스럽게 융화할 수 있는 사람이다. 침대에서도 평소에 갖고 있는 좋은 배려심과 부드러운 분위기가 그대로 나타난다. 격정적이지는 않더라도 서로가 안심하고 껴안을 수 있는 섹스일 것이다. 너무 노골적인 욕망은 표현하지 않는 것이 이상적이다.

연애에 있어서의 지뢰
그 사람은 사람과의 교제가 무난하므로 때로는 기회주의적인 행동을 한다. 분위기의 흐름에 따라서 다른 여성에게 상냥하게 대하거나 자기 친구를 우선시하는 경우도 있을 것이다. 하지만 그것은 그 나름의 처세술이므로 변덕스럽다고 따지거나 하면 싸움의 원인이 된다.

그 사람의 옆에서 갸륵하고 기특한 여성의 모습을 연출하자.

B x 형제자매가 두 명 이상 있는 남자

남들로부터의 간섭을 매우 싫어한다.

그 사람의 기본성격과 연애경향

그 사람은 자기중심적이거나 독창적이고 남들로부터의 간섭을 싫어하는 B형의 특징을 매우 확연하게 갖고 있다. 여러 형제자매와 함께 자랐던 덕분에 그 자질이 억제되어 온 것에 반발한 결과이다. 자신의 자질을 강하게 키운 것이 사실 B형다운 점이라고 말할 수 있다.

그 사람은 하고 싶은 것은 혼자서 묵묵히 해나간다. 옆에서 참견하는 것을 매우 싫어하므로 무슨 일이 있어도 남과 상담하는 경우는 아주 드물다. 그 대신에 집착성을 발휘하여 문헌이나 인터넷에서 철저하게 정보를 모은다. 자기가 찾아내기만 하면 남의 경험담도 기꺼이 참고할 것이다. 그런 그 사람이 친하게 지내는 사람은 많지 않다. 그 사람의 개성을 이해하고 받아들여주는 사람만이 그와 진정하게 교류할 수 있다.

연애에서도 그가 서툴러 하는 부분이다. 사랑의 횟수는 적은 편이나 한번 좋아지면 상대의 모든 것을 깊이 사랑하는 정열가로 대변신을 한다. 상대방에게 냉정한 처우를 받거나 거절을 당하거나 해도 마음속에 두고 있는 한 접근을 계속한다. 때로는 스토커 수준까지의 행동도 나오는 등 다소 거칠어 질 수도 있는 일면이 있다.

여성으로부터 관심을 받으면 상대가 자기의 취향이면 의외로 간단하게 교제를 받아주지만 그렇다고 쉽게 뜨거운 관계가 된다고 생각하면 커다란 오산이다. 그의 본질을 진짜로 이해하려면 강렬한 정열이 없으면 무리일 것이다. 또 관심을 보여주는 여성이 흥미를 느끼지 못하는 여성이라면 깨끗하게 거절하므로 유감이지만 대역전극은 어려울 것이다.

사랑이 잘 진행되기 위해서는

개인주의 경향이 매우 강한 그 사람에게 애매한 행동은 역효과가 난다. 우선 좋아한다고 확실하게 이야기 하자. 그러나 집요하게 간섭받는 것을 싫어하므로 너무 서두르지 말아야 한다. 수제 쿠키나 재미있는 물건 등을 선물하면 효과적이다. 그러나 그것에 대한 소감이나 보답을 요구하면 안 된다. 스스로 생각해서 어떤 반응이 있을 때에 기뻐해줘서 고맙다는 점을 다시 표현해주면 점차 친해질 수 있는 사이가 될 것이다.

그 사람의 섹스경향
마음으로부터 인정한 상대 이외에는 친해지려 하지 않는 그 사람의 섹스는 대단히 농도 짙을 것이다. 평상시의 담담한 행동과의 괴리감에 당신은 당혹해질지도 모른다. 하지만 여기까지 관계가 진행되었다는 것은 당신의 사랑이 정말로 성취되었다는 증거이다. 함께 무한의 사랑을 즐겨보도록.

연애에 있어서의 지뢰
그 사람은 오로지 자신만의 장점과 능력을 추구하는 사람이므로 유행에는 흥미가 없다. 거꾸로 남이 주목하고 있는 것일수록 싫어하는 경향이 크다. 화제가 되고 있는 장소나 이벤트 만 찾아다니거나 유행중인 물건을 갖고 싶어 한다면 한심한 여성이라고 생각할 것이다.

개성적인 아이템으로 그 사람의 반응을 탐색해 보자.

O x 형제자매가 두 명 이상 있는 남자

개방적이고 밝은 사람.
연인에게는 너무나 달콤하지만 바람을 피울 위험도 있다.

그 사람의 기본성격과 연애경향

그는 자신의 감정을 그대로 겉으로 표현하는 타입이다. 단순하다면 단순하겠지만 주위에서 알아차리기 쉽고, 사귀기 쉬운 사람일 것이다. 그 사람의 소망은 지도력을 발휘하여 남들 앞에서 활약하는 것이다. O형다운 강력한 생기를 자신만이 아니라 남을 위해서 사용하고 싶기 때문이다. 행동력이 뛰어나고 어려운 일도 정면으로 헤쳐 나가는 도전정신의 소유자이다.

그러나 세심한 부분까지는 신경을 쓰기 어려운 대충적인 면이 있어서 말하는 것과 실제의 행동이 뒤죽박죽이 되는 장면도 자주 나타난다, 또 언뜻 재치가 좋은 듯이 보이지만 여러 가지 일을 동시에 진행하면 일을 그르치기 쉬워서 사실은 약삭빠르지 못한 편이라고 말할 수 있다.

사교적이고 행동범위가 넓은 그 사람은 너무 달콤할 정도로 뜨거우므로 생일 등의 이벤트는 특히 신경을 써서 축하해 준다. 또 자기의 여자를 주위 사람에게 보이고 자랑하고 싶어서 친구를 불러서 함께 놀러 가는 등 여럿이 움직이는 행동도 즐길 것이다. 개방되어 있고 미소가 끊이지 않는 교제가 된다.

단지 남들과 연관을 맺기를 너무 좋아하므로 이것저것에 눈길이 너무 쏠리기 쉬운 것은 결점이기도 하다. 열애중인 애인이 있는데도 다른 여성이 친절하게 대해주면 이내 바람을 피워버리는 등 파국의 원인을 자기가 만들기 쉬울지도 모른다.

사랑이 잘 진행되기 위해서는

지도력이 있고 남들과 함께 뭔가를 하는 것을 매우 좋아하는 그 사람과 친해지기 위해서는 처음에는 그룹으로 초대하여 여럿이 즐거운 분위기를 즐기도록 해보자. 그리고서 점차로 사람의 숫자를 줄여가면서 개인적인 교제가 되도록 하는 것이 이상적이다. 그 사이에도 항상 그를 의지하면서 당신이 없으면 안 된다는 마음을 말과 행동으로 계속 강조한다면 그 사람에게 당신은 귀여운 여자라는 좋은 인상을 품어 줄 것이다.

그 사람의 섹스경향

그 사람은 섹스가 즐겁지 않으면 사귀는데 있어서 아무런 의미가 없다고 생각한다. 남성이 주도권을 쥐는 것도 당연한 것으로 생각하여 정열적으로 나간다. 게다가 당신의 반응에 따라 방법을 바꿔보는 등의 연구도 열심히 한다. 각오를 하고 대담하게 받아들이도록 하자.

연애에 있어서의 지뢰

대략 사교적인 그 사람도 역시 고집스런 O형 기질을 갖고 있다. 평소는 당신의 자유분방한 성격을 웃으면서 들어주지만 그 사람이 절대적으로 집착하고 있는 대상이 있다면 그것은 정말로 양보할 수 없는 것이다. 반대나 부정을 하면 당신의 신뢰도가 떨어지므로 주의하자.

1:1이 아닌 데이트에서부터 키워나가 보자

AB x 형제자매가 두 명 이상 있는 남자

높은 사교성의 소유자. 화려한 연애편력은 당연한 결과

그 사람의 기본성격과 연애경향

그 사람은 AB형답지 않게 높은 사교성의 소유자이다. 여러 형제자매와 지내는 동안에 AB형의 뛰어난 지성 덕분에 많은 것을 흡수하고 처세술을 몸에 익혔기 때문이다. 머리가 좋고 감각도 뛰어나며 태도가 부드러운 그 사람은 상대의 연령이나 성별에 구애받지 않고 대단한 인기를 구가한다. 학교나 직장에서는 자연스럽게 중요한 위치로 자리를 잡을 것이다. 또 사람 앞에 나서는 것도 좋아하므로 예능계나 매스컴 등의 직업을 선택하는 사람도 적지 않을 것이다.

그러나 그 사람은 AB형의 특징인 양면성을 가장 확실하게 갖추고 있다. 속마음과 겉마음을 능숙하게 구분해서 사용함으로서 말과 생각이 완전히 다른 경우도 많다. 또 호기심이 왕성하면서도 뜨거워지기 쉽고 잘 식는 경향도 강하다.

누구나 좋아하는 사람이므로 자연스럽게 연애경험도 많아진다. 늘 주목도가 높고 항상 여성의 시선을 모으고 있으며 늘 여성으로부터 고백도 받고 있다. 심지어 연인이 있다고 해도 그 남자를 뺏으려고 노리는 다른 여성도 끊이지 않을 것이다. 연인으로서의 그 사람은 모습이나 행동도 거의 완벽하다. 그 사람의 연인이 되었다는 사실만으로 누구나 그 여성은 행복한 사람이라고 생각할 것이다.

하지만 사랑받기만 할 뿐이어서 자기가 먼저 접근했던 경험은 극단적으로 적은 사람일 것이다. 자기가 먼저 고백하지 않으면 안 되는 상황이나 서로 생각하고 사랑해주는 사이가 될 수 없을 것 같은 어려운 상황이 되면 패닉으로 빠지기도 한다. 또 상대를 이해하는 방법을 모르므로 연인과 심각하게 다툰 경우에는 화려한 연애편력의 소유자라고는 생각될 수 없을 정도의 상황까지 빠져 들어가며 그대로 파국을 맞이하기도 쉬울 것이다.

사랑이 잘 진행되기 위해서는

그 사람은 상승지향성이 강하고 여성에게도 인기가 있으므로 그만큼 여성에게 요구하는 이상의 수준은 꽤 까다롭다. 그 사람의 눈에 들기까지에는 우선 자기의 확고한 자신감을 키우는 것이 필요하다. 자신감이 없는 부분은 철저하게 개선하도록 노력하자. 그리고 그 사람에게는 당당한 태도로 접하고 뭐든지 해낼 수 있는 여성이라는 점을 강조하자. 패션도 너무 튀게 하면 안 되지만 가능한 한 가장 고급스러운 것으로 치장하도록 신경을 쓰자.

그 사람의 섹스경향
그는 경험이 풍부하여 자기만족을 넘어서 상대를 즐겁게 해주는 기술을 갖추고 있다고 생각된다. 연인에게 주저없이 그 능력을 발휘하려고 하므로 그것에 응하거나 따르기가 힘이 들지도 모른다. 하지만 기본적으로는 여성에게 상냥하고 부드러우므로 그 사람의 배려 속에서 최고의 추억이 될 수도 있다.

연애에 있어서의 지뢰
예를 들어 당신이 그 사람의 연인이 된 이후라도 그 사람의 옛 연인이나 새로 다가오는 사람 등 많은 여성이 주위에 보이거나 할 것이다. 하지만 일일이 심각하게 대응해서는 안 된다. 질투가 심하다고 생각하여 반대로 당신을 멀리하게 될 것이다.

사무실에서는 야무지게 일을 잘 처리하자

남성 12타입과 당신의 궁합을 체크!

\<독자인 남자\>

 궁합이 좋음   궁합이 보통  궁합이 나쁨

그 사람의 혈액형과 형제 타입	당신의 혈액형			
	A	B	O	AB
A x 독자인 남자	상냥하고 배려심이 좋은 당신은 그 사람의 섬세하고도 고집스러운 기분을 풀어내서 장점을 끌어 내 줄 것이다. 정열적으로 타오르기보다도 여동생같이 온화하여 서로 기분이 맞는 관계를 만들 것이다	언뜻 잘못 이어진 커플로 보이지만 당신의 싹싹하고 명랑한 성격이 그 사람의 순진한 마음을 열어주면서 사랑이 성장한다. 단 그 사람의 내향적인 성격은 고집스러우므로 당신 혼자서 위세를 부리거나 하지 않도록.	서비스 정신이 왕성한 당신은 얌전한 그를 보면 즐겁게 만들고 싶을 것이다. 당신의 적극성이 그 사람의 행동을 부추기면 그 사람은 이끄는 대로 나에게 끌려 올 것이다.	적극성이 강하지 않은 그 사람은 타인과 깊이 사귀기가 서툰 AB형 여성에게 있어서 편안한 상황을 유지시킬 수 있는 사람이다. 충분히 시간을 들여서 상호이해를 높여 가면 궁합이 좋음을 알 수 있다.
B x 독자인 남자	B형 중에서도 특히 독창성이 높고 강력한 자신만의 세계를 갖고 있는 그 사람은 상대의 반응이 둔해지면 곧바로 무기력해지는 당신에게 있어서 좀 버거운 궁합일지도 모른다. 그 사람의 개성을 납득할 수 있다면 장래성은 있다.	같은 혈액형인 당신이라면 그 사람의 장점도 이해할 수 있지만 그를 알면 알수록 흥미는 점점 떨어질 것 같다. 연인이라는 의식보다도 친구라고 생각하는 편이 잘 될 수 있는 궁합이다.	유연한 당신에게 있어서 고집스런 자신만의 세계에서 좀처럼 나오려 하지 않는 그 사람은 힘에 겨운 상대라고 할 수 있다. 성격이 맞지 않고 교제를 길게 유지하기가 어려울지도 모른다.	필요이상으로 접근해오지 않는데도 제대로 자기를 지켜주는 당신을 그 사람은 매우 편안한 상대로 느끼고 있을 것이다. 말수는 적지만 마음의 심연에서 확실하게 이어질 수 있는 좋은 궁합이다.
O x 독자인 남자	자아가 꽤 강한 사람이지만 당신이라면 그것을 받아들일 수 있을 것이다. 가려운 곳을 긁어줄 수 있는 당신의 배려에 대해 그 사람은 당신이 없어서는 안 되는 존재로 느끼고 놓아주지 않게 될 것이다.	서로의 고집스런 자기주장이 정면으로 충돌하여 얼굴을 마주하면 큰 싸움이 일어날 수도 있는 커플이다. 좋아하는 기분은 그렇다고 하더라도 사고방식의 차이가 심해서 사귀기에는 무리가 따를 것이다.	주도권을 쥐고 싶어 하는 사람끼리 만났다. 보다 즐겁게 지내기 위한 궁리나 상대의 기분을 이해하려는 노력으로 연결된다면 좋겠지만 부딪치는 것만으로 사이가 깨지는 일이 있을 것이다.	그 사람의 맹렬한 접근으로 교제가 시작되는 케이스가 많은 커플이다. 성격적으로 맞지 않는 부분도 있지만 당신이 그 사람의 강렬한 행동력을 매력으로 느낀다면 의외로 오랫동안 지속되는 경우도 있다.
AB x 독자인 남자	사람 사귀기가 서툰 그 사람에게 있어서 상냥하고 이야기를 잘 들어주는 당신은 접근하기 쉬운 상대이다. 그러나 기본적으로 개인주의인 AB형이므로 너무 그 사람에게 맞추다보면 자주성이 없는 여성으로 생각되어지므로 역효과이다.	어느 쪽도 상대에게 필요이상의 간섭을 하지 않으므로 무리 없이 자연스럽게 사귈 수 있는 커플이다. 주위에는 담백한 연인관계로 보이지만 내면에서는 서로에게 완전히 반해서 장래성도 매우 높다고 할 수 있다.	사랑하고 있는 사실을 주위에 알리고 싶고, 자랑하고 싶은 연인을 데리고 다니고 싶은 당신과, 그 사람이 이상향으로 생각하는 성인지향의 연애 이미지와는 다소 다를 듯하다. 그 사람의 사고방식을 잘 듣고 서로 타협하는 정신을 갖는다면 원활하게 진행될 것이다.	되는 것도 없고 안 되는 것도 없는 궁합이다. 서로 상대를 잘 알기 때문에 편안하지만 연애에서 반드시 필요한 설레임이 부족한 분위기이다. 안전지향적인 연애를 하고 싶다면 문제가 없는 조합이다.

<형제자매가 한 명인 남자>

그 사람의 혈액형과 형제 타입	당신의 혈액형			
	A	B	O	AB
A × 형제자매가 한 명	좋거나 싫거나 A형의 특징이 나타나기 제일 쉬운 그 사람 에게 있어서 당신은 친근하게 생각되는 여성이다. 극히 자연스럽게 서로를 생각해주는 교제이므로 주위에서 보아도 잘 어울리는 커플이 될 수 있을 것이다.	우등생다운 면이 강한 A형의 오빠급과 자유분방한 당신의 경우는 많은 상황에서 서로 의견 차이가 나기 쉬우므로 궁합은 그저 그런 편이다. 하지만 솔직한 융통성을 갖고 있는 A형의 남동생급이라면 당신의 개성을 받아들이고 소중하게 대해 줄 것이다.	이해심이 좋은 그 사람은 늘 당신의 기분을 재빨리 파악하여 당신이 말하는 것을 친절하게 들어 줄 것이다. 당신이 이상으로 하는 뜨거운 교제가 가능하므로 매우 궁합이 좋은 조합이다.	당신의 눈에는 그 사람이 믿음직스럽지 못하게 보일 것이다. 우등생 스타일임에도 남의 이목을 중시하여 여간해서는 대담한 행동을 하지 않는 그 사람에게 남성적인 매력을 느끼지 못하므로 흥미가 줄어들 것이다.
B × 형제자매가 한 명	독단적인 행동을 하기 쉬운 그 사람은 당신에게는 놀라움의 연속일 것이다. 자신에게는 여간해서 불가능 한 일을 아무렇지 않게 해버리는 부분은 존경해줄 수 있지만 그 무계획적인 면에는 이해가 안 되고 싫음도 나로 함께하지 못할 가능성도 있다.	흥미의 방향이 같다면 최적의 궁합이라고 할 수 있다. 게다가 비록 서로가 다른 일을 하고 있어도 신경을 쓰지 않으므로 섬세하고 그리고 오랫동안 사귈 수 있는 조합이다. "알고 보니 어느새 결혼했다더라"는 경우도 가능하다.	감성이 딱 들어맞고 친해지는데도 시간이 걸리지 않는다. 하지만, 예를 들어서 독주하기 쉬운 그 사람이 뭔든지 함께 하고 싶은 당신의 기분을 알아주지 않는다면 오래가기 힘든 궁합이다.	개인주의라는 부분이 닮아서 서로 끌리기 쉬운 요소가 많은 두 사람이다. 그러나 그 사람의 자유분방한 행동은 당신에게는 무모하게까지 느껴질 것이다. 당신이 추구하고 있는 연인상과는 다소 다른 모습이 있는 듯하다.
O × 형제자매가 한 명	연애를 자기 주도로 하고 싶은 그 사람에게는 남을 잘 추켜 세워주고 부드러운 당신이 이상적이고 당신도 또한 마찬가지일 것이다. 정열적이고 강력한 그 사람의 접근에 몰입되어 남들도 부러워하는 열애 커플이 탄생될 것이다.	그 사람이 사람이 오빠에 해당된다면 좋은 궁합이다. 함께 이것저것 도전이 가능하며 교제도 즐겨 나갈 것이다. 그러나 그 사람이 동생뻘이라면 자신의 강한 면을 방만으로 생각하거나 심한 희로애락에 지쳐버릴 것이다.	타오르는 것은 빠르지만 한번은 정면으로 부딪쳐서 파국의 위기를 맞이 할 가능성이 크다. 하지만 그것을 극복함으로서 서로를 깊게 이해하고 두 번 다시 헤어지지 않게 될 것이다.	그 사람과의 나이 차이를 떠나서 물과 기름의 결합이 된다. 당신은 그 사람의 화려한 언동이 허세로 보일 것이고 그 사람은 당신이 지적이고 냉정한 면을 강조한다고 느껴져서 연애 감정은 지속되지 않을 것이다.
AB × 형제자매가 한 명	자기가 먼저 적극적으로 타인에게 접근하지 않는 그 사람에게는 사교적이지만 수동적인 경향이 강한 당신은 버거운 타입이다. 겉으로는 사귈 수 있지만 깊은 부분에서 상호이해를 돈독히 해나가기가 어려운 궁합이다.	단순명쾌한 당신에게 있어서 복잡한 내면을 갖고 있는 그 사람은 다루기 힘든 상대이다. 열심히 말을 걸어도 대화가 잘 진행되지 않고 분위기가 깨졌는데도 그 사람은 참지 못하는 상황이 되기 쉬울 것이다.	자신의 감정을 너무 겉으로 드러내지 않는 그 사람은 늘 유연하며 밝은 당신을 몰래 부러워하고 있다, 당신이 먼저 적극적으로 접근해 간다면 서서히 마음을 열어 줄 것이다.	내면에 감춰져 있는 상냥함이나, 어리광 부리고 싶어 하는 그 사람의 갈망이 당신에게라면 손쉽게 읽힐 수 있을 것이다. 게다가 상대에게 너무 간섭하지 않는 적당한 거리를 측정할 수 있는 두 사람은 너무나 좋은 조합이 된다.

혈액형 x 형제 타입으로 성공적인 연애의 비결을 알 수 있다.

<형제자매가 두 명 이상 있는 남자>

그 사람의 혈액형과 형제 타입	당신의 혈액형			
	A	B	O	AB
A x 형제자매가 두 명 이상	서로 상대의 세밀한 감정의 움직임까지 파악하여 이심전심의 교제가 가능할 것이다. 또한 두 사람 모두 상대의 가족이나 친구와도 멀리하지 않고 잘 교류하므로 공인도가 높은 커플이 된다.	형제자매가 여럿인 그 사람은 배려심이 좋아서 당신에게 뭔가를 세심하게 대해 주려고 할 것이다. 하지만 당신에게는 거추장스럽고 불필요한 고마움의 대상이 되기 쉬울 것이다.	A형으로서는 솔직하고 행동력이 있는 그 사람이 처음에는 매력적으로 보일 것이다. 그러나 그를 잘 알게 되어감에 따라서 빈틈없는 면에는 질릴듯하다. 당신이 주도를 제대로 못하여 초조해 할 것이다.	교제를 잘하고 유연성도 뛰어난 그 사람은 남과 거리를 두고 싶어 하는 당신의 마음에도 슬그머니 찾아들어 올 것이다. 그러나 친구가 많은 그 사람에게 이끌리다 보면 따라갈 수 없는 지경도 있을 것이다.
B x 형제자매가 두 명 이상	타인의 감정의 움직임에 흥미가 없는 그 사람은 말과 행동은 늘 자유스러워서 당신은 일희일비를 거듭할 것이다. 상대의 반응이 애매하다고 불안해하는 당신에게는 교제하기 어려운 타입이라고 할 수 있다.	서로 기분 좋은 거리를 자연스럽게 잴 수 있고, 이어서 없어서는 안 되는 존재가 되어 좋은 궁합이다. 자기 가족과 함께 지내기보다는 둘이서 함께 지내는 시간이 길어질 것이다.	서로의 첫 인상은 좋았지만 실제로 교제하다보면 성격이나 사고방식이 생각과 다른 경우가 많은 듯하다. 두 사람 모두 자기의 주장을 양보하지 않으므로 상담이나 대화가 이뤄지지 않고 화내는 일만 쌓여갈 것이다.	좋아하는 것이나 장래에 대한 설계 등이 비슷하면 마음이 맞는 커플이 된다. 둘 다 무리하게 상대에게 들어가려고 하지 않고 좋은 거리감을 둘 것이다. 흥미의 대상이 전혀 다르므로 접점이 잘 지속되지 않는다.
O x 형제자매가 두 명 이상	그 사람의 행동력이나 남을 위한 여러 가지 노력은 존경할 수 있지만 말로 하는 것과 현실에는 차이가 있어서 배려심이 높은 당신에게는 이해되기 어렵다. 때문에 오래가기는 힘들 것이다.	그 사람의 정력적인 행동은 당신의 많은 흥미를 끌게 되어서 의기투합이 되는 커플이다. 단, 당신은 개인끼리라도 늘 붙어 있는 것을 싫어하므로 그 사람이 그 점을 납득해 주는 것이 필요하다.	척하면 삼천리라고 할 정도로 상대가 기대하는 것을 할 수 있다. 당신이 기쁜 것은 그 사람도 기쁘고 그 사람이 불쾌한 것은 당신도 불쾌하므로 서로 이해하면서 사귀어 갈 수 있다.	매사를 그 사람이 주도해서 이끌어주므로 당신은 어느 의미에서 편안하게 사귈 수 있다. 그러나 그 사람이 하고 싶은 것이 당신의 생각과 틀려지면 충돌하게 되며 그이 여간해서 회복이 어려운 경우도 있다.
AB x 형제자매가 두 명 이상	AB형 중에서는 사교성이 높은 사람이므로 당신이 동경하고 있는 점을 솔직하게 전하고 주도권을 맡긴다면 잘 이루어질 궁합이다. 하지만 너무 사적인 부분까지 들어가면 불쾌하게 생각하여 멀어질 가능성이 크다.	그 사람은 당신의 자기본위 스타일에 이해를 나타내지만 맞추려고 하지는 않을 것이다. 서로에게 전혀 별개의 흥미를 갖은 채, 결국 다가오지 못하고 헤어져버리기 쉽다.	궁합이 좋고 장래성도 높을 것이다. 단, 그 사람은 붙임성이 좋은 편이지만 화가 나더라도 웃는 얼굴을 할 수 있는 사람이다. 세밀한 관찰이 서툰 당신은 자기도 모르게 그 사람에게 상처를 줄 수 있으므로 주의가 필요하다.	연인으로서는 대단히 좋은 궁합이다. 남에게서는 볼 수 없는 그 사람의 복잡한 성격도 당신이라면 쉽게 이해 할 수 있을 것이다. 결점을 덮어주고 장점을 서로 북돋우주어 길게 교제해 갈 수 있을 것이다.

마음에 있는 그 사람의 혈액형으로 공략 포인트가 판명된다.
그 사람이 자기를 돌다 봐 주었으면 좋겠는데, 어떻게 접근하면 좋을지 모를 때 도움이 되는 것이 혈액형이다. 말을 거는 방법, 러브 콜을 보내는 방법 등 혈액형으로 달라지는 사랑의 급소를 자세히 연구해 놓았다. 그 사람이 무슨 혈액형인지만 안다면 이미 사랑은 성공한 것과 다름없다.

마음에 드는 사람이 생겨서 행복하다. 그런데, 어떻게 접근해야 할까? 다음 단계로 옮기고 싶고, 너무 좋아하는 마음을 정직하고 직선적으로 전하고 싶어 한다는 당신. 그러나 잠깐만 기다리길… 마음에 있는 그 사람의 혈액형은 설마 A형은 아닐지? 연애에 대한 입장이나 마음에 울려 퍼지는 요인도 혈액형에 의해 완전히 달라진다. 혈액형에 맞춰서 그 사람이 좋아할 것이라고 생각되는 방식으로 접근하지 않으면 손해이다.
예를 들어 갑자기 불타오르는 사랑보다 조금씩 거리를 줄여가는 듯한 교제를 하고 싶어 하는 A형 남자에게 갑자기 좋아한다고 고백하면 역효과인 것은 자명한 논리이다. 각 혈액형별 공략 포인트를 확보하여 그 사람의 마음을 잡아 보도록 하자.

A형 남자의 공략법

〔공략난도〕 ★★☆☆☆
진지하고 정직한 A형 남자는 잔꾀나 임기응변 등을 사용하지 않고 여성다움을 강조하는 정공법이 가장 효과적인 상대이다. 불필요한 것이나 거추장스러운 것을 생각하지 않고 솔직하게 대하면 OK이다.
〔연애체질도〕 ★★★☆☆
그다지 연애지상주의자는 아니며 사랑에 빠져 일이 소홀해질 정도의 타입이지 않다. 하지만 경험치가 낮은 남자의 경우에는 악녀에 걸리면 점점 발을 빼지 못하고 깊은 곳으로 빠져들 위험도 있다.

연애의 자세

심심풀이성 연애는 NO! 좋아하는 사람과는 오랫동안 한 길로만 사귀고 싶은 진지파.
어쨌든 진지파! 외골수적으로 사랑하는 것이 A형의 특징이다. 심심풀이로 단기간에 연애를 많이 하고 싶다고 생각하기 보다는 오랫동안 함께 있을 수 있는 상대와 느긋하게 관계를 키워나가는 경향이 있다. 그래서 가치관이나 취미, 기호가 일치되어야 하는 것이 파트너 선택의 우선과제이다. 하지만 보수적이기도 하고 의외로 브랜드 지향적이기도 하다. 캐빈 어텐던트(Cabin Attendant 항공승무원) 등 알기 쉬운 외래어 직종이나 사회적 지위가 있는 여성에게 약한 경향이 있다. 평화주의자이므로 경쟁자가 있으면 물러나버리는 소극적인 면도 있다. 하지만 그것은 표면적일 뿐, 사실은 변화에 서툴기 때문이다. 이별을 선언당하면 한동안 지나간 사랑을 좀처럼 잊지 못하는 것도 진지한 A형의 특징이다.

공략의 키 워드 → 공감, 이해

A형의 남자는 생각을 직선적으로 전하는 접근방법이 서툴다. 갑자기 이뤄진 사랑의 불꽃을 태우기 보다는 작은 불을 느긋하게 키워나가는 사랑의 양상을 보인다. 그것은 여성이 적극적으로 나오는 경우도 동일하다. 만나자마자 좋아한다고 갑자기 여성으로부터 고백을 받으면 A형 남자의 입장에서는 자신에 대해서 대체 뭘 알고 그러는지 몰라서 주저하게 되고 이내 꼬리를 감추려고 한다. 때문에 갑자기 연애 모드를 전개시켜서 몰아대기보다는 친구 몇 명과 같이 하는 식사에 초청하는 식으로 서서히 접근하는 방법이 효과적이다. 대화의 키 워드는 공감이다. 함께 있으면 편안해지는 상대를 갈구하고 있으므로 어쨌든 그 사람이 이야기하는 것은 공감하고 이해해 주어야 한다. 그러면 그 사람은 안심하고 당신에게 마음을 열 것이다.

공략 포인트

독서, 인터넷, 영화, 쇼핑

상기와 같이 비교적 무난한 취미의 소유자가 많으므로 극히 단순하게 놀러가자는 콜을 보내는 것이 가장 효과적이다. 또한 참한 아가씨 스타일을 좋아하므로 요리를 잘한다는 점을 강조하면 좋을 것이다. 생일을 기억해주거나 하면 감격하는 스타일이므로 이런 요령도 높은 포인트를 줄 수 있다.

B형 남자의 공략법

〔공략난도〕 ★★★☆☆

자기가 먼저 좋아지지 않으면 연애모드로 돌입하지 않는 점에서 약간은 장애적인 요소가 있다. 하지만 의외로 정에 약한 일면도 있으므로 항상 그 사람을 흥분시킬만한 소재를 지속적으로 들이밀면 원활하게 진행되는 경우도 있다.

〔연애체질도〕 ★★★★☆

사귀게 되면 쉬는 날마다 함께 있고 싶어 하므로 비교적 연애 의존도가 높은 편이다. 단지 기분파이므로 마음이 내킬 때는 끝까지 붙어 있지만 그 이외의 경우에는 그냥 내버려 달라고 하는 변덕이 있다.

연애의 자세

좋아지면 말이 필요없는 정열적 낭만주의자

맘에 든다는 직감적인 생각이 들면 즉시 행동으로 옮긴다. 자기의 느낌을 극히 신뢰하므로 첫눈에 반하면 그 자리에서 적극적으로 대쉬한다. 극단적으로 말하자면 상대의 감정 따위는 관심이 없다. 좋아하는 여자가 말하는 것을 맘대로 해석할 수 있는 초 긍정적인 사람이다. 자기의 기분을 주변에 감추려는 행동은 일절 하지 않는 직선적 인간이므로 꽤나 낭만적인 사람이다. 연애가 없는 인생이란 있을 수 없다고 생각하므로 일단 사귀기 시작하면 연인과 함께 계속 있고 싶다고 생각하는 것도 특징이다. 외로움을 잘 타고 응석받이이지만 마음은 기분파다. 사귀는 여성에게 맘대로 행동하거나 말이나 행동을 돌려버리거나 하는 일도 자주 있다.

공략의 키 워드 → 고양감, 흥분

여성을 좋아하게 되는 키 워드는 함께 있어서 즐거운가의 여부이다. 이야기하고 있음으로서 즐겁고, 마음이 맞는다고 생각하면 사랑의 불꽃이 타오른다. B형 남자는 취미나 기호가 전문인 면이 많지만 그 핵심이 맞는 상대에게는 마음이 끌리게 되는 경우가 많은 경향이다. 이 사람과는 깊은 취미 이야기가 통한다고 생각되게끔 하는 것이 중요하다. 혹은 그 사람을 즐겁게 만드는 화제를 계속해서 내밀면 당신을 함께 있으면 뭔가가 즐거운 사람이라는 마음을 갖는다. 둘이서 분위기를 잘 타면서 지내고 싶다고 생각하고 있으므로 여성 측도 어느 정도 자기주장이 확실하지 않으면 그 사람의 긴장감을 늦추게 된다. 그저 그 사람이 말하는 대로 행동하거나 혹은 우유부단한 태도로서는 당신에게 대한 그 사람의 흥미는 오래가지 못한다. 그 사람에게 지지않을 정도로의 분위기를 잘 타면서 공략해 보도록 하자.

공략 포인트

갬블, DIY, 웃음, 소품 수집

그 사람과 동일한 취미를 갖고 있다면 그것을 함께 즐기는 것이 최고이다. 혹시 취미 등의 공통분모를 찾아내지 못하면 그를 흥분시킬만한 곳으로 함께 나가보거나 하자. 그저 즐거운 것만이 아니라 그 사람의 심장이 요동치는 상황이 가장 이상적인 곳이다.

O형 남자의 공략법

〔공략난도〕 ★★★★☆

자기의 이상에 집착하므로 입구는 여간해서 열리기 어렵다. 하지만 칭찬받는 것을 좋아하는 단순함도 매우 두드러지므로 그 사람의 자존심을 적절히 자극해주면 의외로 빗장이 쉽게 열릴 수도 있다.

〔연애체질도〕 ★★★★★

사랑하는 사람이 있으면 무조건 항상 함께 있고 싶어 한다. 일단 사랑에 빠지면 몰입도가 가장 깊은 것이 O형 남자로서 독점욕이나 질투심도 강하다. 끈끈한 사랑을 하고 싶은 여성에게는 최적의 혈액형이다.

연애의 자세

이상형의 여성과 사귀어서, 늘 애정이 충만되었으면 한다.

4타입 중에서 가장 연애 몰입도가 높은 것이 O형 남자이다. 사귀게 되면 온종일 함께 있고 싶어

한다. 상대에게도 잘 해주며 동시에 독점욕이나 질투심도 강하고 나만큼 애정을 쏟아주기를 원하기도 한다.

B형 남자와 비슷하게 대단한 분위기파이기 때문에 그러한 가벼운 느낌이 자칫 바람둥이처럼 보일 수도 있다. 그러나 의외로 견실한 점이 있는 것은 O형다운 요소가 있기 때문이다. 자기 자신도 개성적이고 싶다고 생각하므로 좋아하게 되는 상대도 오리지날적인 생활양식을 갖는 사람을 선호한다. 아무튼 이상이 명확하므로 좋아하는 타입 이외의 여성과는 사귀려 하지 않는 의지가 강하다. 때문에 그냥심심풀이로 사귀지도 않는다. 하지만 한번 이 사람이라고 생각하면 경쟁자가 있거나 아니면 다른 장애 요소가 있어도 자기의 의지를 끝까지 관철시킨다.

공략의 키 워드 → 칭찬, 격려

가장 큰 특징은 자존심이 강하다는 점이다. 자존심을 자극하는 것이 사랑의 동기가 될 수 있다. 남에게 인정받고 싶다는 욕구가 대단히 강하므로 어쨌든 칭찬하고 칭찬하며, 칭찬으로 그를 넘어뜨려야 한다. 칭찬과 격려를 받으면 점점 기분이 좋아지며 마음을 허락해 버리는, 사랑할 만한 가치가 있는 단순 성격의소유자이다. 또한 경쟁심도 꽤 강하다.

그 사람 앞에서 다른 남자와 이야기하거나 주변에 남자가 있는 것처럼 분위기를 조금이라도 풍기면 그 사람의 포획 욕구에 불꽃이 당겨져 갑자기 당신을 재평가 하는 경우도 있다. 그렇지만 무엇보다도 우선은 그 사람의 이상에 다가가는 것이 급선무이다. 야심가이므로 노력하는 사람에 대한 평가가 높다. 때문에 당신을 위해서 매력적인 여자가 되려고 노력하고 있다는 자세를 보여주면 필히 당신을 바라보아 줄 것이다.

공략 포인트

스포츠 관전, 온천여행, 바비큐

스포츠 관전이나 동료와 함께 즐기는 바비큐 등 여럿이 시끌벅적하고 즐길 수 있는 이벤트에 초청해 보자. 대답은 반드시 OK일 것이다. 일상에서 벗어나 느긋하게 지내는 것도 매우 좋아하므로 조금 친해졌으면 온천여행 등을 가보자. 좋은 결과가 있을 것이다.

AB형 남자의 공략법

〔공략난도〕★★★★☆

이상형의 조건에 세세하게 집착하므로 꽤 높은 장애물이 도사리고 있다. 게다가 머리도 좋고 흥정도 잘 하므로 마음의 빈틈을 비집고 들어가기가 꽤 힘들다. 여성다움을 강조하기 보다는 동지와 같은 분위기를 갖고 접근해야 한다.

〔연애체질도〕★★★☆☆

이성적이고 합리적이며 연애에 있어서는 적어도 내둘리고 싶지 않은 미학의 소유자이므로 사랑을 하고 있는 자기조차 냉정한 시선으로 분석한다. 연인이 되어도 끈끈한 관계보다는 드라이한 관계가 이상적이다.

연애의 자세

합리적이며 냉정한 시선의 소유자. 하지만 정열적인 사랑에도 동경을 하는 이중성이 있다.

한가지로서는 성에 차지 않는, 다면적인 인격의 소유자인 AB형은 여성이나 연애를 숭고한 것이라고 생각하고 강한 동경심을 가지면서 동시에 냉정하게도 보고 있는 것이 특징이다. 이상적인 타입의 조건이 대단히 세밀하여 마음에 든다고 생각되는 사람과 만나도 그 체크 항목을 유심히 비춰보아서 하나라도 맞지 않으면 타협하지 않는 초 신중파 내지 집착파이다. 사랑을 하고 있는 자신조차도 조금 떨어진 위치에서 객관적으로 관찰하는 냉정한 시야를 갖고 있다. 의미없이 둘러대는 연애는 AB형 남자에게는 당치도 않다. 사랑은 생활에 있어서 부족하지 않을 정도로 즐기고 싶은 것이 본심이다. 비록 연인이 되었다 하더라도 위화감을 느끼게 되면 곧 이별을 선택하는 다소 냉정한 일면도 있다.

공략의 키 워드 → 안심, 릴랙스

우선 자신만의 생활방식이 있는 AB형은 흙투성이 신발로 들어오는 것과 같은 연애는 사양한다는 것이 본심이다. 끈적이지 않는 친구와 같은 관계의 연애가 가장 편안한 관계이다. 강하게 연애감정을 강요하는 것은 사랑을 멀리하게 되는 결과가 된다. 간섭하지 않고 그 사람의 자유를 먼저 존중해 줄 것. 자기에게 무리한 강요를 하지 않는 상대에게 AB형 남성은 마음을 열어 준다. 또, 자기에게 없는 지식에 접하면 지성이 자극되어 만족감을 얻을 수 있는 것도 특징이다. 뭔가의 전문지식을 보이는 것이 좋은 방법이다. 혹은 그 사람이 청소가 서툴다면 방을 완벽하게 청소해 주는 것도 좋다. 그 사람은 당신을 존경하게 되고 두 사람의 거리는 훨씬 좁혀질 것이다.

공략 포인트

콘서트, 미술관 순례, 컴퓨터 설정이나 배선

일반적으로 예술적이면서 아름다운 것을 좋아한다는 AB형을 데이트에 불러내려면 그 사람의 미적 감각을 자극하는 지적인 장소가 이상적이다. 또 기계 등에 매우 조예가 깊은 경우도 많으므로 전기제품의 배선을 새로 해달라고 부탁하는 것 등도 좋은 계기가 될 것이다.

섹스

혈중 에로글로빈으로
숨겨진
에로 경향이 드러난다.

당신의 혈관 속을 뜨겁게 달리고 있는 것은 "혈중 에로 물질"이라고 하는 「에로글로빈」!

각각의 혈액형에 숨겨진 잠재적 에로 성향과 심리 테스트에 기초하여 혈중에서 꿈틀대는 에로 물질을 8가지 타입으로 진단한다. 당신의 에로글로빈은 과연?

당신의 체내에 잠자고 있는 것은 도대체 어떤 에로글로빈? 여기서는 연애에 있어서의 다섯 가지 요소인 '망상", "집념", "저열", "스킨십", "도발"의 항목으로 각 혈액형의 경향을 체크한다. 그 자료를 기초로 하여 혈액형마다의 평균 수준과 자신의 욕망이 드러나는 심리 테스트를 병행하면 에로글로빈이 판명된다. 자신과 그 사람의 에로글로빈 타입에서 궁금한 궁합이나 에로 경향도 드러난다. 드디어 관능의 혈액 속으로 다이빙을!

혈중 에로글로빈으로 숨겨진 에로 경향이 드러난다.

[혈중 에로글로빈 타입의 진단법]
자신의 혈액형을 확인하고 A형 ~ AB형 각각의 지정된 장소에서 설문에 응하고 선택조항의
지시에 따라 진행해 나가자. 당신의 에로글로빈 타입이 밝혀질 것이다.

START ➡

A형

원래의 에로글로빈 타입

체면이나 상대의 반응을 염두에 두는 타입이다. 마음속에도 머리
속에도 에로글로빈이 차있는데도 태도에 나타나지 않으므로
망상도와 집착도가 높음에 반하여 도발도와 스킨쉽도가 낮다.
이것이 A형이 무뚝뚝하면서 밝힘증이라고 불리는 까닭이다.

<u>Q 이성이 있어도 평소의 태도가 변하지 않는다?</u>

a. 표변한다 → 1로　　**b. 변하지 않는다** → 7로

B형

원래의 에로글로빈 타입

지금 이 순간에 인생 모든 것을 거는 B형이다. 정열도와 도발도가
매우 높다. 그러나 타오르기 쉽고 쉽게 싫증내는 타입이므로
집착도는 극단적으로 낮다. 에로글로빈도 급격하게 상승하지만
지속력에는 다소 문제가 있을 것이다.

<u>Q 메이크 업이나 헤어 스타일에서 닮고 싶은 여배우가 있다?</u>

a. YES → 6으로　　**b. NO** → 4로

O형

원래의 에로글로빈 타입

사람의 체온이 그리운 O형은 정열도와 스킨쉽도가 제일 높다.
게다가 도발도 또한 높고 에로글로빈은 늘 활성화되어서 그
농후함이 점점 증가해 가는 경향이다. 하지만 의외로 현실파인
면도 있어서 망상도나 집착도는 그리 높지 않다

<u>Q 사랑의 만남에 있어서 있을 수 있는 것은 어느 쪽?</u>

a. 친구나 동료의 소개 → 6으로　　**b. 직장이나 일 관계** → 7로

AB형

원래의 에로글로빈 타입

이성파인 AB형은 마음이나 몸의 움직임보다 사고를 중시하므로
전 항목이 모두 낮고 에로글로빈의 움직임도 활발하지 않다.
정열도에 있어서는 거의 없는 것과 마찬가지의 오차범위에서
무의식중에 에로글로빈을 억제하는 경우도 많은 듯하다.

<u>Q 길에서 과거의 남자를 보았다면?</u>

a. 말을 건다 → 1로　　**b. 못 본체** → 4로

1

Q 미팅에서 만난 남성과 이메일 주소를 교환하니 빈번하게 메일이 오며 적극적으로 접근하기도 한다. 하지만 사실은 내가 선호하는 타입이 아니다. 이럴 때 당신은 어떻게 하나?

a 내 취향이 아니므로 거절한다. → 7로
b 모처럼 보낸 것인데 우선은 메일을 보관해 둔다. → 2로

2

자기 자신의 파워를 충전하는 두 가지 방법을 친구가 추천해 주었다. 당신은 어느 쪽 방법이 보다 더 효과적이라고 생각하는지?

a. 행운석 장신구를 몸에 지닌다. → 4로
b. 영적으로 충만한 장소에 간다. → 6으로

6

데이트에서 튀김을 먹는 것은 금기이다. 입술이 번지거나 덥석 베어 먹는 것도 천박스럽다고 말하는 어느 여자의 의견에 대해서 당신은?

a 너무 까다롭다 → 5로
b 맞다, 말 그대로이다 → 4로

7

과거 남자와 교제 당시에 선물로 받은 매우 비싼 보석은 헤어져도 그냥 간수하나?

a 깨끗하게 처분한다. → 2로
b 추억의 물건으로 소중히 보관 → 10으로

8

인간관계에서 물을 먹거나 사람과의 접촉에서 주저함이 있을 때 당신은 자신의 고민을 남에게 털어놓고 상담하는 편인가? 아니면 그렇지 않은 편인지?

a 친구 등 주변 사람에게 상담한다. → 5로
b 남에게 말하지 않고 혼자 자문자답을 한다. →3으로

3

퇴근 후에 헤어 살롱에 들리려고 예약을 했는데 오늘 중으로 하지 않으면 안 되는 중요한 업무가 겹쳐 들어와서 갈 수 없을 것 같다. 이럴 때 당신은?

a 짜증과 낙담 → 16으로
b 오로지 머리를 다듬는 생각만 한다. → 14로

4

기가 막히게 맛있는 스페셜 런치를 먹으러 가자는 동료의 콜이 있다. 동료들이 말하는 스페셜 런치란 구체적으로 어떤 것을 말하고 있다고 생각하나?

a 기간 한정의 특별메뉴 → 10으로
b 시간제한이 없는 뷔페 → 8로

5

유명한 점술가에게 상담할 때, 아직 나는 아무 말도 하지 않았는데 "한 가지에 집착해서는 안 된다, 그러면 오히려 욕망이 물밀듯이 샘솟아서 번뇌만 깊어질 뿐이다"라고 먼저 말한다. 당신은 어떻게 생각하나?

a 상담하기 전에 의례히 하는 설교조의 말이라고 생각한다. → 9로
b 자기에 대해서 꿰뚫어보고 말하는 것이라고 생각한다. → 14로

9

밤중에라도 보고 싶다면 지금 있는 곳을 말하고 이곳으로 오지 않겠는가고 남자친구에게 메일을 보내는 친구가 있다. 혹시 당신이 친구의 입장이라면?

a 시간대를 고려하여 메일을 보내지 않는다. → 15로
b 자기도 그 친구처럼 메일을 보낸다. → 12로

10

다음 항목 중에서 자신의 말투에 해당하는 것은 몇 개나 있나?
따발총 같은 말씨. 독설. 화제가 자주 삼천포로 빠진다. 말을 얼버무린다. 독주회. 상대의 이야기는 무시.

a 4개 이상 있다 → 3으로
b 3개 이하 → 8로

11

소녀 시절에는 사소한 일에도 감동하거나 가슴이 콩당거리기 일쑤였다. 그런데 지금의 당신도 가슴이 두근거리거나 콩당거리는 일이 있는지?

a 최근에는 여간해서 없다 → 변이형으로
b 자주 있다 → 원생으로

12

맨발로 샌들을 신고 출근하니 오늘 저녁 리셉션 파티에 대신 나가달라는 선배로부터의 요청이 있다. 이 경우 당신이라면 맨발로 샌들을 신은 차림으로 파티에 나가는지 아니면 뭔가의 방법을 강구하는지?

a 맨발로 샌들을 신고 참가한다. → 고농도로
b 스타킹을 신고 참가한다. → 진성으로

13

남성에게 인기있는 선배를 보고 다른 여성과는 확연히 다른 차이점을 발견했다. 그것은 어떤 점일까?

a 늘 활기차게 행동하지만 술이 들어가면 주저없이 느슨해진다. → 연쇄형으로
b 언제나 너글거리고 유한 것 같은 사람인데 결정적일 때는 남보다 더 괄괄하게 행동한다. → 과민성으로

14

과일모양의 한 단추를 하나씩 셔츠에 단다면 제일 위에서 두 번째 보턴으로 고르는 과일은 어떤 것?

a 초승달형 멜론 → 16으로
b 상단을 커팅한 오렌지 → 9로

15

근처에 잘 생긴 남자들만 있는 소문의 마사지 살롱이 오픈했다고 한다. 당신이 선호하는 관리사를 지명한 후에 어떤 코스를 부탁할 것인가?

a 손의 경락을 마사지 → 가성으로
b 발의 경락 마사지 → 유도형으로

16

라인스톤 스티커로 휴대폰을 튜닝중인 친구가 어느 것을 붙이는 것이 좋을지 물어본다면 당신이 고르는 것은?

a 오프 화이트의 둥근 타입을 한 진주빛 펄 컬러 → 13으로
b 두께감이 있는 핑크 계열 장미 꽃 → 11로

당신의 에로글로빈 타입은?

고농도 에로글로빈 타입	**진성** 에로글로빈 타입
가성 에로글로빈 타입	**유도형** 에로글로빈 타입
연쇄형 에로글로빈 타입	**과민성** 에로글로빈 타입
원생 에로글로빈 타입	**변이형** 에로글로빈 타입

고농도 에로글로빈 타입

천성의 에로글로빈이 여기에 있다. 오로지 남자를 쓰러뜨리고 살아가기

[에로 경향과 주의점] 에로글로빈 농도가 대단히 높고 단순한 몸짓에도 요염함이 흘러서 페로몬을 발산하므로 이성으로부터의 주목도는 최고이고 남자의 마음도 잘 자극한다. 유혹하면 간단히 잠자리가 가능할 거라고 생각되거나 아니면 늘 남자를 갈구하고 있다고 오해하는 남성이 있는 것은 부정할 수 없다. 특히 처음 잠자리를 함께 했을 때 남자를 너무 주도하면 닳고 닳았다는 인상을 주므로 역효과가 난다.

[에로글로빈 활성법] 남성 정복욕은 유전자 수준으로 조합되어 있다고 해석해야 한다. 섹스를 통해서 그 사람이 개발해 주었다는 모습을 은연중에 비추는 것이 중요하다. 가끔 미숙한 태도를 취하는 편이 도리어 당신의 청초함을 강조할 수 있다.

[상대성 에로글로빈] 미개발된 일면을 남기고 있는 원생 에로글로빈 남성은 당신의 에로 수치를 자연스럽게 받아들여 주는 상대이다. 불필요하게 들어내지 않으므로 자연적으로 깊이 사랑하게 된다.

[이 타입 남성은....] 그 사람의 에로글로빈에 끌려 접근하는 여성이 압도적으로 많다. 때문에 그 사람의 주위에는 여성이 많다고 생각해도 틀림없다. 이러한 그 사람에게는 색기보다도 얌전함을 강조하면 효과적이다.

가성 에로글로빈 타입

남성의 반응을 자료로 보존하고 머릿속의 에로를 몸으로 해방하자!

[에로 경향과 주의점] 머리로 생각하면서 이쯤해서 요염하게 보이는 편이 여성답겠다거나, 흥분된 표정으로 그 사람을 감동시키려고 생각할 수 있다. 에로글로빈은 계산적으로 늘어나는 것이 아니므로 무리해서 연출하지 않도록 해야 한다. 게다가 음란한 장면에서 그 사람의 요구에 일방적으로 응하거나 너무 봉사만 하는 스타일이라면 다루기 편한 여자로 오해받을 위험성이 있다.

[에로글로빈 활성법] 절정을 잘 느끼지 못한다고 생각하므로 그 점을 덮기 위해 필요이상으로 연기를 하지 말아야 한다. 느끼거나 못 느끼거나 그 사람 앞에서는 자신을 해방시키는 편이 단연코 매력적으로 비쳐진다. 둘의 리듬을 소중히 하여 그를 피부로 느끼면서 당신 안에서 샘솟는 쾌감의 변화를 솔직하게 표현한다면 에로글로빈이 자연스럽게 활발해 질 것이다.

〔상대성 에로글로빈〕변화되기 쉬운 연쇄형 에로글로빈의 그 사람은 당신의 페이스에 맞춰주는 상대이다. 그 사람과 있으면 새로움을 되찾을 수 있다.

〔이 타입 남성은....〕남성 자신은 에로글로빈이 적다고 생각하고 있기 때문에 에로글로빈 농도가 높은 척할 필요는 없다. 그 사람이 가면을 쓰지 않아도 좋은 상황을 만들어 주는 것이 중요하다.

진성 에로글로빈 타입

외골수적으로 에로에 전력, 쓴맛과 단맛 모두 아는 성인다움.

〔에로 경향과 주의점〕자기의 장단점을 파악한 위에 자신을 매력적으로 보이는 급소를 알고 있는 성인 타입이다. 일이 끝나고 한시름 놓았을 때의 옆모습은 바닥을 모를 정도의 요염함을 풍기고 있다. 하지만 음란함을 정돈하는 능력이 너무 좋거나 섹스에서의 테크닉에 몰두한다면 그 사람에게 과거의 남자와는 이렇게 했을 것이라고 상상을 불러 일으켜 흥이 깨지는 결과를 낳으니 주의해야 한다.

〔에로글로빈 활성법〕과감하게 승부를 지을 수 있는 초 에로틱 팬티를 입지 않는 날을 만들어 보는 것도 좋을 것이다. 완전무장을 하지 않는 편이 "오늘 잠자리를 요구하면 어쩌지?'라는 불안정한 기분을 불러일으키고 에로글로빈은 일거에 야하고 부끄러운 기분으로 바꿔준다. 그 편이 오히려 그 사람에게 자연스러운 느낌의 인상을 주므로 좋은 결과를 낳을 지도 모른다.

〔상대성 에로글로빈〕성차를 강하게 의식하는 과민성 에로글로빈 남성은 당신의 에로글로빈을 순식간에 감지하여 감동을 주는 존재이다. 잠자리에서는 당신을 공주같은 기분으로 만들어 준다.

〔이 타입 남성은....〕자신의 장점이나 여성의 급소를 잘 알고 있으므로 고식적인 흥정이나 연기는 통하지 않는다. 음란한 장면에서는 그 사람에게 몸을 맡긴 채, 느끼는 그대로 표현하는 편이 좋다.

유도형 에로글로빈 타입

요염의 그물로 일망타진! 에로의 보금자리 속에 사는 여주인이다.

〔에로 경향과 주의점〕남성을 끌어당기기 좋아하고 그 때마다 에로글로빈이 한 번에 활발해질 것이다. 여자의 무기로서의 요염함을 풍기고 흥정을 즐기고 있다. 당신의 에로틱한 면에

매력을 느끼는 남성은 많을 것이다. 그렇지만 자기가 먼저 앞서서 유혹하면 상대가 물러날 위험도 있다. 그 사람의 페이스에 맞춰주는 전략이 필요하다.

〔에로글로빈 활성법〕 자신의 욕구를 충족시키기 위해 그를 유도하는 것만으로는, 에로글로빈이 활성화되어도 그것은 일시적인 것에 지나지 않는다. 자신의 상태만으로는 알 수 없는 그 사람의 요구에 응해주면 그 사람이 기뻐할 뿐만 아니라 에로글로빈도 일정량을 유지해 간다.

〔상대성 에로글로빈〕 에로글로빈을 감추기 쉬운 변이형 에로글로빈의 그 사람은 당신과 있으면 자연스럽게 에로틱한 기운이 발산될 것이다. 그 사람의 변화를 기꺼이 느끼고 깊게 사랑할 수 있을 것이다.

〔이 타입 남성은....〕
인기가 높았으면 좋겠다는 원망이 강하여 여성을 설득하는 것은 천하일품의 실력이다. 쉬운 것이 여자라고 생각하는 그 사람에게는 일부러 마음에 있는 것 같으면서도 없는 척 하여서, 함락시켜 볼 가치가 있는 여성이라는 점을 강조하면 효과적이다.

연쇄형 에로글로빈 타입

한 번의 접속으로 연결되는 흥분 에로에 몰두!

〔에로 경향과 주의점〕 주위의 영향을 받을 때마다 에로글로빈이 증가하는 경향이다. 유행에 민감하다고 말하면 듣기 좋겠지만 외야의 목소리나 매뉴얼 서적 등의 관련 지식을 그 자리에서 흡수하여 그 때마다 에로틱하게, 아니면 귀여운 스타일로 변하므로 진정한 당신의 모습을 알 수가 없다. 음란한 장면에서도 포르노 여배우같은 흉내를 내기만 한다면 그 사람에게 의심을 받을 수 있으므로 주의가 필요하다.

〔에로글로빈 활성법〕 자연스럽게 그 사람에게 접근하는 편이 매력적이지만 그것이 성에 차지 않는다면 두 사람만의 특별한 암호를 만들어 보자. "오늘은 스페셜로 ♪"라고 속삭이는 것만으로 그 사람의 응큼한 마음을 자극할 수 있으므로 당신의 에로글로빈도 상승한다. 더욱 과격하게 더욱 정열적으로 사랑할 수 있게 될 것이다.

〔상대성 에로글로빈〕 남자의 에로틱한 기분을 발설시키고 싶은 가성 에로글로빈을 갖고 있어서 그 사람과는 에로글로빈 농도가 딱 일치한다. 그 사람의 리듬에 맞춰가므로 황홀감을 얻기 쉬운 궁합이다.

〔이 타입 남성은....〕 포르노 물이나 그런 잡지를 너무 많이 보았으므로 고정관념이 박혀있을 가능성이 크다. 그 사람의 고정관념에 맞추는 부분과 의도적으로 늦춰버리는 부분을 만들어 두 사람만이 가능한 플레이 방법을 개척해 가면 효과적이다.

혈중 에로글로빈으로 숨겨진 에로 경향이 드러난다.

과민성 에로글로빈 타입

너무 순수하여서 코피가 나올 정도. 자의식이 강한 소녀같은 에로

[에로 경향과 주의점] 너무 남성의 시선을 의식하여 자기를 멋있게 보이려 하는 경향이다. 섹스 중에는 자기가 어떻게 보이는지, 그 사람은 제대로 만족하는지 등, 다른 것에 신경을 쓰다보면 몰입이 되지 않아서 어색한 태도를 보이게 되는 경우도 있다. 자기의 내면의 변화를 즐기는 것에 전념하는 편이 에로글로빈 농도를 일정하게 유지할 수 있는 점이라는 것에 유의하도록.

[에로글로빈 활성법] 언뜻 멋을 아는 사람이기는 하지만 에로틱한 시간에는 소도구가 될 수 있을만한 비누나 아로마 효과를 높이는 매혹적인 러브 젤 등의 아이템을 사용해 보자. 내면의 긴장감을 푸는 계기가 생길 것이다. 자의식 과잉에 빠지지 않으면 그만큼 에로글로빈이 활성화되어 상대와 둘이서 음란한 한 때를 안정적으로 즐길 수 있을 것이다.

[상대성 에로글로빈] 성인의 매력을 풍기는 진성 에로글로빈의 그 사람과 함께라면 긴장하지 않고 당신다운 접근방식으로 기분을 해방시킬 수 있다.

[이 타입 남성은....] 그 사람은 졸라대는 스타일의 자기애적인 사람이므로 그의 마음이나 몸의 조그만 변화도 놓치지 말고 체크하여 그 사람이 충분히 그렇게 할 수 있게 해줄 것. 에로틱한 시간에 어울리는 분위기 조성에 신경을 쓰면서 시간을 들여 그를 사랑해 주도록 하자.

원생 에로글로빈 타입

알고 있는 사람은 아는 마니아 취향. 눈뜨기 전의 음란함이야말로 초강력!

[에로 경향과 주의점] 에로글로빈은 갖고 있지만, 어디를 어떻게 강조해야 좋을지 자기도 아직 잘 모르는 모습이다. 예를 든다면 진정한 여성으로 진화하기 전의 천연 어린이 타입이다. 원생적인 페티쉬 경향 남성들로부터는 매우 인기가 있으나 당신을 아직도 어리다고 착각하는 남성도 있으므로 에로글로빈 활성화에 분발하는 편이 사랑의 문호를 넓혀갈 수 있을 것이다.

[에로글로빈 활성법] 둘이 있을 때에는 안정적으로 바뀌는 당신을 보이도록 하자. 그 사람에게 기대거나 그 사람의 허벅지에 손을 대고 쓰다듬어 보는 등 보디 터치에 신경을 쓰도록 유념하자. 이러한 신체 언어가 에로틱함을 불러내어 두 사람만의 달콤한 한 때를 만끽할 수 있을 것이다.

〔상대성 에로글로빈〕페로몬 발산량이 유별나게 많은 고농도 에로글로빈의 그 사람과 함께 있으면 여성으로서 활짝 꽃이 피므로 자연스럽게 당신의 에로글로빈 농도도 상승될 것이다.

〔이 타입 남성은....〕언뜻 견실하고 딱딱하게 보여서 처음부터 요염스런 색기로 공략해도 효과는 적을 듯하다. 차라리 그 사람에게 상담꺼리를 갖고 접근하여 서서히 두 사람의 거리를 좁혀나가는 작전을 구사하자. 어느 정도 친밀해진 시점에서 함락시키는 고전적인 방법이 이상적이다.

변이형 에로글로빈 타입

폭발하기 일보직전의 근미래 에로. 마음과 몸을 돌려놓자!

〔에로 경향과 주의점〕이성적인 당신은 에로글로빈 농도가 높은 편인데 그것을 감추는 가면을 손에서 놓지 않는다. 여성적인 매력을 필요이상으로 덮어두고 남성의 러브 콜에 쉽게 응하지 않는 강력한 무기는 오히려 사이버 연애지향일지도 모른다. 남성에게 몸을 요구받기 보다는 남성에게 지성을 무기로 하여 대하고 싶어 하는 경향은 성의 욕망을 덮어두고 있는 만큼 폭발 일보직전일지도 모른다. 어떻게 변할지는 미지수이다.

〔에로글로빈 활성법〕남녀가 함께 있으면 서로 몸을 원하는 것은 자연의 섭리이다. 둘만의 의사소통을 더욱 즐겨보자. 섹스 중에 당신이 먼저 그 사람에게 요구할 것은 있는지? 요구하거나 졸라대는 것은 창피한 것이 아니다. 자기를 잃어버릴 정도로 음란해지고 음란해져서 새로운 자신을 발견해 보도록 하자.

〔상대성 에로글로빈〕여성에게 익숙한 유도형 에로글로빈의 그 사람은 당신을 꽃 피워주는 상대이다. 미지의 자신과 만날 때마다 그를 깊게 사랑해 나갈 수 있다.

〔이 타입 남성은....〕자기의 욕망을 감추고 필연성이나 이유를 원하는 무뚝뚝하고 밝힘증이 있는 경향이다. 기쁠 때나 즐거울 때에 주저하지 말고 그 사람의 품에 달려들거나 잔뜩 취한 모습으로 그 사람에게 기대면 모든 일은 다음 단계로 순조롭게 진행될 것이다.

Column 혈액형별 개운 강좌

성질이 다른 네 가지 혈액형. 당연히 충전 방법도 다르다.
해피 컬러나 약점을 극복하는 방법을 파악하여 운을 개척해 나가자

〈장소〉 동굴
가장 기가 약하여 뭐든지 긴장하기 쉬운 A형은 어머니 태내를 연상시키는 동굴이나 종유동에서 에너지를 충전시키자. 잡음이 단절된 공간이나 종유동의 물방울 소리에도 치유 효과가 있다.

〈컬러〉 빨강
두 마리 토끼를 쫓듯이 우유부단한 경향이 있다면 일상의 패션에 빨강색 한 가지를 강조해보자. 이전에 내키지 않았던 기분에 용기를 불어 넣어주는 힘의 색깔이 되어 준다.

〈개운 직업〉 네일 아티스트
예쁘거나 아름다운 세계에 이끌리다보니 세밀한 작업이 주특기이다. 게다가 강한 끈기도 갖추고 있기 때문에 자신의 이상적인 이미지를 형상화시키는 네일 아티스트로 인기를 불러 모을 것이다.

〈승부를 짓는 날의 주문〉 왕관을 쓴 말 그림을 그려서 갖고 간다.
질주하는 말은 신의 심부름꾼으로 여기는 동물이다. 왕관을 쓰고 있는 것은 힘과 높은 정신성을 나타내기 때문이다. 평소에 주변의 모습을 염두에 두는 A형도 이 그림을 지닌다면 앞으로 나갈 수 있다.

〈방위〉 서쪽
서쪽은 태양이 지는 방위이다. 또 여성을 나타내는 방위이기도 하여 금전운이나 수확을 의미한다. 파워가 강력하므로 시기를 보아서 1~2회 정도 마음에 드는 명소를 방문하면 운기를 높일 수 있다.

〈행운석〉 진주
고급스럽고 청초하며 부드러운 기품을 보이는 진주는 말 그대로 A형의 개성 그 자체이다. 자기다운 상태를 유지하고 싶을 때에는 목걸이, 반지, 귀걸이 등 마음에 드는 아이템을 활용해 보자

약점극복 액션

- 소극적이라 자신의 의견을 밝히지 못한다. → 오렌지나 빨간색 열쇠고리를 지닌다.
- 주변에 너무 신경을 쓴다. → 하얀 색 사과 꽃 그림을 방에 걸어 둔다.
- 필요이상으로 주의성이 깊고, 좋지 않은 방향으로 생각한다. → 금색 벨트를 착용한다.

〈장소〉 계곡

혼자서 활동적으로 움직이는 것을 좋아하는 B형. 자기의 페이스대로 도전할 수 있는 등산이나 하이킹 등, 자연과 대치하며 몸을 움직이는 시간을 많이 갖는다면 에너지가 가득 차게 될 것이다.

〈컬러〉 블루

뭐든지 우선 앞으로 나가고 보려는 행동과 사고의 버릇이 있다고 짐작된다면 그 감정을 제어하는 블루 컬러에 의지해 보자. 침대나 커버 등 침실의 분위기나 인테리어를 블루 계열로 정리하자.

〈개운 직업〉 요가 강사

기분 좋게 몸을 움직이면 어느새 행복해지는 성격. 요가 강사라면 정신세계의 추구와 함께 몸의 구석구석까지 자발적 콘트롤이 요구되어 극락의 지경까지 도달할 수도 있다.

〈승부를 짓는 날의 주문〉 화이트와 블랙의 체크무늬를 몸에 두르자.

B형의 경향으로서 현저한 것이 화이트와 블랙을 선호한다는 측면이다. 화이트와 블랙 그 양면을 늘 함께 갖고 있으면 자기 속에 있는 편중된 선입관이 제거되고 새로운 발상이 떠오를 것이다.

〈방위〉 동쪽

태양의 정기를 받으며 모든 것들이 새롭게 희망에 차는 방위가 동쪽이다. 유연한 마음으로 지금까지 없었던 것 같은 발상이나 영감을 얻고 싶다면 동쪽 방향을 의식하자.

〈행운석〉 청금석 (lapis lazuli)

내면 지향의 자신과 그것을 감싸고 있는 세계. 지구와 닮은 아름다운 블루와 금속성을 뿜어내는 청금석은 정신의 균형을 잘 정리해 주기 때문에 자유분방한 B형에게 잘 어울린다.

약점극복 액션

- 뜨거워지기 쉽고 차가워지기도 쉬운, 인내력 결여. → 왼손 인지에 은반지를 끼운다.
- 자기본위 때문에 집단행동이 서툴다. → 장미향의 향수를 세 번 몸에 뿌린다.
- 생각한 것을 그대로 말해 버린다. → 물구나무서기를 하거나 평소의 반대쪽으로 머리를 두고 잔다.

〈장소〉 해외
다이나믹한 발상으로 앞길을 열어가는 O형은 장대한 스케일 감이 있는 장소가 이상적이다. 해외여행은 장소를 불문하고 어디든 OK이다. 또 우주를 느낀다는 의미로 천문대도 매우 좋을 것이다.

〈컬러〉 갈색
조직력이 있으므로 점차 독선적으로 변하기 쉬운 경향이 있다. 협조성을 높여주는 갈색의 아이템을 지니고 있으면 자연스럽게 주변에도 눈길을 주는 온화한 성격으로 변신한다.

〈개운 직업〉 경영 자문
하여튼 사물의 전체상을 간파하는 것이 특기이므로 객관적인 사실을 자문해주는 경영 자문은 말 그대로 천직이다. 적극적으로 의견을 피력하는 것을 좋아하므로 자신의 긴장감도 급상승된다.

〈승부를 짓는 날의 주문〉 판도라의 상자를 세 번 외치고 집을 나선다.
판도라의 상자는 열어보지 않고는 알 수 없는 로망과 꿈의 상징이다. 언제라도 그 꿈이 이뤄질 것이라고 연상하며 주문을 외치고 현관을 나서면 능동적인 생각이 충만해진다.

〈방위〉 북쪽
북쪽 방향은 모든 것을 감싸 안으며 관대하고 유연성이 있는 넓은 품을 갖고 있다. 특히 인간관계 등에서 평등해야 하며 신뢰를 얻고자 갈망한다면 북쪽이 나의 강력한 편이 되어 줄 것이다.

〈행운석〉 핑크 사파이어
네 가지의 혈액형에서 가장 연애체질인 것이라고 여겨지는 O형에게 어울리는 것은 핑크 사파이어이다. 그 색깔이나 이름에서 울리는 느낌 모두가 달콤하여 넋을 잃을 것 같은 연애성취의 파워를 갖는다.

약점극복 액션
- 자신이 넘쳐서 자기의 의견을 굽히지 않는다. → 오른손 인지와 새끼손가락을 세운다
- 윗사람 입장으로서 말하기 쉽다. → 동물 인형을 오른 손으로 쥔다.
- 세심한 곳까지 생각이 닿지 않는다. →방 네 귀퉁이에 100원짜리 동전을 둔다.

〈장소〉 사찰

최첨단적인 것에 가장 빨리 접하면서도 한편으로는 신비한 것에도 이끌리는 AB형. 역사있는 건조물이나 영험한 불각은 미지의 세계로 인도해 정신세계를 높여 준다.

〈컬러〉 크림 색

샤프한 성질 탓에 아무래도 딱딱한 인상을 주기 쉬운 것이 고민이다. 엷은 크림색의 힘을 빌린다면 자신의 일부에 늘 유연함을 남길 수 있고 또한 부드러운 인상도 갖춰질 것이다.

〈개운 직업〉 보육사

세밀한 곳까지 배려할 수 있는 성격은 어린이와 함께할 수 있는 곳에 최적이다. 동시진행형으로 많은 일을 할 수 있으므로 사고의 회로를 맘껏 활용하는 도전적인 일에 적합하다.

〈승부를 짓는 날의 주문〉 금색 리본을 팔에 두르고 묶는다.

골드가 지닌 신비한 파워를 팔에 묶는 것만으로 곧 강한 에너지를 손에 넣은 것 같은 기분이 든다. 눈에 띄기 쉬운 장소에 빛이 감돌도록 함으로서 높은 긴장감을 유지할 수 있다.

〈방위〉 남쪽

냉정한 감각을 녹여주는 남쪽의 따뜻한 에너지가 한층 더 균형감을 갖춘 개인적 매력으로 인도해 줄 것이다. 명성이나 주목 등으로 자기의 재능이 세상에서 인정받게 되는 일도 있을 것이다.

〈행운석〉 블랙 다이어몬드

샤프하고 자극적인 것을 좋아하는 AB형에게는 희소성이 높고 압도적인 존재감을 주는 블랙 다이어몬드가 정답이다. 성숙한 광채는 냉정하고 합리적인 판단을 내리는 분위기를 이루게 해준다.

약점극복 액션

- 비판정신이 강하여 주위사람들은 싫은 소리로 들리는 경우가 있다. → 하루에 세 명의 여성과 이야기를 한다.
- 기분파로 감정의 기복이 심하다. → 오른 손에 젓가락을 들고 「우주·지구」 라고 말한다.
- 타산적이므로 문제발생에서 도망치기 일쑤이다. → 활 그림을 침대 위에 걸어 둔다.

자신

혈액형별 조언을 참고하면
더욱 많은 행운이 찾아오는
여성이 된다.

노력하는데도 아직도 좋은 결과가 나오지 않는다는 사람은 혹시 노력의 방향이 잘못된
것은 아닌지?

염두에 두고 있는 연애, 인간관계, 돈... 세 가지의 행운을 불러 모으는 방법을
혈액형별로 조언한다. 보시라! 운이 이쪽으로 모여 들고 있다.

본래의 부드러움과 적극성,
그리고 자신감을 플러스하여 운을 불러 모으기.

연애

원래의 연애체질

낭만주의자인 A형 여성은 이상의 남성과 행복한 연애를 꿈꾸는
태생의 연애체질을 갖고 있다. 그러나 적극성과 도전 정신이
부족하므로 강한 접근방식이나 자기가 먼저 고백하기를 여간해서
어려워한다. 그러나 사람을 추켜 세워주기를 잘 하며 사양심이
있으므로 남성으로부터 고백을 받는 경우는 많은 편이다. 사랑이
맺어진 후에는 열심히 애정을 쏟으므로 연애기간은 길어 질 것이다.

더 연애체질이 되려면

[좋아하는 사람이 없음] 연애에 대한 동경심이 남보다 더 강한 A형 여성에게 좋아하는
사람이 없다는 것은 있을 수가 없는 일이다. 그렇기 때문에 과거에 실연을 했거나 기나 긴
짝사랑에도 결국은 이뤄지지 못했거나 했던 탓에 활력이 시들어서 그리 된 것은 아닌지
생각해보자. 언제까지나 끙끙대고 있는 것은 A형의 결점이다. 행운을 부르기 위해서는 그것을
잊는 것이 아니라 하나의 귀중한 자료로 받아들이고 제삼자의 입장에서 무엇이 잘못되었으며
어떻게 하면 좋을까를 끝까지 검증하여야 한다. 과거의 쓰라린 일은 똑같은 실패를 방지하기
위해서라도 유효한 무기가 된다.

[짝사랑 중] A형이 가장 집중하고 노력해야 하는 때는 짝사랑을 하고 있을 때이다. 좋아하는
사람이 싫증을 내지 않도록 하기 위한 일념 때문에 대담한 행동은 자제하게 되고, 좋아지기
이전 보다 더 그 사람과의 접촉이 줄어 있지는 않은지? 그럼에도 그 사람에게 다가가는 다른
여성에 대해 신경을 쓰거나 그 사람의 아무렇지도 않은 한마디에 엄청나게 고민을 하는 등
스트레스가 쌓이고 있을 것만 같다. 그 때문에라도 우선 할 수 있는 일을 제대로 야무지게
해치우고 주변 정돈을 확실하게 하자.

[연인이 있음] 배려심이 좋은 A형은 연인을 너무 소중히 생각하고 늘 어떻게 하면 기뻐할지를
생각한다. 그 사람의 행복이 자기의 행복이란 경향이 강할 것이다. 그러나 정말로 그를
생각한다면 순종만 해서는 안 된다. 그 사람이 합당치 않은 것을 말하거나, 당신의 의견과
차이가 나는 상황이 발생할 때는 확실하게 그 점에 대해 이야기하는 것이 중요하다.

행운과 손해를 부르는 사람들

[행운의 인물] 마음이 맞는 선배 등과 같이 조금 연상의 여성이 든든한 나의 편이 된다. 뭐든지
솔직하게 상담하면서 친해두면 특히 고백 등의 승부에 나설 때 협력해 줄 것이다.

[손해를 끼치는 인물] 남의 동향이 이내 신경 쓰이는 A형. 연애중인 친구 등 현재 행복이 만개
중인 사람을 부러워하면 쓸데없는 열등감을 자극받으므로 불리하다.

인간관계

원래의 인간관계운

붙임성이 좋고 성실한 성격의 A형은 기본적으로는 인간관계를 잘 형성할 수 있는 양호한 운을 갖고 있다. 어떤 환경에도 노력으로 적응하고 주위로부터 신뢰를 받을 것이다. 그러나 남들이 자기를 어떻게 보고 있는지 필요이상으로 신경을 쓰기 때문에 의심의 화신으로 빠지기 쉬운 것이 단점이다.

인간관계운을 더욱 높이려면

A형이 원래 갖고 있는 장점을 다시 유효하게 사용하는 방안에 대해서 생각을 해보자. 남의 기분을 고려하면서 생각해주고 행동할 수 있는 사람은 사실 그리 많지는 않다. A형에게는 마침 그런 소중한 능력이 갖춰진 것이므로 자기가 좋은 사람이라고 생각하게 하기 위해서가 아니라 인간관계를 원활하게 하기 위한 중요한 역할을 다하기 위함이라고 생각을 전환해야 하는 것이다. 하지만 그것은 남의 일을 무조건 대신해 주거나 본의 아니게 무리한 부탁을 받아들인다는 의미가 아니다. 단순하게 그저 편리한 사람이 되지 않도록 해야 하며 만일 할 수 없다면 확실하게 거절하고, 합당치 않은 것에는 굴하지 않는 의연한 태도도 잊지 않도록 해야 하는 것이다.

돈

원래의 금전운

꼼꼼하고 정리정돈을 잘하는 편이며 여간해서는 대담한 모험을 하지 않으므로 일생을 통해서 안정된 금전운을 누릴 수 있는 것이 A형이다. 고액의 쇼핑을 할 때에는 시간을 들여서 필요한 금액을 저축하고 손해보는 일도 없이 손에 넣을 수 있다. 대출을 받는 경우도 상환에 무리되지 않는 범위에서 그칠 것이다. 그러나 뒤집어보면 한 번에 많은 금액을 손에 넣을 수 있는 기회에는 그다지 운이 없다고 말 할 수 있다.

금전운을 더 높이려면

돈의 씀씀이가 신중한 면은 아주 바람직하지만 그대로는 평생토록 변화가 없는 금전운으로 끝나버린다. 그러나 A형의 성격상 일확천금을 노리는 행동은 어울리지 않으므로 무리해서는 안 된다. 예를 들면 가까운 사람이 뭔가로 인해 큰돈을 벌었다고 해서 그 흉내를 내는 것은 위험하다. 어디까지나 당신의 기질에 어울리는 견실한 방법을 찾아내기 바란다. 그러기 위해서는 올바른 지혜를 지니는 것이 필요하다. 예를 들면 주식을 구입하더라도 주위들은 지식을 밑천으로 움직이지 말고 제대로 이해할 수 있는 부분까지 조사해야 한다. 불안한 부분이 있으면 주저하지 말고 전문가에게 상담하거나 하여 반드시 해결하고 진행해야 한다. 공부함으로서 운기가 활성화되고 다시금 새로운 아이디어가 떠오르는 경우도 있을 것이다. 그리고 방법이 결정되면 이번에는 제대로 스타트하고 신중하게 검증이나 확인도 계속하자.

가식이 없는 순진함은 그대로 두고,
너무 자기본위적인 것은 고치도록 하자

연애

원래의 연애체질

B형은 자기의 페이스를 매우 중요하게 생각한다. 그것은 연애에서도 동일하다. 몰두해 있을 때 끝까지 빠져들지만 흥미가 없어지기 시작하면 싫증을 낼 정도이며 깨끗하게 떠나버린다. 기본적으로는 연애체질이 담백한 편이다. 그러나 개성적이고 행동력도 뛰어나며 겉과 안이 다르지 않은 점으로 상대에게 좋은 인상을 주기 때문에 좋아하는 사람을 자신에게 관심을 갖게 하는 능력은 뛰어나다. 또한 연인이 되면 오로지 상대에게 최선을 다해준다.

더 연애체질이 되려면

[좋아하는 사람이 없음] B형의 연애에 [무리]는 존재하지 않는다. 연인이 필요해도 미리 준비된 미팅 등에는 맘이 내키지 않는다. 행운 체질을 높여서 좋아할 수 있는 사람과 만나려면 자력으로 찾아내는 것이 최선이다. 그러나 특별히 뭔가를 해야 할 필요는 없고 지금 하고 싶은 일에 집중한다면 그것으로 OK이다. B형은 뭔가에 열중하고 있을 때 가장 빛나기 때문에 자연적으로 주목을 끌게 되고 당신에게 흥미를 갖는 남성도 나타날 것이다.

[짝사랑 중] 목표를 정한 B형은 두려울 것이 없다. 좋아하는 사람이 있는 지금이야말로 노력을 전부 가동시켜 그를 손에 넣는 행동을 벌려야 할 때이다. 어쨌든 계속해서 그 사람에게 말을 걸어서 함께 있거나 대화를 하는 기회를 늘려나가야 한다. 자신을 꾸미지 않고 접근하면 당신의 매력도 순수하게 전해질 것이다. 그러나 그것만으로는 충분하지 않다. 선입견을 버리고 연애관련 사이트 등에서 남의 경험담을 읽어보자. B형이라면 필요이상으로 영향을 받지 않고 시야를 넓혀서 객관성을 높일 수 있는 훈련이 된다.

[연인이 있음] 연애중인 당신은 행복의 절정에 서 있을 것이다. 언제나 그 사람의 생각으로 머리가 꽉 차있을 것이다. 그러나 중요한 것은 여기서 잠시 머리를 식혀야 한다는 점이다. 밀도가 강한 생각은 지속되기 어려울 뿐만 아니라 잘 움직이는 B형의 기질 덕분에 교제가 단명으로 끝날 수 있다. 짧고 화끈한 교제를 하려면 관계없지만 오래기간 교제를 하려면 어깨의 힘을 빼는 것도 필요하다.

행운과 손해를 부르는 사람들

행운의 인물 당신에게 부족하기 쉬운, 상대에 대한 자연스런 배려심이 있는 동년배의 A형 여성은 당신에게 이익을 가져다준다. 좋아하는 사람의 정보 등 아무렇지 않게 물어다 줄 것이다.
손해를 끼치는 인물 과거의 연인 혹은 좋아했었던 남성은 손해를 끼치는 인물이다. 과거의 마이너스 감정은 현재를 살고 있는 B형 여성에게 방해만 될 뿐이다. 가능하면 피하는 편이 무난하다.

인간관계

원래의 인간관계운

B형은 타인에게 적극적으로 간섭하지 않고 타인으로부터 간섭 받는 것도 좋아하지 않는다. 예를 들면 상대가 의견을 말하면 일부러라도 듣지 않거나 무관심하거나 하기 일쑤이다. 또 회사 일처럼 의무가 수반되는 경우를 제외하고 자신의 마음에 드는 상대하고만 우호적으로 접근하지 않는 것도 많을 것이다. 그 결과 시원스러워서 사귀기 쉽다고 생각하는 사람과 자기 맘대로라고 생각하는 사람이 있어서 인간관계는 불안정하다.

인간관계운을 더욱 높이려면

남을 의식하지 않고 자기본위적으로 살 수 있는 것은 B형의 커다란 장점이다. 그러나 동시에 심각한 결점일 수도 있다는 사실도 명심해야 한다. 자기주장을 콘트롤하는 인내력을 지니고 성인으로서 부끄럽지 않은 태도를 취할 수 있는 여성이 되어야 한다. B형의 본질은 표리가 없이 매우 솔직한 것이다. 그 순수함 덕분에 자신의 감정에 너무 충실해버리는 것이다. 그것을 이해해 줄 수 있는 친구를 사귀자. 물론 연인이어도 좋고 배우자라도 관계없다. 지금까지의 당신이라면 인간관계의 문제점은 무시했겠지만 그렇게 해서는 개선은 불가능하다. 친하게 상담에 응해줄 수 있으며 당신이 고쳐야 할 점을 확실하게 지적해 주는 사람이 필요하다. 당신을 마음으로부터 생각하고 당신도 완전하게 마음을 허락하는 사람의 말이라면 얌전하게 받아들일 수 있을 것이다.

돈

원래의 금전운

있으면 있는만큼 다 쓰는 대신에 없으면 어떻게든 버티는 것이 B형에게 보이는 금전 운용방법이다. 게다가 좋아하는 것을 철저히 다 해버리는 탓에 취미 등에는 아낌없이 돈을 다 써버리고 결과적으로 여윳돈마저 바닥나는 경우도 있을 수 있다. 이것은 극히 불안정한 패턴이다. 흥미가 돈으로 연결되는 것이라면 큰 재산을 만들 수 있으나 그렇지 않으면 그다지 저축하고자 하는 생각으로 흐르지 않을 것이다.

금전운을 더 높이려면

독창성과 행동력을 겸비한 B형은 결코 일을 못하는 것이 아니라 오히려 남들이 생각하지 못했던 것에 매진하여 큰돈을 벌 가능성이 충분하다. 문제는 금전의 운용방법이다. B형에게는 금전운을 안정시키고 그것을 향상시키기 위해서 더욱 필요한 것은 계획성이라고 말 할 수 있다. 우선 수입의 일정액을 정기예금 등 바로 움직이지 못하는 방법으로 저축하도록 하자. 그 다음에는 실제로 사용할 수 있는 현금을 정확하게 파악하자. 그리고 무엇보다 즉흥적인 지출을 줄여야 한다. 신용카드에는 특히 주의가 필요하다. 예를 들면 줄곧 찾고 있는 물건이 있으면 언제 발견해도 좋도록 그 만큼의 금액을 미리 확보해두자. 충동적인 지출이 줄어드는 만큼 당신의 지갑은 놀라울 정도로 윤택해지고 또한 계획성의 중요함도 몸에 배일 것이다.

어떤 일에도 전력투구하는 것은 중요하지만
질투심은 억제하도록.

연애

원래의 연애체질

파워와 정열로 만들어진 O형에게 있어서 연애는 인생의 소중한
요소이다. 첫눈에 반하거나 고백을 듣는 경우도 많을 것이다.
주도권을 쥐고 싶은 기질이므로 제삼자의 눈에는 그 사람이 당신을
따르고 있는 것처럼 비쳐지지만 사실 내면적으로는 당신이 더 홀딱
반해있을 것이다. 단, 그만큼 질투심이나 독점욕이 남보다 강하여
연인을 속박하기 쉬운 것이 결점이다. 그것이 바로 연애편력이
화려하면서도 지속성이 낮은 이유이다.

더 연애체질이 되려면

[좋아하는 사람이 없음] 연인이 필요하지만 마음에 드는 남성이 아무도 없다면 찾을 때 까지
노력하는 수밖에 없다. 추천할 만한 것은 미팅이나 파티 등이다. 당신이 주최자가 되어서
기획하고 추진하자. 그러나 스마트 폰의 미팅 사이트나 온라인 카페처럼 상대가 불투명해지기
쉬운 수단으로 사람을 모으는 것은 하지 않는 편이 좋을 것이다. 어디까지나 오픈되어있고
밝은 분위기를 소중히 해야만 행운체질이 높아지고 O형의 본질도 맘껏 발휘할 수 있다.

[짝사랑 중] 언제나 강한 O형도 진정한 사랑에는 과연 신중해진다. 그러나 역시 당신이 먼저
적극적으로 그 사람과의 거리를 줄여나가는 것이 기질에 맞는 연애행동일 것이다. 기본적인
것은 당신의 고백이다. 그것도 생기가 넘치는 O형이기 때문에 가능한 개성적인 고백을 목표로
하자. 연애체험담을 읽거나 감동적인 고백방법을 참고로 하는 것을 권장하지만 여기서 주의해야
할 한가지로서는, 얼굴에는 나타나지 않지만 내심으로는 거절당할 수 있다는 점에 대한 불안을
남보다 더 안고 있는 O형이므로 고백하기 위해 준비하고 있는 모습을 가까운 사람이 눈치 채면
용기가 더 한층 시들어지므로 준비는 그야말로 은밀하게 해야 한다.

[연인이 있음] 정이 많은 O형 여성의 연애는 화려하여서 두 사람은 말 그대로 주변사람들이
부러워하는 뜨거운 커플임에 틀림이 없다. 당신이 그 사람을 위해서 열심히 노력하는 자세는
대단히 훌륭하다. 그러나 연애중의 O형에게는 강한 독점욕과 질투심에 빠지기 쉽다는 문제가
도사리고 있다. 그를 사랑한다면 당연하게 생각할지 모르지만 상식적으로 보아서도 도가
지나친 경우가 많은 것이 사실이다. 사랑하는 마음에 들뜨지 않고 그 사람의 프라이버시를
존중해 줄 수 있는 여성이 되는 것이 중요하다.

행운과 손해를 부르는 사람들

행운의 인물 당신을 연모하는 연하의 남성과는 연애의 대상이 아니라 남동생같이
사귀어보도록. 여성에게는 알 수 없는 남성 심리를 파악할 수 있을 듯.

손해를 끼치는 인물 입장이나 연령이 비슷하고 가까운 곳에 있는 여성과는 충돌이 많아질 것이다. 본심이 아니라도 친하게 지내놓지 않으면 생각지도 못하게 당신의 연애사까지 방해당할 위험이 크다.

인간관계

원래의 인간관계운

사교성이 높고 어떠한 상대와도 적극적으로 교제할 수 있는 양호한 인간관계운의 소유자이다. 기본적으로 남들과 지내는 것을 매우 좋아하여 어느새 그 장소의 핵심적인 존재가 되는 경우가 많다. 그러나 자신이 제일 두드러지지 않으면 불만스러워 하는 우두머리 기질도 강하므로 그러한 성향이 높아지면 고립되버리는 경우가 나타나므로 주의할 것.

인간관계운을 더욱 높이려면

사람의 위에 서서 주목받고 싶은 O형의 욕망을 들어주는 것은 결코 어렵지 않다. 강한 힘으로 장해를 극복하면서 돌진하는 자세는 다른 혈액형은 흉내 낼 수 없다. 목표를 높게 잡고 그것을 향해 노력하면 머리 속에 그리던 지위를 얻을 수 있을 것이다. 그러나 돌진만하는 것이 아니고 때로는 멈춰 서서 머리를 식히는 것도 중요하다. O형은 어쨌든 더욱 크게 보이려하지만 내면에는 기가 약한 일면도 있고, 잘 생각해보지도 않고 부탁받은 것을 값싸게 들어 주거나, 바쁘면서도 남의 도움을 사양하거나 하기쉽다.

돈

원래의 금전운

제대로 된 수입 수단을 얻게 되지만 돈의 씀씀이는 화려한 편이다. 남에게 주목받는 것을 좋아하는 O형이므로 특히 여성은 패션 등에 듬뿍 돈을 들이는 경향이 보인다. 또 부탁받으면 거절하지 못하는 성격이므로 통 크게 한 턱 내거나 돈을 빌려주는 일도 자주 있다. 금전적으로는 곰곰이 성찰도 하지만 세세한 계산이나 조정이 서툴기 때문에 예산을 오버하기 쉽다. 불안정한 금운이라고 말하지 않을 수 없다.

금전운을 더 높이려면

우선은 견실한 금전감각을 연마하는 노력부터 시작해야 한다. 남에게 둘러싸여 화려하게 살고 싶은 것이 삶의 보람처럼 느끼는 O형이므로 교제비가 많은 것은 어쩔 수 없다. 하지만 당신이 아무리 남을 위해서 돈을 쓰더라도 상대는 당신의 경제 상태까지는 고려해 주지 않는다. 욕구를 억누르고 매월 현실적인 예산을 세우는 것을 습관화해야 한다. 특히 남이 권했다고 내용을 잘 이해하지 못한 상태로 투자를 하거나 생명보험 등에 계약을 해서는 안 된다. 자기가 모르면 반드시 신뢰할 수 있는 사람에게 상담하여 신중하게 대처해야 한다. 그 다음에는 돈을 쓰는 버릇에서 탈출하여 모으기로 전환하고 한발 더 나가서 돈을 늘리기로 스텝을 밟아 나가면 점차 금전운도 안정될 것이다.

너무 완벽하면 운도 멀리할 듯,
능숙한 어리광이 행운체질을 부른다.

연애

원래의 연애체질

AB형은 연애에 대한 이상이 높고 멋스런 이미지를 동경하며 고백해
오는 남성도 줄을 잇지만 상대의 정열에 얽매이는 경우는 없다.
자기가 좋아하는 상대 외에는 안중에도 없다. 그러나 사랑의 횟수가
많아질수록 좋아진 사람에게는 감정에 좌우되지 않고 현실적인
방법으로 접근하므로 성공률은 단연코 높다. 불륜 등의 불성실한
행위도 하지 않는다.

더 연애체질이 되려면

[좋아하는 사람이 없음] 연애에 타협을 인정하지 않는 AB형이므로 연심을 느끼는 남성을
만나기까지 자연스럽게 살아 갈 것이다. 그것도 좋지만 반대로 당신을 염두에 두고 있는
남성을 의식해 보는 것도 하나의 방법이다. 꼼꼼하게 말을 걸어오거나 자주 눈이 마주치는 등
호의적인 느낌을 발견할 수 있다. 결과로서는 보다 많은 남성의 동경을 받게 된다.

[짝사랑 중] 이상이 높은 AB형 여성의 마음을 낚아채는 남성은 상위 수준급이며 당연히
다른 여성으로부터도 인기가 있을 것이다. 치열한 경쟁을 펼쳐나가기 위해서는 겸허해지는
것이 중요하다. 완벽주의자인 AB형은 조금이라도 자신의 단점에 신경이 쓰이면 장점조차도
충분하게 발휘할 수 없게 된다. 때문에 평소부터 남모르게 노력을 거듭하므로 남보다 뛰어난
당신이 존재하고는 있는 셈이지만 역설적으로 바로 그 점을 좀 더 반성해야 한다. 그렇지
않으면 경쟁자와 자신을 비교하여 자기가 훨씬 우수하다는 오만한 생각을 갖기 쉬워지고
그것은 말과 행동으로도 나타나 버릴 것이다.

[연인이 있음] 진정한 사랑을 성취시킨 당신은 오로지 그 사람에게만 애정을 쏟을 것이다.
하지만 아무리 사랑에 몰두해도 논리적인 사고방식은 건재하므로 도가 지나친 질투나 이메일
공격 등 연애하다가 저지르기 쉬운 실패수도 적을 것이다. 하지만 너무 당신이 빠져있다면,
조금은 사치이겠지만 그 사람의 자존심이 상처받는 경우도 있을 것이다. 「이것은 잘 못하는
건데 부탁해도 될까?」라는 느낌으로 그 사람을 믿음직스럽게 생각하거나 응석을 부리는 것
같은 태도를 취해보도록 하자. 그 사람은 평소의 아무진 이미지와는 차이가 나는 모습을 보고
재차 당신을 귀여운 여자라고 생각할 것이다.

행운과 손해를 부르는 사람들

행운의 인물 남에게 약한 면을 보이고 싶지 않은 당신이 믿을 수 있는 것은 존경하고 있는
10살 이상의 연상의 사람이다. 결정적일 때 당신의 힘이 되어 줄 것이다.

손해를 끼치는 인물 연하의 AB형 여성에게는 주의해야 한다. 서로 견제하기 쉬운 AB형

여성끼리인 점에다가 연애관계에서 문제가 발생되면 연상인 당신이 나쁜 여자로 몰리기 때문이다.

인간관계

원래의 인간관계운

남과의 거리를 두고 싶어 하는 AB형은 적극적으로 인간관계를 펼쳐나가는 편이 아니다. 게다가 외모도 실력도 상급 수준이면서 빈틈마저도 없으므로 주위에서는 능력은 인정하면서도 은연중에 멀리하게 되니 어느새 고립되기 일쑤이다. 그러한 점에서 특히 여성끼리의 교제에서는 파란이 많을 것이다. 그 반면에 직장 상사 등 연령이 차이가 나는 남성으로부터는 신뢰를 받아서 귀여움을 독차지하기 쉬우므로 상대가 누구냐에 따라서 인간관계운에 상당한 차이가 날 것이다.

인간관계운을 더욱 높이려면

AB형 여성이 인간관계상 가장 당하기 쉬운 손해는 좋게 말하면 이지적인 탓이고 나쁘게 말하자면 교만하게 보이기 쉬운 탓이기 때문이다. 주위 사람들의 본심은 AB형 여성을 동경하여 친해지고 싶어 하지만 너무 완벽하여 접근하기 까다로워 한다. 당신은 너무 위만 보고 나가므로 자신이 이미 졸업해버린 수준으로 다시 눈을 돌리는 일은 적을 것이다. 하지만 당신이 간단히 처리할 수 있는 일이라도 그 일을 어려워 하는 사람도 있으므로 좀 더 융통성을 갖고 넓은 마음으로 남과 어울리는 자세를 갖도록 하자, 또 그러한 마음이 없더라도 잘난체 하는 말투는 삼가는 편이 좋을 것이다. 특히 여성들 사이에서 평판이 나빠지는 원인이 된다.

돈

원래의 금전운

늘 매사를 냉정하게 생각하는 AB형은 기본적으로 양호한 금운을 갖고 있으므로 돈도 잘 번다. 그러나 뭐든지 높은 수준을 추구하는 탓에 주변을 엉뚱한 브랜드 품으로 채우는 등 지불 능력을 초과하는 소비를 하기 쉬운 경향이 있다. 잠자고 있던 집착심의 일면이 얼굴을 내밀면 한 가지에 돈을 쏟아 붓게 되어버려 금전운이 무너지는 원인이 되니 주의하도록 해야 한다.

금전운을 더 높이려면

자기 안에 있는 양극단의 기질을 이해하는 것이 최우선 과제이다. 쇼핑은 물론 흥미 또한 도박이나 위험성이 큰 투자 등으로 이끌리는 경우는 재산의 대부분을 잃을 위험이 한층 더 높아질 것이다. 또 고급품을 추구하는 것은 금전운을 위해서는 유효한 수단이 된다. 물건 자체가 신용할 수 있는데다가 좋은 물건을 샀다는 만족감은 운기를 활성화시켜 준다. 단, 한도를 정확히 해야 한다는 점 한 가지는 결코 잊어서는 안 된다. 필요한 생활비를 꺼내 쓰거나 부담이 큰 대출을 받아 구매해야 할 정도의 쇼핑이라면 포기해야 할 것이다. 예산에 무리가 없는 범위 내에서 최고의 물건을 사겠다고 명심하고 있으면 운기는 순조롭게 향상될 것이다.

인간관계

구성 멤버의 혈액형을 알면
원활한 집단생활을
보낼 수 있다.

일이나 여흥에서도 여럿이 행동할 때, 편안한 느낌이 드는 경우와 아무래도 흥이 나지 않는 경우가 있다.

그 이유는 바로 구성 멤버의 혈액형이 도출하는 그룹의 성격에 있다. 지금부터 집단생활을 즐기기 위한 기초지식을 풀어보자!

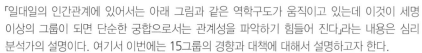

구성 멤버의 혈액형을 알면
원활한 집단생활을 보낼 수 있다.

「일대일의 인간관계에 있어서는 아래 그림과 같은 역학구도가 움직이고 있는데 이것이 세명 이상의 그룹이 되면 단순한 궁합으로서는 관계성을 파악하기 힘들어 진다」라는 내용은 심리 분석가의 설명이다. 여기서 이번에는 15그룹의 경향과 대책에 대해서 설명하고자 한다.

「더불어서 두 가지 혈액형으로 구성되는 집단에서는 어느 정도 사람 수의 균형이 맞는다면 아래 그림의 역학구도도 들어맞는다. 세 가지 혈액형으로 구성된 집단은 빨간 화살표의 시작점과 종점을 동시에 지닌 혈액형이 영향력을 미치는 사람, 그러니까 "키 퍼슨" 즉 핵심인물이 된다. 단 반드시 리더가 된다는 의미는 아니다」. 또한 아래의 포지셔닝 맵은 각각 그룹의 성격을 상대화하여 표시한 것이다.「직장이나 강습회, 친한 그룹 등 자신이 속하는 모든 그룹의 특징을 파악하는 참고서로 활용하자」

우선은 모든 혈액형을 체크하는 것으로부터 스타트한다. 작은 사회의 처세술을 익혀보자.

1대1 경우의 힘의 관계

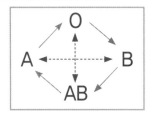

우위 ⟶ 대립 --->

실선의 화살표 끝에 있는 혈액형은 원래 있는 것 보다 우위에 선다. 점선은 대립을 나타낸다. 예를 들면 O는 A보다 강하지만 B에게는 약하고 AB와는 대립한다.

그룹 혈액형 포지셔닝 맵

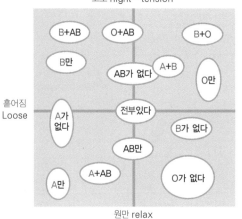

세로는 활력의 상태를 나타내고 가로는 정신적 연결이나 속박도를 나타낸다. 예를 들면 (B+O)는 언제나 함께 있고 싶어서 활력적이지만 (A만)은 개인주의적으로 활동도 점잖다.

전 15종류. 간절하고 정중한 "그룹 혈액형" 취급설명서

A+B 그룹

사이가 좋든가 아니면 나쁘든가 하는 양극단으로 흐르기 쉬운 그룹이다. A형의 세밀한 점과 B형의 독창적인 발상력은 행동력이다. 서로 상대에게 없는 장점이 있고 의사통일이 되면 목표를 향하여 협력하며 숨기지 않고 뭐든지 대화로 풀어나가는 즐거운 분위기가 된다. 하지만 한 박자 틀리게 되면 그룹은 공중분해가 된다. A형은 B형을 멋대로 한다고 생각하고 B형은 A형을 지루하거나 평범하다고 느낄 것이다. 결국 소통이 잘 이뤄지지 않아 뭘 해도 뿔뿔이 흩어지게 된다. 이렇게 되면 복구에 꽤 많은 시간이 걸릴 것이다. 그룹 내의 전원이 대등한 관계가 되는 것이 결속을 유지시키는 관건이 된다. 다수파 혈액형에서 리더가 나오는 것이 자연스럽다. 단 한사람에게 권력을 집중시키지 않도록 하자.

〔일〕★★☆☆☆
순조로울 때는 모두가 협력을 하지만 업적이 떨어지거나 일이 잘못되면 책임을 전가하는 분위기가 된다. 그럴 때는 리더를 교체하는 등의 조직개혁이 필요하다.

〔엔조이〕★★★★☆
간단한 여행이나 홈 파티 등 변화가 풍부한 기획으로 재미있게 즐겨 갈수 있다. 단 운전담당이나 간부 등을 맡는 사람이 고정되면 불만이 쌓이기 쉽다. 손해본다는 느낌의 역할은 돌려가면서 담당하도록 한다.

어드바이스
A형은 때로 「노력의 대가가 없다」고 느끼고 있을지 모른다. 가까운 곳에 한사람 정도 자신을 인정하는 말을 해주는 아군을 만들어 두면 정신적으로 편안해 진다. B형은 담당하는 일에 대해 갑자기 내팽개치는 듯 하는 태도를 취하면 고립당하기 쉬우므로 일이나 교제에도 마지막까지 진중한 책임을 갖도록 하자.

A+O 그룹

발군의 협동성을 자랑하는 그룹이다. O형이 자연스럽게 주도권을 쥐는 경우가 많을 것이다. 그러한 O형의 특성을 A형도 신뢰하여 일체감이 생길 것이다. 말로하지 않아도 자연스런 역할분담이 정해지고 원활하게 매사가 진행된다. 문제가 발생될 때는 배려심이 있는 A형이 곧바로 상황을 파악하고 O형이 행동을 취한다. 그 결과 어떠한 위기에도 재빨리 대처하고 피해를 최소한으로 줄인다. 단 그룹 내에서의 연령차가 심하면 혈액형에 불구하고 연하의 사람이 답답해하는 것이 옥에 티가 된다. 연상의 인물이 정기적으로 회식을 주선하는 등 자유롭게 의견을 피력할 수 있는 분위기를 만들고 스트레스를 해소해 주는 것이 필요하다.

〔일〕 ★★★★★
처음부터 순서를 알 수 있는 일이라면 전원이 에너지 넘치게 합심하여 커다란 성과를 올릴 수 있지만 신규사업을 처음부터 기획하는 일에는 적합하지 않다.

〔엔조이〕 ★★★★☆
여흥을 즐기는 장소에서 그 이외의 스트레스를 협력하여 해소하려고 한다. 번뇌를 털어놓거나 모두가 온천에 가거나, 밴드를 결성하는 등 예술계 활동에서는 다소 타성에 빠질 우려가 있다.

어드바이스
A형은 말을 아끼면 안 된다. 의식적으로 O형을 칭찬하거나, 이것은 내가 처리하겠다는 식으로 확실하게 의사표시를 하면 보다 양호한 관계를 만들 수 있다. O형은 A형이 방황하거나 고민하고 있을 때 속전속결로 조언해줌으로서 신뢰를 얻으므로 뭔가를 믿을 수 있는 존재가 될 수 있다.

A+AB 그룹

미의식이나 감성을 소중히 생각하는 그룹이다. AB형이 최신정보를 제공하고 A형이 그것을 잘 포장하는 덕분에 멋진 사람들이라고 주목받을 것이다. 여성만의 그룹이라면 미팅이나 그룹 데이트의 요청도 많을 것이다. A형의 온화함은 다소 신경질적인 AB형에게 있어서 편안하게 느껴지므로 인간관계도 부드러워 진다. 필요이상으로 서로 속박하지 않고 모두가 유연하게 연결되어 있다는 느낌이므로 멤버 내에서는 비판적인 언동이나 질투 등은 모두 없을 것이다. 단지 시간에 쫓기거나 책임이 무거운 일을 맡게 되거나 하면 결속에서의 약점이 나타나게 되어 그룹의 파워가 약해진다. 여유가 있을 때는 꼼꼼하게 매사를 처리할 수 있지만 조금이라도 벽에 직면하면 탈락자가 속출할 수도 있다.

〔일〕 ★★★☆☆
영업계통이나 창조적 계통의 일에서는 여간해서 결과를 낼 수 없다. 그러나 총무, 경리, 서무 등의 지원성 분야의 업무라면 실수도 적고 전원이 즐겁게 일을 처리할 수 있을 것이다.

〔엔조이〕 ★★★★☆
패션에 대해 서로 조언해 주거나 맛 집을 알려주거나 하는 등 즐거움이 충만된 매일의 연속이다. 그러나 그룹의 한사람으로 존재하고 있기 위해서는 그 나름대로의 경비도 들게 된다.

어드바이스
A형이 위축되지 않고 커나가면서 활약할 수 있는 그룹이다. 처음에 모르는 것이 있으면 주저하지 말고

질문하는 것이 서로 원활히 어울릴 수 있는 요령이다. AB형은 연애 등 사적인 면에서 A형을 이해하고 응원해주면 보다 더 연결고리가 끈끈해 질 것이다.

B+O 그룹

B형이 독창적인 계획을 끊임없이 내민 것을 O형이 갖고 있는 실행력으로 현실화시켜 가는 매우 활성화된 그룹이다. 일이나 여흥에서도 다른 곳과는 한 차원 다른 계획을 세워서 그것이 기획단계에서 시들지 않도록 하는 파워를 갖고 있으므로 늘 즐겁고 충실감이 있는 분위기를 느낄 수 있을 것이다. 특히 B형이 지도력을 발휘하면 최강이 된다. 그 반면에 너무 개성적인 B형과 자기주장이 강한 O형의 모임이기 때문에 다투는 일이나 뭔가 소소한 문제가 많을 듯하다. 다행히 어느 쪽이든 뒤끝이 없는 성격이라 그룹의 분열로 연결되는 위험성은 적겠지만 다양한 대립을 어떻게 극복하는가 하는 점이 과제로 남는다. 자존심이 높은 O형이 틀어지지 않는 정도까지 B형이 양보하여 의견에 귀를 기울이는 자세를 보이도록 하자.

〔일〕★★★★★
제품개발이나 신규사업 시작 등 스케일이 크고 변화가 많은 일이라면 전원이 보람을 느끼고 열심히 달려들어 성공할 수 있을 것이다. 반대로 경리업무 등에는 어울리지 않는다.

〔엔조이〕★★★☆☆
스포츠 팀을 만들면 의외로 잘 나가게 된다. 그러나 미팅에서는 스탠드 플레이가 두드러져서 뒷말이 끊이지 않을 것이다. 남녀혼성 그룹이라도 연애와 관련된 문제점이 발생할 수 있으니 주의가 필요하다.

어드바이스
B형은 마음에 떠오르는 아이디어를 거침없이 말함으로서 그룹 내에서의 포지션을 확보할 수 있다. 안될 것 같은 기획이라도 발표하면 분위기를 누그러뜨리는 개그가 된다. O형은 자연스럽게 있는 것이 모두에게 사랑받는 열쇠이다. 이 그룹에서는 아무리 잘난 체해도 곧바로 간파당한다.

B+AB 그룹

그룹 전체의 궁합은 보통이다. 호기심이 왕성하고 무계획적인 B형을 냉정한 AB형이 잘 콘트롤하여 원활한 의사소통을 도모한다. 그 결과 다투거나 하지 않고 즐겁게 여러 가지 일을 해 나갈 수 있다. 그러나 목표를 달성할 수 있는 가능성은 다소 낮은 편이다. B형이나 AB형도 개인주의적인 경향이 강하고 유혹에 약하므로 이 집단에 안주하고 있으면 태만한 기분이 들 것이다. 연 1회 정도 B형의 집중력이 높아질 때가 있으며 그 시기만큼은 분발할 수 있으나 그 이외라면 모두가 들 떠있는 동안에 시간이 흘러가버릴 가능성이 크다. 즐거움을 추구하는 사람에게는 추천할만하지만 교제를 통해서 성장하고 싶은 사람에게는 기대에 어긋난 상황으로 끝나버릴 수도 있다.

〔일〕 ★☆☆☆☆
본인들은 즐겁겠지만 화려한 것만으로는 회사의 입장에서는 오히려 짐이 될 수 있다. 자기들 스스로 힘찬 구령을 넣어서 분위기를 쇄신하는 것도 필요하다. 창조적 계통의 업계에 적합하다.

〔엔조이〕 ★★★★☆
농담이나 잡담시간의 즐거움은 훌륭하지만 여행지에서는 지각하는 사람이 있고 뒤처지는 사람도 있어서 우왕좌왕하게 될 가능성이 있다. 때문에 당일치기가 한계일 것이다.

어드바이스
B형이 자유분방하게 행동할 수 있는 무난한 그룹이다, 단 성장하고 싶다면 AB형의 충고를 겸허한 자세로 경청할 것. AB형은 늘 미소 짓는 것이 모두와 원활히 어울릴 수 있는 포인트가 된다. B형의 자유분방함에 신경이 쓰여도 열의를 보여준다는 기분으로 패스해 나가도록 하자.

O+AB 그룹

정으로 행동하는 O형과 이론으로 행동하는 AB형은 사물에 대한 판단기준이 정반대가 되는 경우가 있어서 그룹 차원으로서의 입장도 결코 좋지 않다. 갈라진 세력끼리 다투거나 일을 잘못한 사람을 모두가 힐난하거나 해서 뭔가 싸늘한 분위기가 떠돌고 있을 듯하다. 목표에 대해서 분발하려고 해도 이렇게 하는 것이 좋다거나 아니면 저렇게 하는 것이 좋을 것이라는 등 이견이 속출하여 결국 아무것도 할 수 없는 상황이 될 수 있다. 또 신참은 여간해서는 적당히 눈을 둘 곳을 모를 것이다. 이 그룹에게 필요한 것은 분위기 메이커로서의 인물이다. 특히 O형이 농담을 건네며 자주 말을 걸거나 한다면 점차적으로 모두의 마음이 하나가 될 것이다. 단 정돈될 때까지는 다소 시간이 걸릴 듯하다.

〔일〕 ★★☆☆☆
일단 일은 어떤 분야라도 그럭저럭 해치울 수 있다. 그러나 정보교환이나 의사소통에 불안정한 기운이 있으므로 효율은 그저 그렇다. 필연적으로 불필요한 작업이 많아지는 경향이다.

〔엔조이〕 ★☆☆☆☆
애석하게도 현재로서는 분위기가 고조되지 않는다. 노래방에서 누군가가 열창을 해도 아무도 듣고 있지 않는 분위기이다. 몇 개인가의 소그룹으로 나뉘어 분위기가 그저 그렇게 끝나버릴 것 같다.

O형이 처음부터 AB형과 사이좋게 지내려고 노력한다면 반대로 저쪽에서는 번거롭게 여겨질 것이다. 상대의 반응을 보면서 조금씩 사이를 좁혀나가자. AB형은 여간해서 자기가 먼저 움직이지 않을 것이므로 자진해서 자질구레한 역할을 맡는다면 평가도 좋은 쪽으로 향할 것이다.

전부있는 그룹

모든 혈액형이 혼재되어 있는 이 그룹은 한마디로 말하면 학교와 같은 분위기이다. 모두 떠들썩하게 자기의 의견을 주장하고 그룹 내에 다시 몇 개의 소집단이 생기고.....이러한 분위기 일 것이다. 단결은 다소 약하지만 목표가 주어지면 그것이 주특기인 사람이 중심이 되어 모두를 하나로 만든다. 장면 장면에서 리더가 바뀌는 것이 일종의 강점이라고 할 수 있다. 누군가 마음이 맞는 사람이 나타나므로 극단적으로 고립되는 사람도 없이 새로운 멤버도 융화되기 쉬울 것이다. 단 주도권을 쥐는 사람 (역학구도상 민감한 O형일 경우가 많다)가 늘 정해져 있거나 그룹 내의 힘의 균형에 문제가 생기거나 하면 불만을 갖는 사람 (특히 O형과 AB형)도 많아질지 모른다. 전원이 장점을 살려서 활약할 수 있는지의 여부가 협동성의 포인트가 된다.

〔일〕 ★★★☆☆
기본적으로는 어떤 분야의 일에도 대응할 수 있는 유연성을 갖고 있다. 우수한 사람은 평가받지 못하는 것에 불만을 품기 쉬우므로 모두가 신뢰해 주거나 격려하는 자세를 보여주도록 하자.

〔엔조이〕 ★★★☆☆
전원이 뭉쳐서 뭔가를 하기에는 그리 적합하지 않다. 파티를 개최해도 결국 소그룹으로 나뉘어져 고착되기 일쑤지만 그것은 그 자체대로 즐길 수는 있으므로 아무 문제가 되지 않는다.

어드바이스
A형은 우선 처음에 마음이 맞을 것 같은 사람을 한명 발견하면 그 사람을 돌파구로 하여서 그룹 내에 융화되어 들어갈 수 있다. B형은 단체행동의 규칙만큼은 지켜야 할 것이다. O형은 자기가 잘 하는 것을 당당하게 강조하면 주목을 받을 것이다. AB형은 넘버 투와 같은 입장을 취한다면 인정을 받을 것이다.

A만의 그룹

사양하는 것이 미덕인 A형이지만 그것이 행동으로 나와서 서로 자제하거나 삼가하거나 해서 일이 원활하게 정리되지 않는 경향이 있다. 리더조차도 모두의 얼굴을 살피기만 한다. 방향을 제시하고 이렇게 하자고 자신 있게 말하지를 못한다. 화제 또한 어딘가 핵심이 맞지 않는 것 같은 이야기만 나와서 어쩐지 지루하고 변화도 깃들 수 없을 것 같은 분위기만 이어진다. 새로운 A형 멤버가 들어와도 모두가 쭈뼛거리고 관찰만 할 뿐으로 고독감만 주는 분위기이다. 가끔은 다른 그룹과 합류될 수 있으면 좋으련만 그러한 기회가 없다. 그 때는 누군가 솔선해서 사적인 화제를 거침없이 풀어내거나 대담하고 솔직한 솔직담백 토크를 털어놓는 등 멤버들에게 있는 마음의 껍데기를 타파시키는 연구를 꼭 해야 한다. 누군가의 집에서 모인다거나 하면 마음이 누그러지고 융화되기 쉬우며 사이좋은 분위기가 형성된다.

〔일〕 ★★☆☆☆
잡무는 확실하게 해치워 나간다. 다소 엄격함이 결여되는 경향이 있으며 인재를 키우기에는 무리가 있을지 모른다. 후배를 영입하려 한다면 꾸짖을 때는 확실하게 꾸짖는 방침도 중요하다.

〔엔조이〕 ★★☆☆☆
서로 으르렁대지는 않지만 아무래도 흥이 나지 않는 느낌이다. 모두 함께 술을 마시거나 해도 위계질서는 말로만 끝나버릴 듯하다. 누군가가 극단적으로 떠들어대는 역할을 연출해야 할 필요가 있다.

어드바이스
새로 참가한다면 어쨌든 처음에는 예의바르게 행동할 것. 선배들과 만날 때마다 확실하게 인사를 나누어 융화되도록 하자. 이미 멤버인 사람은 어느 정도 상대의 프라이버시에 융화될 정도의 자세로 임하자. 연애 이야기나 음담패설 등으로 모두의 흥미를 끌면 분위기 메이커적인 인물이 되어 더욱 즐거워 질 것이다.

B만의 그룹

어쨌든 자기본위의 B형 집단이므로 단결력은 거의 기대할 수 없다. 단지 B형에는 독특한 재능의 소유자가 많으므로 이 그룹에 있으면 좋은 자극을 받아서 자기도 모르는 사이에 성장할 것이다. 선배나 후배, 연상이나 연하 등의 상하관계가 별로 없고 모두가 대등하게 의견을 교환하는 분위기도 자기의 능력을 연마하는데 도움이 된다. 신입 멤버를 가벼운 마음으로 받아들이는 도량이 깊은 것도 이 그룹의 매력이다. 또 B형은 고집이 있어서 모두가 같은 것에 흥미를 가지면 의외의 파워를 발휘할 수 있다. 그렇지만 지속력이 결여되므로 그리 오래가지는 않고, 특히 사적으로 활동내용이 타성에 빠지면 다른 그룹에도 양다리를 걸치는 경향이 늘어서 자연적으로 관계가 시들어버리는 현상도 적지는 않다.

〔일〕 ★★★☆☆

기획, 광고, 편집 등 창조적인 요소가 있는 분야라면 서로 잘 하는 부분을 살려가면서 협력한다. 단 변화가 적은 직종에서는 모두의 의욕이 제로가 되는 사태도 발생한다.

〔엔조이〕 ★★★★☆

여러 가지 기획을 가져오며 이번에는 유원지, 다음에는 야외에서 불꽃놀이 등 변화가 풍부한 계획을 세우면 멤버의 결속도 강해진다. 단 즉흥적이므로 전원이 참가하는 경우는 드물다.

어드바이스

새로 참가한다면 자신의 반짝이는 부분을 강조하는 것이 이익이다. 다소 꾼처럼 보이겠지만 자기의 특기나 취미를 감추지 말고 보여준다면 누군가가 흥미를 나타내 줄 것이다. 이미 멤버인 사람은 누구든지 처음 보는 완전히 새로운 취미에 도전한다면 모두가 참가하여 즐거운 분위기가 조성될 것이다.

O만의 그룹

O형만으로 구성된 이 그룹은 행동력이 있는 만큼 자신이 넘치는 사람도 많으므로 세력다툼이 끊이지 않는다. 예를 들어 리더가 정해졌어도 넘버 투가 곧 반기를 들거나 새로운 멤버를 파벌에 끌어들이려고 하거나 하는 내분상태이다. 그렇지만 확실한 실력이 있는 사람이 우두머리로 결정되고 그룹 내의 서열이나 역할분담이 정해지면 전원이 뭉쳐서 일에 임하게 된다. 극복해야 할 목표가 명확해지면 명확해질수록 결속 또한 강해지는 믿음직한 집단이 된다. 다른 그룹과의 경쟁에서도 자신감이 있을 것이다. 그러나 서열이 정해지면 상하관계가 까다로워지므로 연하의 멤버 등은 아무래도 허드렛일 담당이 되기 쉬울 것이다. 좋거나 싫거나 이 그룹은 스포츠 클럽 계통의 체질이다. 이러한 경우는 잔뜩 부풀어 오른 자신감의 개스를 적절하게 잘 빼주는 요령이 필요하다.

〔일〕 ★★★☆☆

세력다툼의 난관을 극복하면 단단한 반석과 같은 프로집단이 될 것이다. 영업관련 업무처럼 수치로 확실한 성과가 나오는 부서라면 서로 격려하고 도우면서 꽤 좋은 실적을 올릴 것이다.

〔엔조이〕 ★★☆☆☆

즐거워하는 사람과 지루하게 생각하는 사람으로 나뉘기 쉽다. 여행을 가거나 레저에서도 리더는 좋아하는 것을 할 수 있어서 만족하지만 그 외의 사람은 따라가는 것만으로 끝나버린다. 이런 면에서 스포츠는 서로의 끈을 강하게 해주는 효과가 있다.

어드바이스

새로 가입한다면, 예를 들어 상대가 연하라도 추켜세워 주어야 한다, 갖고 있는 물건을 칭찬해주면 좋은 사람이라는 인상을 갖는다. 이미 멤버인 사람은 혼자 혹은 한 개의 파벌에만 극단적으로 개입하면 권력교체의 시기에 입장이 곤란하게 될 위험도 있으므로 어느 정도는 모든 사람을 평등하게 사귀도록 하자.

AB만의 그룹

머리 회전이 빠른 AB형만 있는 그룹은, 말하자면 매력있는 두뇌집단이다. 뜨거운 마음의 끈이라는 것은 일절 없지만 필요한 장면에서는 모두가 지혜를 모은다. 한편 귀찮은 역할이나 지저분한 역할을 싫어하는 것도 AB형이다. 그 때문에 계획은 많이 나오지만 실제 행동하려면 담당자가 나서지 않아서 그림의 떡으로 끝나버리는 일도 자주 있다. 물론 대화는 분위기를 타고 있으며 멋쟁이도 많아서 다른 각도에서 보면 매력적인 그룹이지만 모두 합심해서 점포를 하나 내보자는 것이나 세계 3대 유적을 보러 가자거나 하는 터무니없는 계획은 계획만으로 끝나므로 실현까지는 기대하지 않는 편이 좋을지도 모른다. 모두 머리가 좋은 분위기가 흐르므로 관계없는 사람에게는 말 걸기 어렵거나 또는 언뜻 보기에는 모두가 모여서 거드름만 피우고 있다고 생각되는 경향도 많을 것이다.

〔일〕 ★★★☆☆

실제로 땀을 흘리는 것은 서툴지만 비즈니스에 필요한 교섭에는 발군의 능력을 발휘한다. 경쟁자가 많은 발표회에서 두각을 나타내거나 커다란 상담을 성사시켜서 주위를 놀라게 하는 일도 있다.

〔엔조이〕 ★★★☆☆

아기자기한 레스토랑에서 와인을 마시거나 하면서 대화를 즐기는 것이 이 그룹 최고의 유희이다. 실제로 뭔가를 함께 하는 것은 서툴지만 웃고 떠드는 것만큼은 즐거워한다.

어드바이스

새로 가입하는 사람은 평소부터 몸가짐이나 행동 등에 신경을 쓰자. 또 이미 멤버인 사람도 작은 실언 탓에 한 번에 평판이 나빠질 우려가 있으므로 방심은 금물이다. 그것은 멤버의 행동을 확실하게 서로 체크하고 있는 AB형 그룹이기 때문이다.

A가 없는 그룹

B형은 자기본위이고 O형은 자존심이 높으며 AB형은 냉정하다. 즉 모두 공통적으로 개인주의적인 경향이 높다는 말이다. 이 그룹의 경우는 각각 자기 멋대로 행동하면서도 파워풀하게 결과를 만들어 간다. 특히 일에서는 전문가 집단, 프로 집단과 같은 분위기를 갖고 있어서 주목도 받고 있을 것이다. 단 그만큼 자신감이 없는 사람에게 있어서는 지내기 불편한 그룹인 것도 사실이다. 모두가 정신적으로 자립되어 있고 좋은 의미에서 성인의 모임이라고는 하지만 섣불리 상담도 할 수 없는 분위기일지 모른다. 또 좀처럼 인기가 없는 사람들이나 직장에 불만이 있는 사람들로 이 그룹이 형성되면 툭하면 남의 발목을 잡는 공포의 군단으로 변신할 가능성도 있다. 절도 있는 행동을 할 수 있도록 주의해야 한다.

〔일〕 ★★★★☆

개인주의자들의 모임이면서 확실한 결과를 내므로 신뢰를 모으는 그룹이기도 하다. 영업이나 디자인, Web 제작 등 창조적인 분야에서 큰 활약이 가능할 것이다.

〔엔조이〕 ★★★★☆

질질 끌며 목적이 없는 상태로 장기간 함께 있기에는 자신이 없다. 강습은 물론 스포츠 등을 즐기거나 여행을 가면 분위기가 고조되지만 그것이 끝나면 즉시 해산되는 느낌일지 모른다.

어드바이스

B형은 다소 전문가다운 정보를 제공하는 역할로서 활약할 수 있을 것이다. 괴팍스런 취미를 보여줘도 괜찮다. O형은 리더라고 하기보다는 그룹 외부 사람과의 교섭을 담당하는 역할에 적합하다. AB형은 독주하는 B형이나 O형에게 냉정한 시선으로 어드바이스를 보내도록 하자.

B가 없는 그룹

A형의 진지함이 정의감 강한 O형이나 세밀한 면도 있는 AB형에게 영향을 주기 때문에 아주 진지한 인상을 주는 그룹이다. 모이면 자연스럽게 장래에 대한 이야기가 나오고 누군가가 고민을 하고 있다면 모두가 도움의 손길을 보내기도 한다. 뭔가를 할 때도 전원이 확실하게 의논하여 효율적인 순서를 확인한다. 자기들이 정한 규칙을 지키지 못하는 사람을 힐책하거나 하는 일은 없지만 너무 진지한 분위기가 일종의 압박으로 작용하여 약속을 지키지 않는 사람은 거의 없을 것이다. 단지 그것만으로 이 그룹에는 어딘가 숨 막힐 것 같은 분위기가 있는 것도 사실이다. 취미를 같이하는 동료라도 예정대로 그리고 시간대로 행동하므로 그것이 서툰 사람은 다소 고통스럽다. 새로운 사람은 밝은 모습으로 받아들이지만 진정으로

이심전심의 관계가 되려면 시간이 걸릴지도 모른다.

〔일〕 ★★★★☆

사전에 상의하여 확실하게 예정을 세워서 작업에 들어가므로 납기도 지키고 결과물도 거의 완벽하다. 새로운 업무보다 지금까지 있었던 것을 계승시키는 일에 최적이다.

〔엔조이〕 ★★☆☆☆

질질 끌거나 너무 앞서거나 하지는 못하므로 예정을 세워서 드라이브를 가거나 식사를 하거나 하고 예정대로 해산을 한다. 이렇다면 교류야 돈독해지지만 스트레스 해소는 되지 않는다.

어드바이스

이 그룹이라면 A형은 지도력을 발휘할 수 있을 것이다. 점점 많이 지시를 내리도록 하자. O형은 두드러지게 눈에 띄려고 하기보다는 의식적으로 서포트 역할을 자청함으로서 주목을 받을 수 있는 존재가 된다. AB형은 머리 회전이 빠른 장점을 살려서 농담을 건네거나 분위기를 살려주는 역할을 하는 것이 적임이다.

O가 없는 그룹

파워풀한 O형이 없으므로 비교적 여유있는 온화한 집단이 될 것이다. 이 경우는 조정능력이 뛰어난 AB형이, 낯가림을 잘하는 A형과 내 맘대로 스타일의 B형 사이에 들어가 적절한 균형감각으로 전체의 분위기를 부드럽게 해 줄 것이다. 목표달성을 위해서는 전원이 진지하게 임하지만 시간이나 목표에 쫓겨도 그다지 심드렁한 분위기가 되지 않고 담담하게 예정대로 진행해 나갈 것이다. 그러나 갑자기 발생한 문제점이나 예상외의 사태에 재빨리 대응하기는 다소 서툴 것이다. 이런 때는 집중력이 있는 AB형이 나서면 좋을 것 같다. 또 다른 그룹에 대해서도 너무 대결의식을 갖지 않고 여유를 갖고 대할 것이다. 새로운 사람이 가입해도 따뜻하게 맞아 준다. 물론 싸움이나 험담도 없다. 멤버 전원이 좋은 사람이므로 훈훈한 그룹이 된다.

〔일〕 ★★★☆☆

즐거운 분위기를 만들고 그룹 외의 사람은 추켜세우기도 잘 하므로 최고의 대응을 피력해 나간다. 반면에 숫자적으로 압박이 많은 일은 목표 달성이 어려울지도 모른다.

〔엔조이〕 ★★★★★

모두가 함께 스파나 사우나에 갈 수 있거나 느긋한 레저를 즐길 수 있는 그룹이다. 다채로운 멤버가 싫증내지 않고 시간을 끌면서 지낼 수 있다. 미팅에서도 남성에게는 좋은 인상을 주는 그룹이다.

어드바이스

이 그룹의 분위기 메이커는 A형이다. 까불거려도 그 점을 예뻐해 준다. B형은 무리하지 않고 자연스럽게 있다 보면 일도 엔조이도 즐길 수 있을 듯하다. AB형은 경청을 잘하는 면을 살려서 불만이나 고민을 들어주면 그것만으로 모두에게 신뢰를 받을 수 있다.

AB가 없는 그룹

협동력은 의외로 나쁘지 않다. O형이 전체의 조정자 역할을 하여서 한 템포 늦기 쉬운 A형이나 자기중심적인 B형을 이끌어가는 패턴이다. 모두가 단결했을 때는 개인의 실력을 초월하는 예상할 수 없는 파워가 생기지만 한편으로는 잘못된 목표를 향해 돌진하거나 틀린 순서로 진행하는 것을 선택할 가능성도 있다. 그 때는 자기 그룹만 주위로부터 고립되어 정력과 시간을 낭비하게 된다. 그룹의 인솔자 역할로서 O형이 얼마나 객관적인 판단을 내릴 수 있는가가 그룹의 가치를 결정하는 열쇠가 된다. 그렇지만 O형의 독재가 너무 강하면 A형이나 B형에서부터 탈락자가 나오는 경우도 있으므로 주의해야 한다. 외톨이가 되어 있는지 아닌지를 O형은 때때로 반성해야 한다.

〔일〕 ★★★★☆
상사로부터 구체적인 목표가 하달되면 일치단결하여 도전한다. 목표가 높을수록 분발하는 그룹이다. 기본적으로는 만능의 집단이므로 어떠한 일이라도 성과를 낼 것이다.

〔엔조이〕 ★★★☆☆
질질 끌고 시간을 죽여 가며 놀지를 못한다. 경쟁심이 자극되는 장면에서는 의욕이 끓어오를 것이다. 게임을 하거나 다이어트에서는 경쟁을 하기도 한다. 결혼을 놓고서 경쟁을 하는 것도 있을 수 있다.

어드바이스
A형은 이 그룹에서 의외로 활동적이 될 수 있다. 하고 싶은 것이 있으면 주저하지 말고 제안을 하자. B형은 성급한 면을 누르고 모두의 페이스에 맞춰나가면 잘 융화가 된다. O형은 바로 이때라고 생각되는 장면에서 의사결정을 내리는 역할을 과감하게 다른 사람에게 위임하는 것도 목표달성의 지름길이 될 수 있다.

생활

전직이나 저축·······
혈액형이
자신에게 적합한 길로 인도한다.

꼼꼼한 A타입과 번득이는 재능을 중시하는 B형 타입에서는, 적합한 다이어트 방법이나 돈을 모으는 방법도 다를 것이다.

어떻게 할지 몰라 주저할 때에는 자신의 혈액형을 의식하여 진행 방향을 결정해보면 어떨까?

전직

현재의 업무나 근무 중의 회사가 딱 와 닿지 않는 당신. 혈액형별 특징에 근거를 두고 자기에게 어울리는 최상의 직업을 다시 생각해 보도록 하자. 혈액형에 의한 기질의 차이는 일에 임하는 자세의 차이에도 나타난다. 전직을 생각하고 직종을 어떤 것으로 정할까, 어떻게 나가야 하는지 등에서 주저하고 있을 때 혈액형의 특징을 활용하는 방향으로 진행해 보면 양호한 결과로 이어질 수 있다.

A 전직하기 전에 자격증을 취득하자. 자신감이 생겨서 걱정하던 면접도 유리하게 진행된다. 협조성이 있으며 꼼꼼하고 정리를 잘한다. 주어진 일을 완벽하게 해치우는 것이 A형의 특징이다. 그렇지만 A형은 남의 눈을 의식하므로 공인 자격이나 면허의 유무에 집착하는 경향이 있다. 우선 자격 등을 취득하는 것이 전직의 제일보로 연결된다. 자신감이 생겨서 낯가림도 극복되므로 면접이 유리하게 진행될 것이다.

B 왕성한 도전정신과 행동력을 무기로 해서 미경험의 업무에 도전을
좋아하는 일에는 몰입하지만 흥미가 없는 일에는 무관심한 것이 B형이다. 자기에게 맞는지 안 맞는지 하는 기준이 명확하므로 협동심이 요구되는 직장은 어울리지 않는다. 정열을 쏟아 부어 자신의 수준대로 일할 수 있는 직장을 선택해야 한다. 또 유연한 사고력과 행동력을 살려서 경험하지 못했던 업무에도 도전하는 용기를 낼 수 있다면 성공할 것이다.

O 승부의 경쟁사회에서 부대낄수록 성장하는 왕성한 야심의 타입
실력주의며 현실파인 O형은 숫자로 표시되는 성과나 실적, 임원직 등의 자리를 판단의 재료로 하는 경향이 있다. 자기의 노력이 좋게 평가되면 의욕이 샘솟고, 지도력이 요구될수록 실력을 맘껏 발휘한다. 선택한다면 실력을 우선으로 하는 직장이 최고로 좋다. 위압이 강하므로 첫 대면부터 시원스럽고 또렷하게 행동한다면 모든 것이 유리하게 움직여질 것이다.

AB 전문성을 강화하여 재능을 살릴 것. 수직적인 회사는 어울리지 않는다.
평화주의자인 AB형은 임원 등의 자리에 대한 집착이 없고 파벌을 조성하지 않는 온화한 기질이다. 자기가 전념할 수 있는 일을 하고 있다면 스트레스는 쌓이지 않으므로 완연히 다른 직종보다도 같은 직종으로 전직하는 것이 단연코 유리하다. 전문분야를 만들어 두면 전직 후에도 재능이 빛나서 무슨 일이든 원활하게 진행될 것이다. 평등의식이 강하므로 수직적인 체계의 직장은 피하는 편이 좋다.

고백 & 데이트

혈액형은 기질경향을 표현하는 것이다. 게다가 정열이나 매력이라는 요소를 보면서 가는 태양 행성의 4가지 타입 (엘레멘트)과 조합하는 것으로 자기의 상황을 보다 세밀하게 알 수가 있고 사랑의 운기도 활용할 수 있다.
어떠한 상황에서 어떠한 접근방법이 성공률이 높은가 체크해 보자. 이것만으로 그를 함락시킨 것과 다름없다!

	火 염소자리 (3/21~4/20) 사자자리 (7/23~8/22) 사수자리 (11/23~12/21)	地 황소자리 (4/21~5/21) 처녀자리 (8/23~9/23) 양자리 (12/22~1/20)	風 쌍둥이자리 (5/22~6/21) 천칭자리 (9/24~10/23) 물병자리 (1/21~2/18)	水 게자리 (6/22~7/22) 전갈자리 (10/24~11/22) 물고기자리 (2/19~3/20)
A	연애에 대한 기대는 높지만 부끄럼을 잘 타므로 기분이 고조되는 베이 에리어에서의 데이트가 유리하다. 그 사람의 생일이나 만난 기념일 등 특별한 날에 사랑을 고백하자.	당신의 소극적인 면을 매력으로 바꾸는 것이 미술관이나 아트 갤러리에서의 데이트 이다. 그 사람에게 마음의 고민을 털어놓은 여세를 몰아서 기분마저 고백하면 매끄럽게 진행된다.	분위기를 잘 만드는 사람이 다. 멋진 바에서의 데이트로 당신의 매력은 빛날 것이다. 좋아한다는 고백은 데이트가 끝나고 헤어질 때 쯤, 주위에 아무도 없을 때를 노리자.	부드럽고 친절한 타입이므로 비치나 호반에서의 데이트로 활발함을 강조하면 굿. 둘의 대화가 갑자기 끊겼을 그 때가 사랑을 고백할 절호의 타이밍이다.
B	정열적인 당신은 콘서트나 라이브 등 시간을 공유하면서 두 사람 모두 황홀해지는 장소로 가자. 그 여운 속에서 당신을 너무 좋아한다고 선언을 하자.	대담함과 섬세함을 갖는 당신에게는 그 사람의 공간 에서 즐기는 데이트가 편안할 것 이다. 마음에 드는 곡을 BGM으로 트는 것이 기분을 이끌어 내는 요령이다.	유행을 아무렇지 않은 듯 잘 활용하므로 데이트도 인기 있는 장소를 권한다. 고백은 옆에 있는데도 문자로「좋아 해」라고 보내면 바로 결정 이다!	꽃밭 등 꽃이 있는 장소에서 데이트하면 당신은 낭만적인 일면을 강조할 수 있다. 기분을 알리려면 밤에 술을 마시면서 하자.
O	그 사람과 아웃도어 레저를 즐기면 어느새 고백의 무대로 빨리 변화된다. 천성적인 저돌력으로 자신의 뜨거운 생각을 전하면 사랑을 보기 좋게 낚을 수 있다.	그 사람이 선호하는 장소를 데이트 코스로 선택하고 당신의 배려심을 강조하도록. 바짝 붙어서 편안히 쉬고 있을 때를 노려서 생각을 전하자.	호기심이 왕성한 당신은 막 오픈된 장소에서 데이트를 하면 미소가 보다 매력적으로 보여진다. 사랑의 고백은 수수께끼를 푸는 질문형식으로 부딪혀 보도록.	외골수인 당신은 자주 다니는 점포에서 데이트를 함으로써 몸도 마음도 안정적으로 된다. 편안해지는 상황 안에서라면 사랑의 고백도 매끈하고 자연 스럽게 이뤄질 것이다.
AB	산뜻하고 담백한 당신은 라이트 업이 된 유원지의 낭만적인 분위기를 이용하는 것을 권한다. 고백은 정확히 관람열차나 버스 등 관람차량 안에서 하자.	둘이 리조트로 가자. 당일치기든 일박이든 효과가 있다. 술이 들어가면 방어가 풀리면서 좋은 느낌이 되고 기분 표현이 원활해진다.	집착파인 당신은 마니아 성향의 점포에서 데이트를 하면 멋진 인상이 다시 두드러 질 것이다. 사랑의 고백은 그 사람의 귀에 대고 달콤하게 속삭일 것.	사랑에 신중한 타입이므로 데이트는 집이나 회사 근처 등 눈에 익은 장소를 선택하면 매력을 이끌어 낼 수 있어서 효과적이다. 진지한 표정으로 성실하게 생각을 전하는 것이 이상적 이다.

다이어트

같은 혈액형에서도 환경이나 습관의 차이 등에 의해서 본래의 혈액형이 아닌 숨은 혈액형이라는
요소가 나온다. 원래의 혈액형만으로는 보이지 않았던 자신의 의외성에 착목하는 것이 다이어트에
실패하지 않기 위한 비결이다. 마음 깊은 곳에 있는 잠재의식을 확실하게 활용하면 유효한 다이어트
법을 알 수 있다. 자기의 혈액형에서부터 순서대로 차트를 두드려보자.　◀── YES or A　◀── NO or B

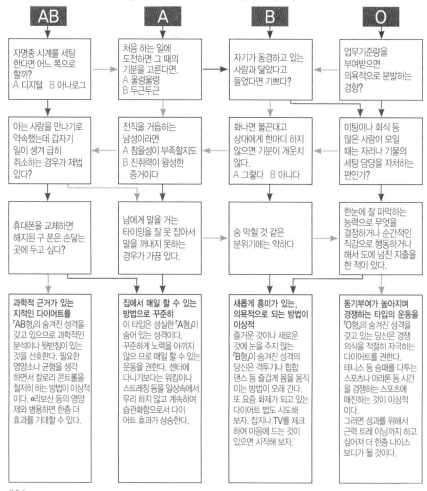

AB

자명종 시계를 세팅
한다면 어느 쪽으로
할까?
A 디지털 B 아나로그

아는 사람을 만나기로
약속했는데 갑자기
일이 생겨 급히
취소하는 경우가 제법
있다?

휴대폰을 교체하면
해지된 구 폰은 손닿는
곳에 두고 싶다?

**과학적 근거가 있는
지적인 다이어트를**
「AB형의 숨겨진 성격을
갖고 있으므로 과학적인
분석이나 뒷받침이 있는
것을 선호한다. 필요한
영양이나 균형을 생각
하면서 칼로리 콘트롤을
철저히 하는 방법이 이상적
이다. α리보산 등의 영양
제와 병용하면 한층 더
효과를 기대할 수 있다.

A

처음 하는 일에
도전하면 그 때의
기분을 고른다면.
A 울렁울렁
B 두근두근

전직을 거듭하는
남성이라면
A 참을성이 부족할지도
B 진취력이 왕성한
증거이다

남에게 말을 거는
타이밍을 잘 못 잡아서
말을 꺼내지 못하는
경우가 가끔 있다.

**집에서 매일 할 수 있는
방법으로 꾸준히**
이 타입은 성실한 「A형」이
숨어 있는 성격이다.
꾸준하게 노력을 아끼지
않으 므로 매일 할 수 있는
운동을 권한다. 센터에
다니기보다는 워킹이나
스트레칭 등을 일상속에서
무리 하지 않고 계속하여
습관화함으로서 다이
어트 효과가 상승한다.

B

자기가 동경하고 있는
사람과 닮았다고
들었다면 기쁘다?

화나면 불끈대고
상대에게 한마디 하지
않으면 기분이 개운치
않다.
A 그렇다 B 아니다

숨 막힐 것 같은
분위기에는 약하다

**새롭게 흥미가 있는,
의욕적으로 되는 방법이
이상적**
즐거운 것이나 새로운
것에 눈을 주지 않는
「B형」이 숨겨진 성격의
당신은 격투기나 힙합
댄스 등 즐겁게 몸을 움직
이는 방법이 오래 간다.
또 요즘 화제가 되고 있는
다이어트 법도 시도해
보자. 잡지나 TV를 체크
하여 마음에 드는 것이
있으면 시작해 보자.

O

업무기준량을
부여받으면
의욕적으로 분발하는
경향?

미팅이나 회식 등
많은 사람이 모일
때는 자리나 기물의
세팅 담당을 자처하는
편인가?

한눈에 잘 파악하는
능력으로 무엇을
결정하거나 순간적인
직감으로 행동하거나
해서 도에 넘친 지출을
한 적이 있다.

**동기부여가 높아지며
경쟁하는 타입의 운동을**
「O형」의 숨겨진 성격을
갖고 있는 당신은 경쟁
의식을 적절히 자극하는
다이어트를 권한다.
테니스 등 승패를 다투는
스포츠나 마라톤 등 시간
을 경쟁하는 스포츠에
매진하는 것이 이상적
이다.
그러면 성과를 위해서
근력 트레 이닝까지 하고
싶어져 더 한층 나이스
보디가 될 것이다.

돈

꾸준히 돈을 모으던가 아니면 리스크를 감수하고 크게 돈을 버는 편을 선택할까? 돈을 모으는 방법도 혈액형에 따라서 맞거나 맞지 않는 경우가 있다. 돈에 대한 인식이나 가치관이 다르기 때문에 늘려나가는 방법도 혈액형 각각에 따라 다르다. 우선 자기의 성질에 맞는 방법을 아는 것이 금전운을 향상시키는 지름길이다. 돈을 모을 수 없었던 사람은 이것을 참고로 오늘부터 스타트해 보자!

A 절약정신을 살려서 불필요한 지출을 줄이자. 안전하게 꾸준히 저축하는 것이 최고이다.
A형은 신중하면서 안정지향적이므로 리스크가 수반되는 방법은 어울리지 않는다. 크게 벌려고 하지 말고 견실한 노선을 관철하는 것이 정답이다. 사용하지 않는 전기제품의 콘센트를 뽑고 할인 쿠폰을 이용하는 등 일상 중에서 가능한 절약법을 쌓아 나가보자. 신용카드나 보험의 가입내용을 재검토하는 등 불필요한 지출을 없애는 것도 잊지 말도록 하자.

B 상장 데이 트레이더 이상의 안목도 있을 수 있다. 경제동향에 구체적으로 익숙해져 일석이조?
직감력이 뛰어나서 리스크를 두려워하지 않는 B형. 꾸준히 저축하여 적은 금리라도 챙긴다는 것은 지루해서 견딜 수가 없다. 가볍게 운용이 가능한 여유 자금 범위내에서의 잉여자금을 외환거래에 운용하는 등 과연 B형 취향이다. 돈이 모이는 실감이 끓어오르고 경제동향에도 밝아져서 일거양득이다.

O 목적을 향해 정기예금을 드는, 혹은 차라리 론을 받는 것도 방법
목표가 있으면 긴장하여 힘을 내는 것이 O형의 특징이다. 단순히 저축만 하는 것으로서는 도중에 싫증나는 기질이므로 여행, 쇼핑, 결혼자금 등 목적별로 정기예금 구좌를 구분한다면 저축하는 동기가 부여되고 지속시킬 수도 있어서 효과적이다. 주택대출을 받는 것도 O형에게 있어서는 재산을 모을 수 있는 축재의 지름길이 된다.

AB 독자적으로 안테나를 세워서 주식투자에 도전해 본다면.
정보수집력이 뛰어난 AB형은 잡지나 인터넷으로 정보를 모으거나 전문가에게 물어 보면서 저금의 일부를 주식에 투자하면 진지하면서 꼼꼼한 금전운 체질이 된다. 합리성을 중시하므로 좋아하는 상품을 만들고 있는 기업 등 주주 우대제도도 검토하여 브랜드를 정하면 만족감도 한결 좋아진다.

스트레스 해소

스트레스를 어떻게 받아들이는가는 그 사람의 사회성 정도와 관계가 있다. 형제자매의 타입의 차이는 태어났을 때부터 어떤 사회에서 성장했는가를 알 수 있다. 그것이 사회성을 보는 척도가 되는 것이다. 그 사람이 어떤 상황을 기분 좋게 느끼는가는 타입에 따라서 다르다. 혈액형에 맞는 스트레스 해소법으로 심신의 긴장을 풀어주자.

타입 혈액형	독자	막내	중간	맏이
A	아무 것도 하지 않는 하루를 만들 것. 신문이나 TV도 보지 않고 외출도 하지 않는다. 휴대폰의 전원도 끈다. 그것이 최고의 치유책이다.	누군가의 기대에 너무 부응 하려고 하기 십상이다. 혼자서 멍하니 지내는 시간 을 만들면 활력이 생길 것이다.	하고 싶은 말이 엄청 많은 데도 할 수 없어서 트레스가 쌓이기 쉽다. 익명의 블로 그를 갖고 생각 속의 모든 것을 써보자.	스트레스를 스트레스라고 생각하지 않아서 마음이 아니라 몸에 담아두는 타입이다. 마사지나 요가 등으로 피로와 긴장을 풀어보자.
B	이전에 보고나서 한없이 눈물 흘렸던 영화를 몇 편 인가 본다. 아무에게도 방해받지 않는 곳에서 참지 않고 눈물을 흘림으로서 피로가 풀릴 것이다.	거리낌이 없는 누군가와 떠드는 것이 발산에 도움이 된다. 가끔은 자신의 불평불만을 들어 주니까 기분이 산뜻해 질 것이다.	부정당하는 것이 스트레스가 된다. 자기가 지금까지 듣 고서 가장 기뻤던 말을 생각하고 자기암시를 걸어 기분을 상승시켜 본다.	코믹 만화를 읽거나 개그 라이브에 가거나 옛날의 버라이어티 쇼를 보거나 해서 어쨌든 맘껏 솔직하게 웃어보도록 하자.
O	느긋한 것이 당신에게 있어서는 가장 좋은 스트 레스 해소법이다. 공원을 산보하거나 시간을 들여서 천천히 욕조에 들거나 해보자.	대자연을 느끼는 장소에 가볼 것. 별을 보거나 지평선이 펼쳐 진 것처럼 툭 터진 장소에 가면 재충전이 될 것이다.	잘못되어도 좋다고 작정하 고 충동구매를 하면 기분은 맑아질 것이다. 하지만 나중에 곤란하지 않도록 예산의 상한선은 지킬 것.	힘껏 소리를 질러서 발산 하는 것이 가장 좋다. 스포츠를 관전하며 맘껏 응원을 하거나 노래방에서 몇 시간이나 노래를 부르면 기분이 산뜻해 질 것이다.
AB	자기 나름의 기분을 정리하는 것이 중요하다. 하지 않으면 안 되는 일의 우선순위를 정해서 자질구레한 일은 패스해 버린다는 생각을 갖자.	몇 시간이나 걸리는 요리에 도전하거나 액세서리를 만들거나 뭔가를 만드는 일에 몰두한다. 머리는 쉬게 하고 손만 움직일 것.	평소의 자신과는 다른 일을 해볼 것. 헤어 스타일이나 화장을 싹 바꿔보던가 평소에는 사지 않던 옷을 사던가 해보자.	자기가 매우 즐거웠던 때를 떠올려 볼 것. 앨범을 보거나 미니 동창회 를 하거나 해본다. 현재의 괴로움을 잊는 것이 중요하다.

센스 업

천성적인 기질도 있지만 패션이나 화장은 그 때의 환경이나 유행에 의해서 취향이 변한다. 이 플로우 차트에서는 현재의 당신의 패션에 대한 사고방식을 알 수 있고 센스 업을 하기 위한 요령을 터득할 수 있다. 여기서 도출되는 조언은 현재의 자신에게 어울리는 것, 더해짐으로서 자신을 향상시킬 수 있는 것 등, 멋진 자기 자신을 연출하기 위한 지침이다. 이것을 참고로 멋진 여자가 되어 보자.

← YES or A ← NO or B

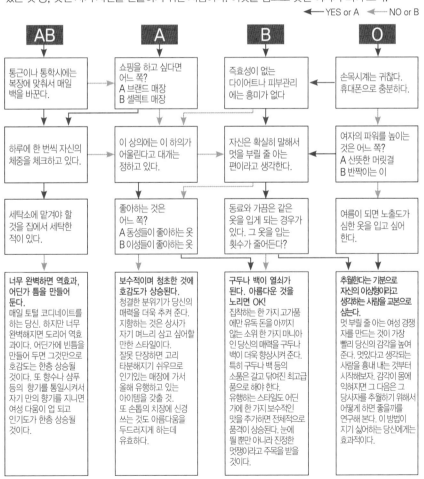

AB

통근이나 통학시에는 복장에 맞춰서 매일 백을 바꾼다.

하루에 한 번씩 자신의 체중을 체크하고 있다.

세탁소에 맡겨야 할 것을 집에서 세탁한 적이 있다.

너무 완벽하면 역효과, 어딘가 틈을 만들어 둔다.
매일 토털 코디네이트를 하는 당신. 하지만 너무 완벽해지면 도리어 역효과이다. 어딘가에 빈틈을 만들어 두면 그것만으로 호감도는 한층 상승될 것이다. 또 향수나 샴푸 등의 향기를 통일시켜서 자기 만의 향기를 지니면 여성 다움이 업 되고 인기도가 한층 상승될 것이다.

A

쇼핑을 하고 싶다면 어느 쪽?
A 브랜드 매장
B 셀렉트 매장

이 상의에는 이 하의가 어울린다고 대개는 정하고 있다.

좋아하는 것은 어느 쪽?
A 동성들이 좋아하는 옷
B 이성들이 좋아하는 옷

보수적이며 청초한 것에 호감도가 상승된다.
청결한 분위기가 당신의 매력을 더욱 추켜 준다. 지향하는 것은 상사가 자기 며느리 삼고 싶어할 만한 스타일이다. 잘못 단장하면 고리 타분해지기 쉬우므로 인기있는 매장에 가서 올해 유행하고 있는 아이템을 갖출 것. 또 손톱의 치장에 신경 쓰는 것도 아름다움을 두드러지게 하는데 유효하다.

B

즉효성이 없는 다이어트나 피부관리 에는 흥미가 없다

자신은 확실히 말해서 멋을 부릴 줄 아는 편이라고 생각한다.

동료와 가끔은 같은 옷을 입게 되는 경우가 있다. 그 옷을 입는 횟수가 줄어든다?

구두나 백이 열쇠가 된다. 아름다운 것을 노리면 OK!
집착하는 한 가지 고급품에만 유독 돈을 아끼지 않는 소위 한 가지 마니아인 당신의 매력을 구두나 백이 더욱 향상시켜 준다. 특히 구두나 백 등의 소품은 갈고 닦여진 최고급품으로 해야 한다. 유행하는 스타일도 어딘가에 한 가지 보수적인 맛을 추가하면 전체적으로 품격이 상승된다. 눈에 띌 뿐만 아니라 진정한 멋쟁이라고 주목을 받을 것이다.

O

손목시계는 귀찮다. 휴대폰으로 충분하다.

여자의 파워를 높이는 것은 어느 쪽?
A 산뜻한 머릿결
B 반짝이는 이

여름이 되면 노출도가 심한 옷을 입고 싶어 한다.

추월한다는 기분으로 자신의 이상형이라고 생각하는 사람을 교본으로 삼는다.
멋 부릴 줄 아는 여성 경쟁자를 만드는 것이 가장 빨리 당신의 감각을 높여 준다. 멋있다고 생각되는 사람을 흉내 내는 것부터 시작해보자. 감각이 몸에 익혀지면 그 다음은 그 당사자를 추월하기 위해서 어떻게 하면 좋을까를 연구해 본다. 이 방법이 지기 싫어하는 당신에게는 효과적이다.

〈참고문헌〉

마기 「이집션 · 브레스트 점」
　　점술연구가, 심리테스트 크리에이터, 파워스톤 연구가, 동서양점술, 혈액형진단.

미타키 마사코 「B형은 왜 살아남을 수 있었는가!?」
　　힐링 크리에이터, 심리연구가, 작가.

시바사와 쥰 「혈액형 연금술」
　　연금술이나 밀교 등의 서양사상을 점술에 접목시키는 서양점성술 연구가.

아몬 니지히코 「놀라울 정도로 잘 맞는 혈액형 책」
　　심리애널리스트, 심층심리를 파고드는 심리학 테스트 전문가.

야하기 미와 「시간을 지키는 B형, 한 마리 늑대같은 A형이 존재하는 이유」
　　편집 프로덕션 대표, 혈액형 연구 전문가로 독자의 이론을 확립.

엘 · 마슐 「부인은 악녀, 초 행복연애 마법BOOK」
　　신비학연구가, 점술가, 서양점성술, 혈액형 점 등을 연구.